Ontdek
Los Angeles &
Zuid-Californië

Inhoud

Onderweg in Los Angeles

Inhoud

Op ontdekkingsreis

Surfen is in Zuid-Californië een way of life

Kaarten en plattegronden

Stadsplattegronden

Route- en detailkaarten

▶ Dit symbool verwijst naar de uitneembare kaart

Big Sur – het geweldige zuiden

Los Angeles – veelgestelde vragen

Wat moet ik in elk geval zien, ook al heb ik maar weinig tijd?

In **Los Angeles** moet u beslist naar **Downtown** en **Hollywood Boulevard**, over **Sunset Boulevard** richting **West Hollywood** rijden en **Beverly Hills**, **Santa Monica** en **Venice Beach** bezoeken. De prachtig aan een baai gelegen stad **San Diego** is eveneens een must en tot de natuurlijke hoogtepunten behoren **Joshua Tree National Park, Death Valley** en de **Sierra Nevada**.

Hoe reis ik het beste door Zuid-Californië?

In Los Angeles is een **huurauto** onontbeerlijk omdat de bezienswaardigheden ver uit elkaar liggen. Openbaar vervoer is een goedkoop alternatief, maar ook erg tijdrovend omdat bussen stoppen op bijna elke straathoek.

Voor reizen langs de kust van Zuid-Californië, door de Central Valley en in het achterland (Barstow, San Bernardino, Palm Springs, Yosemite National Park enz.) geldt eigenlijk hetzelfde. U

Zuid-Californië in een oogopslag

Rondreis van twee weken

zonsondergang aan. Hoe dan ook is het verstandig na de lange reis niet meteen van alles te ondernemen, maar de dag rustig uit te zitten – u zult er de volgende dag profijt van hebben. Boek daarom vooraf een hotel voor de eerste nacht, dan hoeft u daar in elk geval niet naar te zoeken. Gaat u op pad met een huurauto, reserveer dan een motelkamer op de route van het vliegveld naar uw eerste bestemming en zorg ervoor dat u die voor het donker kunt bereiken.

Ik heb twee weken. Wat is een mooie route?

Rijd van **Los Angeles** op Interstate 10 naar het oosten. Zodra u de 790 m hoge **San Gorgonio Pass** met zijn windparken hebt overgestoken, voelt u de hete adem van de woestijn. Een mooie plek voor een eerste overnachting is **Palm Springs**, niet ver van het **Joshua Tree National Park**. Verder naar het noord-

kúnt gebruikmaken van de treinen van **Amtrak** en de zogenaamde **thruwaybussen**, maar met een huurauto bent u absoluut beter af.

Een **camper** (RV) is uiteraard comfortabeler dan een auto, maar ook beduidend duurder, zelfs als u overnachtingen in motels meerekent. Bovendien moet u flink bijbetalen als u meer rijdt dan de vooraf overeengekomen inbegrepen mijlen en verbruikt een RV vanzelfsprekend veel meer benzine dan een personenwagen. Aan de andere kant is het gevoel van vrijheid dat u in een camper heeft onbetaalbaar – de RV is de vleesgeworden American dream.

Waar slaap ik de eerste nacht?

Rechtstreekse vluchten uit Europa landen in de regel in de voor- of namiddag in Los Angeles, als u kiest voor een overstap in de VS komt u misschien pas na

Comfortabel onderweg met een RV

oosten stuit u in de **Mojave National Preserve** op de grote eenzaamheid. Via **Baker** en Hwy 127 komt u vervolgens in **Death Valley National Park.** Rijd terug naar Los Angeles via Hwy 190 en Hwy 395 in de **Owens Valley.** Uiteindelijk komt u dan weer uit op Hwy 14, het beginpunt van deze circa 750 mijl lange rondreis.

En voor drie weken?

Rijd vanuit **Los Angeles** zuidwaarts over de Pacific Coast Highway via **Long Beach** naar de kuststadjes van Orange County zoals **Huntington Beach, Newport Beach** en **Laguna Beach.** In **Oceanside** zijn twee bezienswaardigheden die erg de moeite waard zijn: de historische missiepost en de pier. **Carlsbad** en **La Jolla** zijn leuke stadjes op de weg naar **San Diego,** waar u minstens twee nachten moet doorbrengen. Via de 'appelhoofdstad' **Julian** in het kustgebergte bereikt u het **Anza Borrego Desert State Park,** dat met zijn wilde bloemen en cactussen in het voorjaar wel een prentenboek lijkt. Rijd vervolgens via de oase-achtige **Coachella Valley** en **Palm Springs** naar het **Joshua Tree National Park** en verder via de **Mojave Preserve** naar **Death Valley.** Voor de terugweg neemt u dezelfde route als in de rondreis van twee weken hierboven. Deze drieweekse route is ongeveer 1600 mijl lang.

Rondreis van drie weken

Moet ik alle overnachtingen van tevoren boeken?

Dat ligt er helemaal aan wanneer u op reis gaat. In het hoogseizoen, eind mei tot begin september, is het zeker aan te raden op tijd te boeken, vooral in de kustgebieden en al helemaal tijdens evenementen of festivals. Wilt u overnachten in een nationaal park, dan moet u weken, soms zelfs maanden van tevoren reserveren. Kamers die telefonisch of per e-mail zijn geboekt,

worden in de regel tot 18 uur 'vastgehouden'. Komt u later, dan is het raadzaam de kamer te garanderen met een creditcard – nadeel is dat u ook betaalt als u niet komt opdagen. Over het algemeen is het zo dat u twee dagen van tevoren nog wel een kamer kunt krijgen in het hotel van uw voorkeur. Boek dus zodra u weet wat uw volgende overnachtingsplek is, via internet of telefonisch.

Waar moet ik wandelen?

Wandelingen door de woestijn zijn prachtig. In de **Indian Canyons** even buiten Palm Springs loopt u door een adembenemend, oase-achtig landschap. In het noordelijke deel van het **Joshua Tree National Park** zijn talloze *hiking trails* van verschillende lengtes in een prachtig gebied met granietrotsen. Ook in **Death Valley** zijn heel wat mooie wandelroutes, die u zeker

Stranden en wandelgebieden

Is Zuid-Californië een goede plek voor een strandvakantie?

Het water van de Stille Oceaan wordt hier aangevoerd vanuit Alaska en is dus koud. Ten noorden van Santa Barbara zult u nauwelijks iemand in zee zien zwemmen. In Malibu, Santa Monica, Venice en Redondo Beach, en verder naar het zuiden Long Beach, gaat het vooral om kijken en gezien worden en relaxen op het strand. Voor een meer ontspannen strandvakantie zijn de stranden vanaf San Pedro tot en met San Diego een betere optie. En hoe verder naar het zuiden, hoe aangenamer de watertemperatuur is.

Welke stranden hebben de beste faciliteiten?

Het populaire **Santa Monica Beach** bij de pier in Santa Monica wordt bewaakt en heeft sportapparatuur, toiletten, douches en een enorm (betaald) parkeerterrein. Hoog op de lijst staat verder **Venice Beach,** op slechts een steenworp afstand van de bizarre Boardwalk. **Coronado Beach** voor het beroemde Hotel del Coronado in San Diego is mooi, maar zwemmen is er wegens de sterke stroming niet zonder risico. Als u veiliger wilt zwemmen, rijdt u door naar de zuidelijker gelegen **Sil-**

niet in de zomer moet lopen – en neem sowieso voldoende water mee! In het **Point Lobos State Reserve** wandelt u langs een romantische kust en in het **Yosemite National Park** en bij **Mammoth Lake** in de Sierra Nevada door een imposant berglandschap.

De Mission San Carlos Borroméo werpt je terug naar de koloniale tijd

In Zabriskie Point in Death Valley wandelt u door een oeroude rivierbedding

ver **Strand State Beach** met lifeguards en sanitair (parkeren $ 10).

Waar komt de geschiedenis van Californië tot leven?

Wilt u weten hoe Zuid-Californië er halverwege de 19e eeuw uitzag? Een goede indruk van de architectuur van die tijd krijgt u in **Old Town San Diego**. Ook de historische kern van Monterey is mooi bewaard gebleven. Rond Custom House Plaza staan talloze gebouwen uit het koloniale tijdperk, die samen het **Monterey Historic State Park** vormen.

Nog verder terug in de tijd gaat u in de **missieposten,** die voor een groot deel uit de 18e eeuw stammen. De 21 posten, tegenwoordig parochies, liggen aan of in de buurt van Hwy 101, die de vroegere Camino Real volgt, de historische 'koninklijke weg' (www.parks.ca.gov/?page_id=22722).

Een spannende blik in het verleden van het Wilde Westen werpt u in museum The Autry in Los Angeles. Bent u geïnteresseerd in grotschilderingen van indianen, dan bent u aan het juiste adres in de mysterieuze **Painted Caves** bij Santa Barbara.

Nog een speciale tip

Als het op winkelen aankomt, is er meer dan de geijkte shoppingmalls! In Zuid-Californië moet u beslist ook eens over een van de vele **fruit-, groente- en bloemenmarkten** slenteren. Op de boerenmarkt in Santa Barbara, elke zaterdagochtend, is het altijd een drukte van belang en de Farmers Market in Los Angeles heeft zich door de jaren heen ontwikkeld tot een echte publiekstrekker. Dat geldt ook voor de uit zijn voegen barstende nachtmarkt van San Luis Obispo, die elke donderdagavond een enorme toeloop heeft.

LA LIVE in het zuiden van Downtown Los Angeles, zie blz. 125.

Openluchtpodium Ocean Front Walk in Venice Beach, zie blz. 154.

Favorieten

De reisgidsen uit de ANWB-serie Ontdek zijn geschreven door auteurs die hun boek voortdurend actualiseren en daarvoor steeds weer dezelfde plaatsen opzoeken. Dan kan het niet uitblijven dat de schrijver een voorkeur krijgt voor bepaalde plekken, die zijn/haar favorieten worden. Dorpen die buiten de gebaande toeristische paden vallen, een bijzonder strand, een uitnodigend plein waar terrasjes lonken, een stuk ongerepte natuur – gewoon plekken waar ze zich lekker voelen en waar ze steeds weer naar terugkeren.

Robbenkolonie bij Children's Pool in La Jolla, zie blz. 231.

Geschiedenis om aan te raken in spookstad Bodie, zie blz. 211.

Traditioneel barbecuefeest op de nachtmarkt van San Luis Obispo, zie blz. 181.

Uitzicht als in een prentenboek van
Washburn Point in Yosemite, zie blz. 203.

Sun Deck Bar in het beroemde hotel
Coronado in San Diego, zie blz. 259.

Natuurwonder Zabriskie Point in Death
Valley National Park, zie blz. 287.

In vogelvlucht

De Sierra Nevada
Het grootste gebergte van
Californië is met nationale
parken als Yosemite, bossen
vol oeroude, reusachtige
mammoetbomen, stille val-
leien en schilderachtige
ghost towns als Bodie door
de jaren heen een toeristische trekpleister geworden
met talloze actieve-vakan-
tiemogelijkheden. Zie
blz. 196

**De kust tussen Los Angeles
en Monterey**
De kuststrook tussen Los
Angeles en Monterey is één
lang hoogtepunt. Langs de
Stille Oceaan staan gezellige
stadjes als Santa Barbara,
bezienswaardigheden als
Hearst Castle en schilderachtige kliffen zoals bij Big Sur.
Zie blz. 166

De kust van Los Angeles
Tussen Malibu in het noorden en Long Beach in het
zuiden laat Los Angeles zich
van zijn lieflijkste kant zien.
Langs de Stille Oceaankust
liggen uitnodigende stranden en *beach communities*
waar het leven in een heel
ander ritme verloopt dan in
het hart van de metropool.
Zie blz. 140

Oakland

San José

Mono Lake

Yosemite
National Park

Bishop

Kings Canyon National Park

Monterey

Sequoia National Park

Morro Bay

Pismo Beach

Santa Barbara

Ventura

Malibu

Santa Monica

Redondo Beach

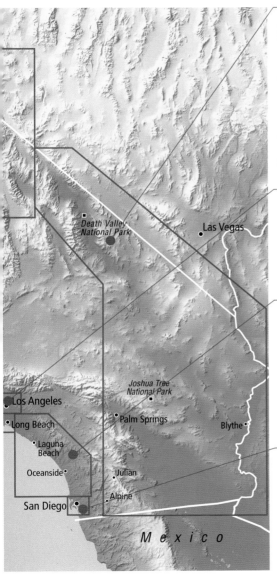

De woestijnen van Zuid-Californië

Woest en leeg! Zuid-Californië's heetste regio's bieden uitstekende klim- en wandelmogelijkheden, bijvoorbeeld in het Joshua Tree National Park, natuurwonders als Death Valley en groene stadsoase's met alle voorzieningen zoals in de Coachella Valley.
Zie blz. 260

Los Angeles

De tweede grootste metropool van de Verenigde Staten is een ongelooflijk diverse en dynamische kosmos, die niet makkelijk is te doorgronden. Zie blz. 88

Tussen Los Angeles en San Diego

Van surfmekka Huntington Beach tot het elegante La Jolla – de Stille Oceaankust ten zuiden van LA verdient met elke mijl, elk strand en elke stad zijn bijnaam Californische Rivièra.
Zie blz. 216

San Diego

Californië's zuidelijkst gelegen stad geniet een topreputatie op grond van zijn levendige historische centrum, idyllische baai en een door het milde weer heerlijk leefklimaat. Zie blz. 236

Reisinformatie, adressen, websites

De Lone Cyprus op een uitstekende rots aan de 17 Mile Drive tussen Carmel en Monterey

Informatie

Internet

www.latourist.com

www.discoverlosangeles.com

Officiële website van Los Angeles met een breed palet nuttige en interessante informatie over wat je in de stad kunt ondernemen, waar je kunt eten en slapen en waar je voordelig kunt winkelen.

www.experiencela.com

Voortdurend geactualiseerde info over evenementen in LA, hoe u waar komt met het openbaar vervoer en een lijst met bezienswaardigheden per stadsdeel.

www.losangeles.com

Door de gemeente gerunde site met info over hotels, restaurants en attracties in LA en omgeving, nachtelijke transportmogelijkheden en winkeltips.

www.la.worldweb.com

Website waarop u een goed overzicht krijgt van Los Angeles en details van de diverse bezienswaardigheden kunt bekijken. Tevens restauranttips en een zoekmachine voor hotelkamers.

www.downtownla.com

Website van het Downtown Los Angeles Business Improvement District, een vereniging van ca. 1200 bedrijven met info over gastronomie, verkeer, kunst, vermaak en winkelen.

www.50states.com/californ.htm

Website met een kleurrijke mix links over de Golden State. Van harde feiten over de bevolking, musea, State Parks en historische missieposten tot wetenswaardigheden over politiek en natuur.

www.visitcalifornia.com

Op de officiële website van de California Travel & Tourism Commission is de staat onderverdeeld in drie regio's. Een daarvan is Zuid-Californië.

www.nps.gov

Webportal van de National Park Service, de overkoepelende organisatie van nationale parken en monumenten.

www.parks.ca.gov

Op deze portal vindt u alle Californische State Parks met allerhande praktische informatie.

www.visitsyv.com, www.centralcoast-tourism.com

Websites van respectievelijk de Santa Ynez Valley (Solvang, Los Olivos) en de Central Coast (Santa Barbara, San Luis Obispo, Monterey).

Verkeersbureaus

... in Nederland en België

In Nederland en België zijn geen Amerikaanse verkeersbureaus.

... in de Verenigde Staten

In de grotere plaatsen is altijd wel een Visitor Center (VVV) of Chamber of Commerce (Kamer van Koophandel), waar u van alles te weten kunt komen over bezienswaardigheden, hotels en restaurants. Soms kunt u er ook terecht voor goedkope hotelkamers.
Californië: California Travel & Tourism Commission, P. O. Box 1499, Sacramento, CA 95812-1499, tel. 1-916-444-4429, www.visitcalifornia.com.
Los Angeles: Hollywood & Highland Center, 6801 Hollywood Blvd.; Union Station, 800 N. Alameda St.

Ook in kleinere plaatsen is altijd voldoende toeristeninformatie voorhanden. Is het niet in uw hotel, dan wel op plekken waar veel toeristen komen. Elk nationaal park heeft eveneens een visitor center waar u kunt aankloppen voor al uw vragen en vaak ook souvenirs kunt kopen.

Leestips

Fictie

T.C. Boyle: *When the Killing's Done* (2011, geen Nederlandse vertaling). Deze roman, die handelt over de thema's milieu- en dierenbescherming, speelt zich af op de Channel Islands.

Michael Connelly: *Angels Flight* (1999, Nederlandse vertaling *Spoordood*). In deze spannende thriller gaat het onder andere over de dood van een zwarte advocaat, waardoor in Los Angeles, net als na de werkelijke gebeurtenissen rond de arrestatie van Rodney King in 1991, rellen uitbreken.

A. M. Homes: *This Book Will Save Your Life* (2006, geen Nederlandse vertaling). Een satirisch verhaal over een in Los Angeles wonende beurshandelaar, die na een noodopname in een kliniek op zoek gaat naar een nieuw leven met inhoud.

Raymond Chandler: diverse romans en verhalenbundels (waarvan enkele vertaald in het Nederlands) met in de hoofdrol de melancholieke privédetective Philip Marlowe. Chandlers wereld is het Los Angeles van de jaren 30 en 40. Interessant is de biografie *The Life of Raymond Chandler* van Frank MacShane uit 1976.

In het werk van **Leon de Winter** spelen de Verenigde Staten vaak een rol. In *De hemel van Hollywood* (1997), geschreven als een filmscript, beramen drie acteurs op leeftijd een kraak. In *God's Gym* (2005) zoekt een door verdriet overmande vader in Los Angeles

naar het hoe en waarom van zijn dochters dood en ook een belangrijk deel van *Recht op terugkeer* (2009) speelt zich af in en om LA.

Non-fictie

Mike Davis: *City of Quartz: Excavating the Future in Los Angeles* (1990). De auteur is overtuigd van het verval van de stad en neemt de volgens hem daarvoor verantwoordelijke sociale misstanden onder de loep. Ook in *Ecology of Fear: Los Angeles and the Imagination of Disaster* (1998) krijgt LA het er genadeloos van langs van de auteur. De stad is volgens hem een ramp, een stedebouwkundige catastrofe.

Flamming, Douglas: *Bound for Freedom: Black Los Angeles in Jim Crow America* (2006). Mooie geschiedenis van een zwarte familie die aan het begin van de 20e eeuw vanuit Louisiana naar Los Angeles trekt, op zoek naar vrijheid. Maar hoe vrij is de stad nu daadwerkelijk?

Hellinga, Gerben Graddesz: *Goudkoorts* (2001). Met hartstocht en oog voor detail beschrijft de auteur de avonturen van een groep jonge mensen die op zoek gingen naar een plaats in de Nieuwe Wereld.

May, Lary: *The Big Tomorrow: Hollywood and the Politics of the American Way* (2002). Een gewaagde blik op de connectie tussen Amerikaanse politiek en Hollywoodfilms en een interessante interpretatie van de Amerikaanse cultuur, van Roosevelts New Deal tot de Koude Oorlog.

Er zijn diverse prachtige boeken te koop over de **architectuur van Los Angeles,** zoals *L.A. Modern* (2008) met foto's van modernistische hoogstandjes van onder anderen Frank Lloyd Wright, Frank Gehry en Oscar Niemeyer, en het bizarre *Never Built Los Angeles* (2013) van Sam Lubell met fantastische schetsen en *artist impressions* van gebouwen die er nooit kwamen.

Weer en reistijd

Klimaat

Meer divers dan in Zuid-Californië kan een klimaat nauwelijks zijn. Dat heeft alles te maken met de extreme hoogteverschillen. Zo ligt het laagste punt van het westelijk halfrond, Death Valley (86 m onder zeeniveau), op slechts twee uur rijden van Mount Whitney, met 4421 m het hoogste punt van de zogenaamde Contiguous United States (de VS zonder Hawaï en Alaska). In de grote woestijnen, die u het beste kunt bezoeken in het voor- of najaar, stijgt de temperatuur hartje zomer niet zelden tot boven de 35°C. In dit jaargetijde bent u beter af in de koelere, dichter bij zee gelegen gebieden en de Sierra Nevada. De langgerekte bergmassieven vormen in de winter een enorme verkeershindernis, omdat de I-80 tussen Sacramento en Reno (Nevada) meestal de enige begaanbare oost-westverbinding over de Sierra is – alle andere passen zijn van begin november tot mei/juni dichtgesneeuwd.

In Greater Los Angeles wordt je misschien misleid door de Stille Oceaan, de palmbomen en de bossen in de heuvels, maar de miljoenenstad ligt toch echt in een hooglandwoestijn. Desondanks heersen overdag bijna het hele jaar door aangename temperaturen. Bovendien zorgt de zeewind in elk geval in de kuststadjes voor verkoeling. In de droge tijd, tussen mei en november, is de kans op bosbranden groot.

Een heerlijk klimaat heeft San Diego, waar het kwik zelfs in de winter overdag rond de 14°C schommelt en sneeuw iets uit prentenboeken is.

De seizoenen

Voorjaar: In Los Angeles valt gemiddeld slechts op 34 dagen per jaar regen; de meeste neerslag komt tussen februari en april uit de lucht vallen. Vanaf mei is het overwegend droog en aangenaam warm. Gek op wilde bloemen? Tussen februari en april zorgt de natuur voor een grandioos, bloeiend schouwspel.

Zomer: Het centrale deel van Greater Los Angeles ligt in juli en augustus vaak te zweten onder een dikke smogdeken. De beruchte Santa Ana-wind zorgt ervoor dat het een tijdlang bloedheet is, tot wel 40°C. In de woestijn moet je van juni tot ver in oktober eveneens rekenen op extreme temperaturen. Aan de kust, bijvoorbeeld bij San Diego, is het in de zomer heerlijk toeven.

Najaar: In september en oktober is het heerlijk in Los Angeles. De herfst is dus net zo'n perfecte tijd voor een bezoekje aan LA als de lente. Vanaf november moet u rekening houden met regen.

Het klimaat van Los Angeles

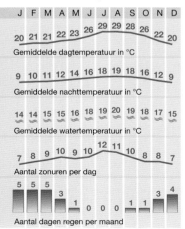

	J	F	M	A	M	J	J	A	S	O	N	D
Gemiddelde dagtemperatuur in °C	20	21	21	22	23	26	29	29	28	26	22	20
Gemiddelde nachttemperatuur in °C	9	10	11	12	14	16	18	19	18	16	12	9
Gemiddelde watertemperatuur in °C	14	14	15	15	16	18	19	20	19	18	17	15
Aantal zonuren per dag	7	8	9	10	9	10	12	11	10	8	8	7
Aantal dagen regen per maand	5	5	5	3	1	0	0	0	1	1	3	4

In het voorjaar verandert de Californische woestijn in een bloemenzee

Winter: Wintersporters kunnen hun lol op in de Sierra Nevada, terwijl het in San Diego voelt alsof het lente is.

Kleding en uitrusting

Wat u in uw koffer stopt, is afhankelijk van het reisdoel en het jaargetijde. Aan de kust en in de bergen kan het zelfs hartje zomer 's avonds flink afkoelen. In de woestijnregio's moet u lichte kleding en stevige schoenen dragen. Een hoofddeksel en zonnebrandcrème zouden sowieso in uw bagage moeten zitten. Veel populaire toeristische bestemmingen in de Sierra Nevada liggen boven de 2000 m, een hoogte die wij laaglanders niet zo gewend zijn. Tijdens wandelingen in hoger gelegen gebieden zou u uw lichaam dan ook even de tijd moeten gunnen hieraan te wennen.

Reistijd en prijzen

Het hoofdseizoen, tussen Memorial Day (laatste weekend van mei) en Labor Day (eerste weekend van september) is ook de tijd waarin de schoolvakanties vallen. Toeristisch interessante gebieden als nationale parken en badplaatsen worden dan overspoeld door binnenlandse gasten. Aan hotelkamers is moeilijk te komen en de prijzen stijgen vaak tot het dubbele van die in het voor- en naseizoen.

Wie voor Memorial Day of na Labor Day reist, kan veel geld uitsparen. Het voor- en najaar zijn sowieso aan te bevelen voor een reis naar de woestijnregio's – de extreme omstandigheden in de zomer zijn uitputtend. Bovendien ontneemt de bijna loodrecht aan de hemel staande zon veel van de natuurpracht, omdat er nauwelijks schaduw is, waardoor kleuren vervagen.

Reizen naar Zuid-Californië

Inreisbepalingen

De Verenigde Staten hebben de inreisbepalingen de afgelopen jaren aanzienlijk aangescherpt. Elke bezoeker moet minstens 72 uur voor aankomst 'reistoestemming' (travel authorization) vragen via het registratiesysteem ESTA (https://esta.cbp.dhs.gov). De kosten hiervan bedragen $ 14 per persoon en moeten vooraf met een creditcard worden voldaan. Zowel volwassenen als kinderen moeten in het bezit zijn van een eigen, geldig paspoort.

Wie langer dan negentig dagen in de Verenigde Staten wil verblijven, moet een visum aanvragen. Dit geldt ook voor scholieren in uitwisselingsprogramma's, studenten en iedereen die tijdens zijn verblijf in de VS wil werken.

Bij het loket van de immigratiedienst worden van elke bezoeker elektronische vingerafdrukken gemaakt en bovendien wordt er een portretfoto genomen. Men kan u vragen stellen over de reden van uw bezoek, uw bestemmingen in de VS en de geldmiddelen waarover u beschikt.

Aankomst

Met het vliegtuig

KLM vliegt dagelijks rechtstreeks van Schiphol naar Los Angeles en San Francisco. De vliegtijd bedraagt zo'n 11 uur. Vanaf Brussel Airport zult u moeten overstappen. Een goed en vaak goedkoper alternatief is **Air Berlin**. Deze maatschappij vliegt rechtstreeks vanaf Düsseldorf naar Los Angeles (12 uur).

Discountmaatschappij **Jetblue Airways** vliegt van en naar diverse steden in Californië, zoals San Francisco, Oakland, Sacramento, Long Beach, San José en Burbank (www.jetblue.com). **AirTran**, eveneens een budgetmaatschappij, vliegt vanuit Atlanta naar San Francisco, Los Angeles, San Diego en Las Vegas (www.airtran.com). Ook bekende airlines als **Southwest** en **Delta** vliegen op diverse steden in het zuidwesten.

Met de trein

Met de trein kunt u vanuit Seattle (Washington), Chicago, New Orleans en Orlando (Florida) naar Zuid-Californië tuffen. Met de Coast Starlight kun je treis langs de kust en deels door het achterland van Los Angeles naar San Francisco reizen. De trein stopt in Simi Valley, Oxnard, Santa Barbara, San Luis Obispo, Paso Robles en Salinas. Tussen San Luis Obispo en San Diego rijdt de Pacific Surfliner (met stops in onder andere Santa Maria, Santa Barbara, Ventura, Los Angeles, Anaheim, San Juan Capistrano en Oceanside).

Een andere route die goed met de trein is te doen, is die tussen Los Angeles en Yuma in Arizona. De Sunset Limited stopt in Pomona, Ontario en North Palm Springs.

Amtrak stunt elke week op zijn eigen website met prijzen (boeken via www.amtrak.com). Reizen met korting kunnen buitenlanders ook met de **California Rail Pass** (zeven ritten binnen drie weken, zie www.amtrak.com/california-rail-pass, $ 159, kinderen 2-15 jaar $ 79,50).

Vervoer

Auto

Uw huurauto kunt u beter van tevoren reserveren. Een internationaal rijbewijs is niet nodig, een creditcard wel. Niet alle verhuurbedrijven hanteren dezelfde minimumleeftijd, dus let daar goed op. Hoe duur uw huurauto is, is sterk afhankelijk van het seizoen. In het hoogseizoen, grofweg van april tot en met september, kan een auto u wel € 100 per dag kosten, in de winter kunt u soms een week rijden voor dat bedrag. Vergelijk de prijzen op de websites van de bekende verhuurmaatschappijen (Hertz, Avis, Budget, Thrifty) en op sites als www.easyterra.nl en www.sunnycars.nl. Kijk ook naar het verschil in prijs tussen verhuurlocaties in de stad en die op het vliegveld – het kan lonen een taxi te nemen naar een locatie downtown en daar uw auto op te pikken. Een auto op de ene plek ophalen en op een andere terugbrengen is altijd mogelijk. Let wel op de prijs voor zo'n *one way rental*, want ook die kan behoorlijk fluctueren.

Bus

Green Tortoise biedt tours inclusief overnachtingen voor jongeren aan langs de kust, naar Death Valley en Yosemite National Park en door een aantal woestijngebieden (494 Broadway, San Francisco, CA 94133, tel. 1-415-956-7500, www.greentortoise.com). Lokale en regionale bustrips worden in de steden door tientallen maatschappijen aangeboden.

De langeafstandsbussen van het beroemde **Greyhound** (www.greyhound.com) hebben sinds een paar jaar concurrentie van die van **Megabus** (us.megabus.com). Dit heeft ervoor gezorgd dat de prijzen zijn gedaald en het serviceniveau is gestegen.

California Shuttle Bus zet goedkope bussen in op het traject van Los Angeles naar San Francisco, met slechts één tussenstop. De maatschappij rijdt ook op routes in Greater Los Angeles (www.cashuttlebus.com).

Motorfiets

Reizen per motor is populair sinds de cultfilm *Easy Rider* uit 1969. Motorrijden staat dus al bijna vijftig jaar symbool voor het ultieme vrijheidsgevoel, en al helemaal in de 'vrijstaat' Californië. Dat geldt in de eerste plaats voor de kustweg Highway 1, oftewel de Pacific Coast Highway.

USA Motorreizen biedt volledig verzorgde motorreizen aan, maar kan u ook behulpzaam zijn bij het huren van een motorfiets of het plannen van een mooie route (www. usamotorreizen. nl). Andere aanbieders van motorreizen naar (het zuidwesten van) de Verenigde Staten zijn onder andere **U.S. Bikers** (www.usbikers.nl) en **Route 66 Reizen** (www.route66reizen.nl). Besluit u pas in Californië dat u een dag of meer wilt rijden op een dikke Harley, dan kunt u bijvoorbeeld terecht bij **Eaglerider** (www.eaglerider.com), met vestigingen op diverse locaties.

Onderweg met een camper

Als u van plan bent per camper (RV = Recreation Vehicle) door Californië te reizen, kunt u die beter niet volstouwen met het maximaal aantal toegestane passagiers. Zeker als u met kinderen reist, is het verstandig 'op de groei' te huren – anders kan 'gezellig en knus' al snel moorddadig klein worden. Ook bij het plannen van de afstanden moet u het ruim nemen. De weidsheid van het land verleidt al snel tot omwegen en doorsteekjes. Denk er vooraf dan ook goed over na of het niet verstandiger is bij te betalen voor een onbeperkt aantal mijlen. RV's worden in de VS vaak niet, zoals auto's, verhuurd met een onbegrensd aantal gratis kilometers, maar met een beperking per dag, waarbij uiteraard wel naar het totaal aan het eind van de huurperiode wordt gekeken.

Toll Roads

Ten zuiden van Anaheim zijn de State Routes 73, 133, 241 en 261 tolwegen. De *toll plazas* zijn uitgerust met elektronische tolpoorten, waar u de tol contant kunt betalen. Andere poorten zijn voorbehouden voor PollPass-houders. Vraag bij het ophalen van uw huurauto of deze is voorzien van dit systeem. In dat geval wordt de tol rechstreeks van uw creditcard afgeschreven (www.the tollroads.com) wanneer u de tolpoort passeert.

Verkeersregels

De maximumsnelheid is in de Verenigde Staten binnen de bebouwde kom 25-30 mijl per uur (mph, 40-48 km/h), buiten de bebouwde kom 55- 65 mph (88-104 km/h) en op een aantal snelwegen tot 75 mph (120 km/h). Bij scholen en kinderopvanglocaties is de maximumsnelheid 15 mph (24 km/h).

De straffen voor het overschrijden van de maximumsnelheid of met alcohol achter het stuur zitten, zijn hoog – u riskeert niet alleen een flinke geldboete, maar ook een gevangenisstraf! Stilstaande gele schoolbussen met ingeschakelde alarmlichten mag u niet inhalen (ook niet van tegenovergestelde richting). Buiten de bebouwde kom mag u niet parkeren op de weg. Op wegen met meerdere rijstroken mag u ook rechts inhalen. Het is toegestaan om bij een rood verkeerslicht rechts af te slaan als niet staat aangegeven dat dit verboden is ('no right turn on red').

Overnachten

In de VS wordt slaapcomfort zeer serieus genomen. Eenpersoonsbedden zult u nergens aantreffen. Normaal gesproken kunt u kiezen tussen de formaten *queensize* (circa 1,40 m breed) en *kingsize* (2 m). In een *twin room* staan over het algemeen twee queensizebedden. Sommige hotels en de meeste motels zetten wanneer de zon is ondergegaan hun neonborden met *(No) Vacancy* aan, zodat je vanaf de weg kunt zien of er een kamer beschikbaar is. Over de kale prijs, die soms ook op de borden staat, wordt nog *sales tax* berekend.

Hotel- en motelketens

Budgetmotels: het goedkoopst zijn motelketens als Motel 6 (www.motel6. com), Super 8 (www.super8.com), Red Roof Inn (www.redroof.com), Econo Lodge, Comfort Inn, Quality Inn, Sleep Inn, Rodeway Inn (allemaal te vinden op www.choicehotels.com), Days Inn (www.daysinn.com) en Travelodge (www.travelodge.com). Deze motels bieden prima kamers, meestal met twee queensizebedden, maar weinig luxe.

Middenklasse: Beter uitgerust en iets duurder zijn de accommodaties van ketens als Howard Johnson (www.hojo.com), Best Western (www. bestwestern.de), Embassy Suites (www.embassysuites.com), Hampton Inn (www.hamptoninn.com), Holiday Inn Express (www.ichotelsgroup.com), La Quinta (www.lq.com) en Ramada (www.ramada.com).

Luxehotels: Luxueus zijn de hotels van Hyatt (www.hyatt.com), Marriott en Courtyard by Marriott (www.marriott. com), Hilton (www.hilton.com), Radisson (www.radisson.com), Ritz-Carlton (www.ritzcarlton.com), Westin en Sheraton (beide via www.starwood hotels.com) en Fairmont Hotels (www. fairmont.com).

Bed & breakfast

B&B's zijn er in Zuid-Californië in alle soorten en maten, van eenvoudige pensions tot historische landhuizen. In veel gevallen zijn het luxueuze privéwoningen met stijlvol, victoriaans ingerichte kamers vol antiek en een hemelbed – maar vaak geen televisie en wifi. Een uitgebreid ontbijt is altijd inbegrepen.

Vakantiehuis

Wat is er leuker dan je een paar dagen een local te voelen? Via Airbnb huurt u een hip appartement in West-Hollywood of een strandhuisje in Santa Monica en dompelt u zich helemaal onder in uw vakantiebestemming. Voor gezinnen met kinderen is dit ook nog eens een voordeliger optie dan bijvoorbeeld twee hotelkamers. Het aanbod is enorm – van rustieke cottages tot luxueuze villa's voor meerdere gezinnen (www.airbnb.com).

Jeugdherberg/hostel

In de grotere steden zijn hostels vaak 24/7 geopend (ca. $ 30-40 p.p.), in wat meer landelijk gebied openen ze hun deuren in de namiddag (ca. $ 15-20 p.p.). Sommige hostels beschikken over duurdere privékamers. Dat is handig voor gezinnen – niet alleen jongeren zijn welkom. Meestal is een eigen slaapzak verplicht (www.hihostels.com, www.hiusa.org/hostels).

Camping

Het stikt in de Verenigde Staten van de *camp grounds*. Hiermee kan een terrein voor tentjes worden bedoeld, maar ook een enorme camping voor motorhomes.

Kunstenaar David Hockney ontwierp het zwembad van het Hollywood Roosevelt Hotel

Bij en in de nationale parken zijn veel plekken waar u uw tentje kunt opzetten. De terreinen van de National Park Service en de Forest Service zijn voordelig (ca. $ 5-15 per nacht), maar lang niet zo luxueus uitgerust als Koa-terreinen ($ 20-50 per nacht, www.koa.com/states-provinces/california). Hier zijn vaak ook cabins te huur, houten huisjes met één of twee kamers voor maximaal zes personen. Nog comfortabeler zijn lodges en cottages met keuken, airco en badkamer ($ 50-60). Bij de Chambers of Commerce en Visitors Bureaus kunt u een gratis campinggids krjgen.

Goedkoop kamperen

Wilt u een goedkope of zelfs gratis plek voor uw camper, zet hem dan neer op een terrein dat wordt beheerd door het Bureau of Land Management (BLM) of de National Forest Authority. Na twee weken moet u uw RV wel verplaatsen, maar hoe ver staat niet vast en er wordt over het algemeen niet streng gecontroleerd. Wildkamperen is niet toegestaan. Wat in de Verenigde Staten wordt verstaan onder *boondocking*, is kamperen op een terrein zonder enige faciliteiten. Tips over BLM-gebieden kunt u vinden op www.blm.gov, op www.forestcamping.com zijn alle kampeermogelijkheden van de National Forest Authority te vinden. Op deze site ziet u ook een handig kaartje met alle gebieden. De prijzen variëren van nul tot $ 25 per dag, maar de meeste plekken kosten zo'n $ 5-12. U betaalt over het algemeen bij onbemande loketten. U vult op een envelop uw naam en kenteken in, doet er geld in en stopt de envelop in een brievenbusje. U kunt een plek reserveren via tel. 1-877-444-6777 of www.recreation.gov.

Reserveren

Kamers die telefonisch zijn geboekt, worden in de regel tot 18 uur 'vastgehouden'. Komt u later, dan is het raadzaam de kamer te garanderen met een creditcard. U kunt over het algemeen tegen een geringe meerprijs met meer dan twee personen overnachten in een 2 pk. De prijs is altijd per kamer, niet per persoon. Veel hotels hebben zich gewapend tegen reserveringssites; ze garanderen dat u nergens goedkoper boekt dan op hún website. Om te vergelijken, kunt u echter niet zonder sites als www.booking.com en www.hotels.com. Hebt u uw keuze gemaakt, dan kan het lonen een mailtje te sturen naar het hotel. Ze geven u liever een upgrade of gratis ontbijt dan dat ze commissie betalen aan een website. Let bij het boeken altijd op de voorwaarden; gratis annuleren kan een uitkomst zijn als uw plannen veranderen.

Tip

Geld besparen

Als u op de bonnefooi reist, kunt u veel baat hebben bij couponboekjes, die gratis verkrijgbaar zijn bij onder andere toeristenbureaus en fastfoodrestaurants, maar die ook te downloaden zijn. In de Traveler Discount Guide zitten coupons voor meer dan zesduizend accommodaties in heel de Verenigde Staten, waarmee u tot wel twintig procent kunt besparen (www.hotelcoupons.com). Vergelijkbare kortingsbrochures zijn Motel Coupons (www.motel-coupons.com), Travel Coupons (www.travelcoupons.com) en Destination Coupons (www.destinationcoupons.com). In de kleine lettertjes staat voor welke periode en voor hoeveel personen de kortingen gelden.

Eten en drinken

Net als in de rest van de wereld zweren de Californiërs bij hun eigen klassiekers: steak met gepofte aardappel, *prime rib*, gebraden kip, spareribs, pizza en fastfood. Maar Californië heeft op culinair gebied bepaald niet stilgestaan; de staat heeft zelfs een grote gastronomische invloed gehad op de rest van het land. De in de jaren 70 'uitgevonden' *California Cuisine* is de meest innovatieve regionale keuken van de Verenigde Staten. De basisbeginselen: verse ingrediënten van eigen bodem, fantasievolle gerechten en weinig calorieën (*low carb*). De California Cuisine is door de jaren heen steeds wat aangepast aan de smaak van het moment, maar is nog steeds gestoeld op gezond en lokaal.

Culinaire verscheidenheid

De etnische verscheidenheid die je vindt in de Californische bevolking vindt je ook op culinair vlak. Het aanbod loopt uiteen van Chinese soepkeukens, Thaise eethuisjes en Japanse sushibars tot Mexicaanse *cantinas*, typisch Amerikaanse steakhouses en toprestaurants met mediterrane heerlijkheden. In de grote steden laten beroemdheden zich in de watten leggen door niet minder prominente sterrenkoks, wier eetpaleizen niet altijd uitsluitend in Amerikaanse steden zijn te vinden, maar ook internationale vestigingen hebben.

De nabijheid van Mexico is vooral in het zuiden van Californië te voelen en te proeven. Hier hebben taco's en burritos, chimichanga, bonen en guacamole een vaste plek op de menukaart. In San Diego is de vistaco zelfs de officieuze stadsspecialiteit. Dit is een maistortilla met flink gekruide, door saus overgoten gefrituurde vis in een jasje van deeg. Deze smaakt volgens de kenners het beste bij Rubio's Fresh Mexican Grill (2260 Callagan Hwy, tel. 1-619-696-3757, www.rubios.com).

Zeevruchten zijn hot

In Californië kunnen hongerige toeristen aan de uitgestrekte kust van de Grote Oceaan aangenaam over de zee turen terwijl chefkoks licht verteerbare en eiwitrijke gerechten met vis en zeevruchten voor ze bereiden. Binnen de nieuwste voedingstrend is de toverformule *low carb*, weinig koolhydraten – gezien het Amerikaanse overgewichtsprobleem een goede ontwikkeling. Ook mahi-mahi (goudmakreel), snapper, zwaardvis en tonijn staan vaak op de kaart, net als krab, (reuzen)garnalen en andere schaal- en schelpdieren, voornamelijk coquilles en oesters.

Typisch USA

Toen in de jaren 80 plannen werden gemaakt voor restaurants op luchthavens en in winkelcentra, werd het concept **food court** geboren. Daarbij gaat het om een verzameling verschillende, in een bepaalde zone gelegen zelfbedieningsrestaurants, waar u aan toonbanken uw gerechten en drankjes kunt afhalen, om ze aan een tafeltje op het tussen de zaakjes gelegen centrale 'plein' (court) te nuttigen. Een andere Amerikaanse traditie is **take away**, meenemen/afhalen. De meeste restaurants zijn ingesteld op gasten die hun eten mee willen nemen, of het nu gaat om de volledige maaltijd of het deel

A meal with a view – restaurant met zeezicht in de buurt van La Jolla

dat niet is opgegeten. De restjes mee naar huis nemen, kan niet alleen bij fastfoodrestaurants en pizzeria's, maar ook bij goede restaurants – u hoeft zich nooit te schamen als u de enorme portie niet opkrijgt en vraagt om een *doggie bag*.

Gezonder fastfood

De trend van gezondere voeding heeft in Californië inmiddels zelfs de fastfoodrestaurants bereikt. Hamburgerketens besloten onder druk van de publieke opinie calorie-, vet- en suikerarme gerechten op de kaart te zetten. Toen uit wetenschappelijk onderzoek bleek dat chemisch gemodificeerde transvetzuren schadelijk zijn voor de gezondheid, besloten de ketens de gefrituurde kipdelen niet langer in het gebruikelijke vet te bereiden, maar in een gezondere sojabonenolie. In sommige grote steden werd zelfs besloten om olie en vet met transvetzuren geheel voor consumptie te verbieden. Een koffieketen haalde bovendien de in het vermaledijde vet gebakken koekjes en taarten uit zijn assortiment.

Wijn in opkomst

In het land van de bierdrinkers heeft zich in de laatste jaren een verrassende wijnrevolutie afgespeeld. Dat heeft er deels mee te maken dat wijn uit de Californische wijnbouwgebieden als Napa Valley, Sonoma Valley, de Santa Ynez Valley en de Central de laatste decennia internationale faam heeft verworven. Daarnaast hebben de Amerikanen, en zeker de Californiërs, inmiddels door dat bij een goede maaltijd ook een goed glas wijn hoort. Een acceptabel wijnaanbod is in Amerikaanse restaurants allang niet meer een kwestie van imago, maar een absolute must voor succes, omdat restaurants voor ongeveer 30% van hun inkomsten afhankelijk zijn van de wijn die de gasten bestellen. Inmiddels zit de wijnconsumptie zo in de lift dat veel restauranthouders naarstig op zoek zijn naar gekwalificeerde sommeliers, om een steeds beter ingewijde en veeleisende gastenkring te bedienen.

Volgens een prognose zullen de Amerikanen binnen afzienbare tijd tot de grootste wijndrinkers ter wereld behoren. De financiële crisis heeft dan wel zijn invloed gehad op de wijnconsumptie in de VS, maar volgens experts zullen vooral beginnende drinkers tussen de eenentwintig en derig jaar de komende jaren bier verruilen voor wijn.

De koffiecultuur

Vanaf het moment dat de Verenigde Staten eind 20e eeuw werden overspoeld door een in Seattle ingezette koffietsunami, is er veel veranderd. Het slappe lichtbruine goedje dat de naam koffie nauwelijks waard is, heeft flink terrein verloren aan de vele variaties op het thema dat bij de Starbucksen van deze wereld op het krijtbord staan – hoewel puristen de ketenkoffie net zo verketteren als de slappe hap van de diners. Tja, het is ook wel even wennen, koffie met vanille- of sinaasappelextracten of een bijzondere mix van espresso en cola.

Hoe dan ook, koffie is voor de Amerikanen een ware obsessie. Zelfs bij de zo gezond consumerende Californiërs maakt een goede (of slechte) kop koffie deel uit van het dieet. Bovendien schiep de koffiecultuur van de laatste decennia ook een nieuwe subcultuur. Zonder lezingen van dichters en *life coaches*, tentoonstellingen, optredens van bandjes en singer-songwriters en andere culturele happenings – liefst tot diep in de nacht – hoor je er als moderne koffietent absoluut niet bij. Een soortgelijke ontwikkeling is ook te zien in de theehuizen. Vooral in de grote steden worden steeds meer trendy *tea rooms* geopend, waar de vijfduizend jaar oude geschiedenis van de opgeschonken bladeren van de theestruik in de Verenigde Staten wordt voortgezet met heerlijke soorten als darjeeling, java, jasmijn en oolong.

Culinaire hoogstandjes uit de supermarkt

Amerikaanse supermarkten zijn goed gesorteerd, tot laat geopend en lekker overzichtelijk. Bovendien hebben ze service hoog in het vaandel staan – je hoeft nooit lang te wachten bij de kassa en vaak worden je boodschappen voor je ingepakt. Met een klantenkaart (waar makkelijk aan te komen is) kom je in aanmerking voor bijzonder voordelige aanbiedingen. Grotere supermarkten hebben vaak een zeer rijk uitgeruste salade- en soepbar, waar je zelf kunt opscheppen – van het aantal verschillende dressings kan het je gaan duizelen. Daarnaast zijn er talloze vers bereide meeneemmaaltijden te koop – *to go*. Een speciale vermelding verdienen de winkels van Whole Foods, die zich hebben toegelegd op biologische producten (www.wholefoodsmarket. com).

Actieve vakantie, sport en wellness

Autosport

Een week na de beroemde Daytona 500 in Florida wordt in Fontana, 40 mijl ten oosten van Los Angeles in San Bernadino County, de tweede NASCAR-race van het seizoen verreden. In de buurt liggen ook de Ontario Motor Speedway en de Riverside International Raceway, twee kleinere circuits.

Bergbeklimmen

De 1000 m hoge, bijna verticaal oprijzende granieten El Capitan in Yosemite Valley heeft een legendarische reputatie bij bergbeklimmers. El Cap, zoals hij liefkozend wordt genoemd, staat op het verlanglijstje van talloze *freeclimbers*. Veel kortere, maar eveneens tot de verbeelding sprekende routes vindt u in het noordelijke deel van Joshua Tree National Park. Hartje zomer zijn de rotsen hier overigens te heet om te beklimmen.

Californië vanuit de lucht

De geweldige natuurlandschappen van de Golden State zijn niet alleen bezienswaardig met beide benen op de grond. Vanuit de lucht ziet u de steden, Stille Oceaankust, bergen en woestijnen in een heel ander licht – vaak letterlijk. Verschillende aanbieders verzorgen spectaculaire vluchten in een heteluchtballon. Bijvoorbeeld over de wijnlanden bij Santa Barbara (www.santabarbaraballoonrides.com) en de woestijnregio bij Palm Springs en in de Coachella Valley (www.balloonabovethedesert.com, www.flyhotairballoons.com). Daarnaast kunt u een minstens zo spannende helikoptervlucht maken boven Los Angeles (www.elitehelicoptertours.com) of San Diego (www.sdhelicoptertours.com).

Mountainbiken

Van eenvoudige, vlakke routes voor beginners tot semi-professionele trajecten, waarop men zelfs te voet nauwelijks vooruitkomt, in Zuid-Californië zijn er mountainbikepistes voor elke smaak. Op trails.mtbr.com staan tientallen trails met hun lengte en moeilijkheidsgraad en beschrijvingen, waardoor je een goed idee krijgt van wat je te wachten staat. Mammoth Lakes, op de oostelijke hellingen van de Sierra Nevada, onderhoudt een pendelbusdienst voor mountainbikers die in het Mountain Bike Park op een van de talrijke routes op Mammoth Mountain willen fietsen. Als u van plan bent om in Californië te mountainbiken, kunt u het best fietsschoenen en klikpedalen van thuis meenemen, omdat fietsen met *clipless pedals* bijna nergens te huur zijn.

Paardrijden

Toen de Spaanse expedities in de 16e eeuw het gebied van de huidige Verenigde Staten koloniseerden, brachten ze de eerste paarden naar het destijds alleen door indianen bewoonde gebied. Later werden ook de koetsen van de gelukszoekers, die in grote aantallen richting Stille Oceaan trokken, voortbewogen door paardenkrachten. Ook de

In Joshua Tree National Park kan op veel plekken worden geklommen

vele honderden Hollywoodwesterns bewijzen dat het paard een bijzondere plek inneemt in het westen van Amerika. Om Zuid-Californië van op een zadel te verkennen, hoeft u niet op een ranch te verblijven of uzelf als figurant aan te bieden bij een filmstudio. In de hele regio zijn rijscholen gevestigd, waar buitenritten van uiteenlopende lengte per uur worden aangeboden. Bijzonder fraai zijn de georganiseerde tochten door het schilderachtige landschap van Yosemite National Park (Big Tree Lodge Stable, 8308 Wawona Rd., Wawona, tel. 1-209-375-6502, www.yosemite.com/what-to-do/big-trees-lodge-stable, juni-sept. dag. 7-17 uur).

Vanaf de release van de film *The Horse Whisperer* (1998) van en met Robert Redford veranderde Solvang in een bedevaartsoord voor paardenfreaks en -fokkers. Op de **Flag Is Up Farms** zette de enige echte paardenfluisteraar Monty Roberts al jaren daarvoor een trainings- en fokcentrum voor renpaarden op. In het Monty Roberts International Learning Center worden diverse cursussen aangeboden, waarbij paardenvrienden de juiste omgang met de rijdieren wordt geleerd (901 East Hwy 246, tel. 1-805-688-4382, www.montyroberts.com, dag. 9-17 uur).

Raften

Wie al rafterving heeft en een bijzonder avontuur wil meemaken, vindt in de Cherry Creek, een deel van de Tuolomne River ten westen van Yosemite National Park, in de periode van juni tot september een van de meest uitdagende wildwatervaargebieden van Californië. De smalle Cherry Creek stort zich per mijl 30 m omlaag en er zijn vijftien stroomversnellingen van categorie V. Niet ver hiervandaan kunt u op de Merced River eveneens leuke avontu-

ren beleven, net als op de Kaweah River aan de westkant van Sequoia National Park (All-Outdoors California Whitewater Rafting, 1250 Pine St., Walnut Creek, CA 94596, tel. 1-925-932-8993, www.aorafting.com).

Surfen

Aan de Stille Oceaankust tussen Monterey en San Diego is de surfsport ontstaan. Hier begon ook de wereldwijde popularisering ervan. Logisch dus dat zich hier talloze prachtige surfstranden bevinden. **Surfrider Beach** ligt ten noorden van Santa Monica in de buurt van de Malibu Pier en behoort volgens ingewijden tot de beste surfstranden van Zuid-Californië. Niet minder beroemd zijn de stranden van Santa Barbara en tal van surfplekken tussen Los Angeles en San Diego, waar uitstekende omstandigheden voor surfers heersen. Bij veel van de strandjes zijn ook surfshops waar uitrusting kan worden gehuurd en gekocht. Op www.surfline.com/travel staan een kaart met surfspots en gedetailleerde informatie.

Wandelen

Er zijn in Zuid-Californië talloze *hiking trails.* Vooral op langeafstandswandelingen moet u zich goed voorbereiden, omdat het weer in het zuidwesten van de VS (hitte, stormen, bijzondere klimaatomstandigheden in hooggelegen gebieden) zeer grillig kan zijn. Als u geen zin hebt in de volledige, 1910 km lange **California Coastal Trail**, die loopt van de Mexicaanse grens tot Oregon, kunt u aan de Stille Oceaankust een deel ervan lopen middels een van de dagetappe's (www.californiacoastal trail.info).

Tot de beroemdste wandelroutes in het westen van de VS behoort de 340 km lange **John Muir Trail** van de Yosemite Valley naar Mount Whitney, met 4416 m de hoogste berg van de *Contiguous USA*. De tocht over deze route door de Sierra Nevada is bijzonder zwaar en duurt twee tot drie weken. De John Muir Trail maakt deel uit van de **Pacific Crest Trail** die door het hooggebergte van de westelijke VS van de Canadese naar de Mexicaanse grens loopt (www.pcta.org).

Wellness en fitness

In de meeste grote hotels vindt u een fitness en/of een wellnessruimte, waarin tegemoet wordt gekomen aan de steeds grotere behoefte aan een gezond en fitter leven. Spa's zijn er in alle soorten en maten. De verschillende therapeutische massages en behandelingen lopen uiteen van manicure en pedicure tot aromatherapieën, ayurveda en ontharen. Een van de beste spa's van de VS is Spa Montage in het Montage Resort in Laguna Beach (30801 S. Coast Hwy, tel. 1-866-551-8244, www.spamontage.com).

Hollywoodsterren laten zich graag verwennen in de Ojai Valley Inn & Spa in Ojai. Dit chique hotel met kuuroord in een prachtig landschap met een mild klimaat heeft tennis- en golfbanen en een geweldige eetgelegenheden. Daarnaast worden er cursussen yoga, qigong, meditatie en tai-chi aangeboden, maar u kunt er ook terecht voor kunstonderwijs. De spa heeft vijfendertig behandelkamers, sauna's, whirlpools en meditatieruimten (905 Country Club Rd., tel. 1-855-697-8780, www.ojairesort.com/spa-ojai).

Ook de Golden Door in San Marcos bij Escondido is chic. Het resort heeft een spa in Japanse stijl (777 Deer Springs Rd., tel. 1-760-744-5777, www.goldendoor.com/escondido).

Wintersport

Of u nu op zoek bent naar het eenzaam avontuur op de piste, uitbundig après-skivertier, een gezinsvakantie in de sneeuw, wilt langlaufen door betoverende landschappen of afdalen over duizelingwekkende hellingen – in de Sierra Nevada komt elke skiër beslist aan zijn trekken. In dit berggebied liggen bekende ski-oorden als de Yosemite Ski & Snowboard Area in Yosemite National Park met ski-, snowboard- en langlaufpistes. Fanatiekelingen kunnen zich bij volle maan aansluiten bij nachtelijke uitstapjes en de plaatselijke skischool is geschikt voor zowel kinderen als beginnende volwassenen en heropstappers (www.nps.gov/yose/planyourvisit/wintersports.htm). Een ander gerenommeerd skigebied ligt in de regio Mammoth Lakes, op de oostelijke hellingen van de Sierra Nevada (www.mammothmountain.com).

Zwemmen

De Stille Oceaankust is landschappelijk een van de indrukwekkendste gebieden van Zuid-Californië, maar het is wat zwemmen betreft bepaald geen Caraïbisch gebied. Het kustwater komt uit de grote diepten van de oceaan en is zeer koud – 's zomers komt het zelden boven de 20°C uit. In beschutte ondiepe baaitjes kan het iets aangenamer zijn.

De Colorado River op de grens van Californië en Arizona is, vooral ten noorden van Parker, een kampeer-, zwem- en watersportwalhalla. In de zomermaanden moet u daar echter rekening houden met een verzengende hitte. Je kunt de rivier op diverse plekken oversteken, zodat ook de aan de overkant in Arizona gelegen toeristische trekpleisters op eenvoudige wijze kunnen worden bezocht.

Feesten en evenementen

De reislustigheid van de circa 28 miljoen inwoners van Zuid-Californië komt tot uitdrukking in honderden feesten en festivals.

Feestagenda

Januari

Tournament of Roses: bloemencorso met praalwagens in Pasadena (www.tournamentofroses.com).
Palm Springs International Film Festival: belangrijk filmfestival (www.psfilmfest.org).

Februarii

National Date Festival: dadelfeest in Indio (www.datefest.org).

Maart

Festival of Whales: straatfeest in Dana Point ter gelegenheid van de grijze walvissen voor de kust (www.festivalofwhales.org).
Zinfandel Festival: wijnfeest in Paso Robles (www.pasowine.com/events/vintage-paso.php).
Food and Wine Festival: culinair feest in Palm Springs (www.palmdesertfoodandwine.com).

April

ArtWalk: kunstfestival in San Diego's Little Italy (www.artwalksandiego.org/missionfederal).
Sea Otter Classic: wielerwedstrijd (racefiets en mountainbike) rond Monterey (www.seaotterclassic.com).

Mei

City of Los Angeles Marathon: de marathon van LA (www.lamarathon.com).
California Strawberry Festival: aardbeienfeestje in Oxnard tijdens het hoogtepunt van het seizoen met aard-

beidelicatessen in vele variaties (www.strawberry-fest.org).
Ojai Valley Poetry Fest: poëziefestival in Ojai (oneven jaren, soms in juni).

Juni

Hollywood Black Film Festival: Afro-Amerikaans filmfestival in Marina del Rey, Los Angeles, (www.hbff.org).
Playboy Jazz Festival: jazzfestival in de Hollywood Bowl in Los Angeles (www.playboyjazzfestival.com).
Los Angeles Pride Festival: homo- en lesbiënnenfeest in West Hollywood (www.lapride.org, zoeken op 'Celebration').
Mainly Mozart Festival: kamermuziekfestival in het Balboa Theatre in San Diego (www.mainlymozart.org).
Long Beach Bayou Festival: Louisiana is het thema van dit festival voor de hele familie, met muziek, dans en heel veel eten uit de *Deep South* van de Verenigde Staten (www.longbeachfestival.com).
La Jolla Festival of the Arts: zo'n tweehonderd kunstenaars presenteren hun werk. Uiteraard wordt ook gezorgd voor de inwendige mens (www.lajollaartfestival.org).

Juli

California Wine Festival: wijnfeest in Santa Barbara (www.californiawinefestival.com).
Nationale Feestdag 4th of July: allerlei evenementen en een groot vuurwerk in bijna alle steden.

Veel van deze evenementen hebben hun oorsprong in de etnische verscheidenheid van het land, waarbij de Latijns-Amerikaanse tradities uiteraard een belangrijke rol spelen.

Aan de andere kant lopen de Californiërs vooral warm voor evenementen waarbij alles draait om eten en drinken (www.everfest.com/california).

Mammoth Jazz Jubilee: jazzfestival in Mammoth Lakes (www.mammoth jazz.org).

Imperial Beach Sun & Sea Festival: groot strandfestival op Imperial Beach in San Diego, met als hoogtepunt de zandkastelencompetitie (www.sunandseafestival.com).

US Open of Surfing: Amerikaans surfkampioenschap in Huntington Beach (www.vansusopenofsurfing.com).

Festival Mozaic: klassieke muziek in San Luis Obispo (www.festivalmozaic.com).

Augustus

International Surf Festival: surfevenement in Manhattan Beach, Hermosa Beach en Redondo Beach (www.surffestival.org).

Scottish Games & Celtic Festival: traditioneel Schots feestje in Monterey (www.montereyscotgames.com).

Crawfish Festival: seafoodfestival in Long Beach (www.longbeachcrawfish festival.com).

Humphreys Concerts By the Bay: pop, rock, blues en folk met bekende artiesten in San Diego (www.humphreysconcerts.com).

Long Beach Jazz Festival: jazzfestival in Long Beach (www.longbeachjazz festival.com).

Art in the Village: kunst en kunstnijverheid in Carlsbad (www.kennedy faires.com/carlsbad).

Steinbeck Festival: feest ter ere van auteur John Steinbeck (*The Grapes of Wrath*) in zijn geboortestad Salinas (www.steinbeck.org/festival.html).

California Beer Festival: in Ventura (www.californiabeerfestival.com).

Los Angeles International Short Film Festival: korte films uit de hele wereld in Los Angeles (www.lashortsfest.com).

Festival of Sail: maritiem evenement met een zeilschepenparade in San Diego (www.sdmaritime.org/festival-of-sail).

Sawdust Festival: groot kunstfestival in Laguna Beach (www.sawdustart festival.org).

September

Monterey Jazz Festival: beroemd jazzfestival in Monterey (www.monterey jazzfestival.org).

Tall Ships Festival: evenement met grote zeilschepen in Dana Point (www.oceaninstitute.org/tall-ships-festival).

Carmel International Arts Festival: kunst en muziek in Carmel (www.carmelartsfestival.org).

Oktober

Halloween: 31 oktober: groot feest aan de vooravond van Allerheiligen met kinderen en volwassenen in zo angstaanjagend mogelijke kostuums. De optocht op Santa Monica Boulevard in West Hollywood is beroemd.

December

Christmas Boat Parade of Lights: versierde schepen in Newport Beach (www.christmasparadeboats.com).

Praktische informatie van A tot Z

Alcohol en drugs

Met drank op achter het stuur zitten, is in Californië een nog slechter idee dan thuis; u riskeert zelfs een gevangenisstraf. Niet doen dus. Hetzelfde geldt voor drugs.

Apotheek

Recepten van Amerikaanse artsen worden geaccepteerd in *pharmacies* en *drugstores*, die zich vaak in een supermarkt bevinden. Daar kunt u ook terecht voor medicijnen zonder recept.

Ambassades en consulaten

Nederlandse honorair-consul

11766 Wilshire Blvd., Suite 1150, Los Angeles, tel. 1-877-388-2443, losangeles@nlconsulate.com, ma.-vr. 9.30-12.30 uur.

Belgisch consulaat-generaal

6100, Wilshire Boulevard, Suite 1200, Los Angeles, tel. 1-323-857-1244, LosAngeles@diplobel.fed.be, ma.-vr. 9-12.30, 13.30-16 uur.

Elektriciteit

De Verenigde Staten hebben 110 volt wisselspanning, maar laptops, elektrische tandenborstels, mobiele telefoons et cetera kunt u er gewoon opladen. Wel hebt u een verloopstekker nodig omdat de stopcontacten in de VS anders zijn dan bij ons. Deze kunt u het beste vóór uw reis kopen.

Feestdagen

Voor alle feestdagen geldt dat instanties en banken zijn gesloten. Winkels zijn doorgaans open. Alleen op Thanksgiving Day en Independence Day is bijna alles dicht. Het hoogst noodzakelijke is in de steden echter altijd verkrijgbaar.
New Year's Day: 1 januari (Nieuwjaar)
Martin Luther King jr. Day: 3e ma. in januari (geboortedag van Martin Luther King)
President's Day: 3e ma. in februari (geboortedag van George Washington)
Memorial Day: laatste ma. in mei (Dodenherdenking; begin van het vakantieseizoen)
Independence Day: 4 juli (Onafhankelijkheidsdag)
Labor Day: 1e ma. in september (Dag van de Arbeid; einde van het vakantieseizoen)
Columbus Day: 2e ma in oktober (viering van de landing van Columbus.
Veterans Day: 11 november (herdenking van de oorlogsveteranen)
Thanksgiving Day: 4e do. in november (Oogstdankfeest)
Christmas Day: 25 december (eerste kerstdag)

Fooi

De salarissen in de dienstverlenende sector zijn erg laag; personeel is afhankelijk van fooien. In een restaurant geeft u zo'n 17-20% fooi (vuistregel: tweemaal wat er bij 'taxes' staat), aan de taxichauffeur 15-20%. Bij de garderobe geeft u $ 1 per jas, aan de barman $ 1 per drankje. Ook de kamermeisjes verwachten een fooi, $ 1 per koffer, hetzelfde bedrag geeft u de bellboy die uw bagage naar uw kamer draagt per koffer.

Geld

De munteenheid in de Verenigde Staten is de dollar, die bestaat uit 100 cents. Er zijn bankbiljetten van 1, 5, 10, 20, 50 en 100 dollar, maar die laatste wordt met tegenzin geaccepteerd. Munten zijn er in waarden van 5 cents (een *nickel*), 10 cents (een *dime*) en 25 cents (een *quarter*).

Creditcards worden overal geaccepteerd. U kunt bij de meeste geldautomaten (ATM's) terecht met uw Nederlandse bankpas (kies na het intoetsen van uw pincode 'withdrawal from checking').

Internet

Wifi is tegenwoordig alomtegenwoordig, dus u kunt uw laptop, tablet of smartphone zo'n beetje overal gebruiken. In hotels en (fastfood)restaurants, maar ook in shoppingmalls, musea, cafés en zelfs in veel openbare parken kunt u gratis op internet. Activeer simpelweg wifi op uw device en klik op een open verbinding.

Reist u 'deviceloos'? In veel hotels staan ook computers voor algemeen gebruik, net als in bibliotheken en internetcafés (betaald).

Maten en gewichten

Lengtematen

1 inch (in.) = 2,54 cm
1 foot (ft.) = 30,48 cm
1 yard (yd.) = 0,9144 m
1 mile (mi.) = 1,609 km

Oppervlaktematen

1 sq mile = 2,5899 km²
1 acre = 0,4047 ha
1 sq foot = 0,92903 m²
1 sq inch = 6,452 cm²

Inhoudsmaten

1 pint (pt.) = 0,473 l
1 quart (qt.) = 0,946 l
1 gallon (gal.) = 3,785 l

Temperatuur

De temperatuur wordt in de VS in Fahrenheit gemeten (°F). Gebruik om om te reken de formule Fahrenheit minus 32 gedeeld door 1,8 = Celsius. Omgekeerd: Celsius maal 1,8 plus 32 = Fahrenheit.

100°F ≈ 38°C
90°F ≈ 32°C
80°F ≈ 27°C
70°F ≈ 21°C
60°F ≈ 15°C
50°F = 10°C

Media

Van de landelijke dagbladen is de *USA Today* het wijdverbreidst. U koopt de krant bij kiosken, automaten en benzinestations. De grootste krant van Zuid-Californië is de *Los Angeles Times*. In alle andere dagbladen vindt u voornamelijk regionaal en lokaal nieuws.

Op de televisie in uw hotelkamer vindt u alle grote nieuwskanalen als CNN en Fox News.

Medische verzorging

Vanwege de hoge kosten van de Amerikaanse gezondheidszorg is het afsluiten van een **reisverzekering** waarbij ook medische kosten inbegrepen zijn beslist aan te bevelen. Een bezoek aan een arts of een ziekenhuis moet altijd ter plaatse worden betaald. Vraag dus altijd om een nota, die u eenmaal thuis bij uw verzekeraar kunt indienen.

Op internet vindt u huisartsen met de zoekterm 'physician' of 'general practitioner'. Uiteraard kan de receptie van uw hotel u ook helpen.

Noodgevallen

Algemeen noodnummer (brandweer/ politie/ambulance): 911

Omgangsvormen

U reist probleemloos door de Verenigde Staten als u zich een beetje aanpast aan de *way of life* van de bewoners. Het gedoe bij het loketje op het vliegveld moet u maar gewoon over u heen laten komen – de immigratiebeambte neemt zijn werk (terecht) erg serieus en u kunt beter niet proberen het ijs te breken met en grapje. Amerikanen zijn over het algemeen heel behulpzaam en vriendelijk. In de dienstverlenende sector is de klant nog echt koning – het personeel zal er alles aan doen het u naar de zin te maken. In de meeste restaurants staat bij de ingang een bord met 'Wait to be seated' erop; wacht tot u naar uw plek wordt gebracht.

Blokkkeren van pinpas of creditcard bij verlies of diefstal

Algemeen: via www.pasblokkeren.nl komt u bij de website van uw bank of creditcardmaatschappij. Het is ook raadzaam om het alarmnummer van uw bank op te slaan in uw telefoon.

Telefoonnummers grote banken:
ABN Amro: 011 31 10 241 17 20
ASN: 011 31 70 356 93 35
ING: 011 31 20 22 888 00
Rabobank: 011 88 722 6767
SNS: 011 31 88 385 53 72

International Card Services (Visa, ook ANWB-creditcard): 011 31 20 66 00 06 11

American Express: 011 31 504 86 66

Openingstijden

Openingstijden van winkels variëren, een officiële winkeltijdenwet is er niet. Keline zaakjes zijn in de regel maandag tot en met zaterdag geopend van 9.30 tot 17 uur, **supermarkten** vaak tot 21 uur.

Vooral in de grote steden, maar soms ook in kleinere, zijn winkels 24/7 geopend, zeven dagen in de week. **Shoppingmalls** openen hun deuren meestal om 10 uur en sluiten om 20 of 21 uur, op zondag zijn de openingstijden 12-18 uur.

Banken zijn op weekdagen van 9 tot 15.30 uur geopend, postkantoren ma.-do. 8-18, vr. 8-19, za. 8-13 uur.

Prijzen

Creditcards vergemakkelijken betalen in hotels, restaurants, winkels en benzinestations – eigenlijk kunt u in de Verenigde Staten álles afrekenen met plastic. Voor het huren van een auto is een creditcard zelfs verplicht.

Sommige zaken zijn in Zuid-Californië goedkoper dan bij ons in Noord-Europa, andere duurder. U betaalt minder voor bijvoorbeeld benzine, textiel (jeans!), schoenen en fruit. Goede restaurants, pretparken, alcohol en sommige levensmiddelen, zoals verse melk, zijn juist prijziger.

Voor een ontbijtbuffet in een goed hotel bent u zo drie keer zoveel kwijt als voor een lekkerder (en Amerikaanser) begin van de dag in een diner of *coffee shop*. Met een lunch of diner in een *food court* kunt u heel wat geld besparen.

Reizen met een handicap

Over het algemeen is men in de VS goed ingesteld op mensen met een beperking. In vrijwel alle openbare gebouwen zijn voorzieningen getroffen. Veel hotels en motels beschikken over kamers voor mindervaliden. Deze hebben bijvoorbeeld een grotere badkamer en bredere deuren. In grote musea en pretparken zijn leenrolstoelen en hellingbanen een vanzelfsprekendheid. Zie ook www.sath.org.

Reizen met kinderen

Zuid-Californië is gemáákt voor familievakanties. In Los Angeles komen de kleintjes aan hun trekken in het California Science Center en de Los Angeles Park Zoo. In de regio stikt het van de pretparken, waterparken, achtbanen en dierentuinen. Maar u hoeft niet per se veel geld uit te geven bij klassiekers als Universal Studios, Disneyland, SeaWorld, Legoland of Knott's Berry Farm. Op de vele stranden is een hoop (gratis) plezier te beleven en de Sierra Nevada is een gigantisch avonturenpark waar je kunt wandelen, fietsen en kamperen. En de meeste hotels, ook de goedkopere, hebben een zwembad.

De woestijnregio's kunt u vanwege de hitte in de zomer beter alleen met wat oudere kinderen bezoeken. En nog een, voor ons Europeanen wat vreemde tip: laat uw kinderen, ook de kleinsten, niet in hun nakie op het strand rondlopen. Dat wordt in het puriteinse Amerika onwelvoegelijk bevonden.

Roken

In cafés, bars, restaurants en openbare gebouwen is roken verboden en ook bij veel mensen thuis wordt het bepaald niet op prijs gesteld. Eigenlijk kunt u in de Verenigde Staten alleen nog buiten roken. Bij Motel 6 en een aantal andere ketens zijn nog rokerskamers.

Telefoon

Een lokaal gesprek vanuit een telefooncel kost $0,50. Een alternatief is om te bellen met een *prepaid phone card*, die ook geschikt is voor internationale gesprekken (verkrijgbaar met tegoeden van $ 10-100 bij onder andere krantenkiosken). Vaak zijn *local calls* vanuit uw hotelkamer gratis. Bellen naar het thuisfront moet u daarvandaan zeker niet doen.

Alle **smartphones** werken gewoon in de VS. Alleen als u een antiek mobieltje hebt, kunt u problemen ondervinden. Mobiel bellen is hoe dan ook een dure hobby; de roamingkosten zijn erg hoog. Zet voor de zekerheid roaming uit op uw telefoon voor u vertrekt. Bent u van plan veel mobiel te gaan bellen of surfen, dan kunt u beter een Amerikaanse prepaidkaart kopen. Hiermee worden zowel binnenlandse als internationale gesprekken aanzienlijk goedkoper en raakt u niet failliet als u een foto op Facebook of Instagram zet.

Om naar huis te bellen toetst u eerst 011 in, dan het landnummer (31 voor Nederland, 32 voor België) en dan het telefoonnummer zonder 0.

Veiligheid

Zoals in alle grote steden zijn er ook in Amerikaanse metropolen no-goarea's, buurten waar je beter niet kunt komen. Wanneer u in de stad rijdt, kunt u uit voorzorg uw portieren op slot doen (de meeste auto's doen dat automatisch na het wegrijden). Voldoende afstand bij het verkeerslicht geeft u de kans weg te komen als dat nodig is. Uw paspoort en juwelen kunt u het best in de kluis in uw kamer achterlaten. Wordt u aangehouden door de politie, blijf dan in de auto zitten en leg uw handen op het stuur. Spreek de agent aan met *officer*.

Kennismaking – Feiten en cijfers, achtergronden

Downtown Los Angeles gezien vanuit Hollywood

Ligging en oppervlakte: Zuid-Californië is geen exact gedefinieerde regio. In het algemeen wordt het zuidelijke deel van de staat in het noorden gemarkeerd door de denkbeeldige lijn tussen de Monterey Bay en Mono Lake en in het zuiden uiteraard door de Mexicaanse grens. De oppervlakte van dat gebied is circa 240.000 km², iets meer dan die van heel Groot-Brittannië.

Hoofdstad: Californië wordt bestuurd vanuit het 467.000 inwoners tellende Sacramento, dat ten noordoosten van San Francisco ligt.

Officiële taal: Amerikaans Engels.

Inwoners: Circa 27 miljoen, waarvan een kleine 18 miljoen in de agglomeratie Los Angeles en 3 miljoen in Greater San Diego. Bevolkingsdichtheidscijfers geven een vertekend beeld omdat er naast stedelijke gebieden enorme woestijnen in Zuid-Californië liggen, waar nauwelijks iemand woont.

Vlag: De Californische vlag is een replica van de historische vlag die Amerikaanse kolonisten op 14 juni 1846 als symbool voor de opstand tegen de Mexicaanse overheersers in Californië hesen. Tegen een witte achtergrond is boven een rode streep een grizzlybeer met de tekst 'California Republic' afgebeeld. Links boven de beer ziet u een rode ster.

Landnummer: 001 (USA)

Valuta: Dollar ($)

Tijdzone: Pacific Standard Time (Midden-Europese Tijd - 9 uur), van de tweede zondag in maart tot de eerste zondag van november is het zomertijd.

Geografie, natuur en milieu

Het extreme hoogteverschil tussen het onder zeeniveau gelegen Death Valley en de bijna 4500 m hoge Mount Whitney in de Sierra Nevada laat zien hoe uiteenlopend de Zuid-Californische to-

pografie is. De Grote Oceaankust gaat – met uitzondering van sommige plaatsen – direct over in gebergte, waarachter zich de 640 km lange en ongeveer 80 km brede Central Valley bevindt. Verder naar het oosten begint de bergketen van de Sierra Nevada, die aan de oostkant steil afdaalt naar Owens Valley. In het uiterste zuiden en zuidoosten bepalen de Mojave- en tot aan de Mexicaanse grens de nog hetere Sonora-woestijn het landschap.

Dat het milieu in de Golden State serieus genomen wordt, bewijzen de vele nationale parken en andere beschermde gebieden. Gouverneur Jerry Brown is in 2011 aangetreden en heeft de milieu- en klimaatpolitiek van zijn beroemde voorganger Arnold Schwarzenegger voortgezet.

Geschiedenis en cultuur

Waarschijnlijk leefden op de voor de kust gelegen Channel Islands al tienduizend jaar lang Chumashindianen alvorens ze het vasteland gingen verkennen en koloniseren. Nadat Europese zeevaarders in de 16e eeuw Zuid-Californië hadden bereikt, begon in 1769 de Spaanse kolonisatie. Spaanse franciscanen begonnen tegelijkertijd met het verspreiden van het rooms-katholicisme onder de indianen door middel van missieposten. De Spaanse overheersing eindigde in 1821, toen Mexico onafhankelijk werd. Tot de oorlog met de Verenigde Staten werd het gebied bestuurd vanuit Mexico City.

De goudkoorts die in 1848 begon en de stichting van de staat Californië twee jaar later zorgden voor een enorme groei. Ook de ontsluiting van het gebied door de spoorbouw en de vruchtbaarheid van het land droegen hieraan bij, en later de ontdekking van olie. Op cultureel gebied maakte de staat vooral naam met speelfilms uit Hollywood, maar ook veel grote architecten en auteurs kwamen uit of trokken naar Californië. En vanaf de tweede helft van de 20e eeuw staat Los Angeles ook bekend om zijn rock- en popscene.

Staat en politiek

Californië bevindt zich in een schier permanente budgetaire crisistoestand. De gouverneurs zijn daarvoor maar voor een deel verantwoordelijk; Californië kampt simpelweg met fundamentele problemen. Het is een van de weinig staten in de VS waar in het parlement een twee derde meerdeheid nodig is om een begroting goed te keuren. Dit zorgt ervoor dat een paar afgevaardigden een bezuiniging of belastingverhoging kunnen blokkeren. Na de verkiezing van Donald Trump tot 45e president van de Verenigde Staten werd onder de noemer Calexit weer veelvuldig gesproken over Californië als onafhankelijk land. Erg realistisch is die optie echter niet.

Economie en toerisme

In de 20e eeuw werd de Californische economie vooral draaiende gehouden door defensiecontracten van de staat, lucht- en ruimtevaart en de hightechrevolutie in Silicon Valley. De Golden State profiteert daarnaast van de delving van grondstoffen als aardolie en -gas, kwik, wolfraam, koper en ijzererts. Ook toerisme is belangrijk voor Californië. De staat heeft jaarlijks circa 330 miljoen bezoekers, waarvan een groot aantal alleen het zuiden bereist. Met een gemiddelde besteding van $ 120 per persoon per dag dragen die ook hun steentje bij aan de staatsinkomsten.

Bevolking en religie

Naast het extreme verschil tussen de dichtbevolkte stedelijke gebieden van Los Angeles en San Diego en de extreem dunbevolkte woestijnregio's wordt de demografie van Californië gekenmerkt door nog een specifieke karakteristiek: het grote aandeel Spaanssprekenden. Meer dan de helft van Los Angeles' inwoners is Latino. De *Hispanics* hebben landelijk gezien de Afro-Amerikanen ingehaald als grootste minderheid. Dit is ook een van de oorzaken dat meer mensen dan in welke staat dan ook aanhangers van de rooms-katholieke kerk zijn.

Zuid-Californië

Geschiedenis

Prehistorie en vroege geschiedenis

ca. 10.000 v.Chr. Indianen van de Chumashstam leven op de Channel Islands, zo blijkt uit archeologische vondsten.

ca. 1500 v.Chr. Chumashindianen wonen in dorpen langs de kust van Santa Barbara. Deze zijn tot duizend inwoners groot en maken deel uit van een interregionaal handelsnetwerk.

ca. 500 n.Chr. Met meer dan honderd stammen *Native Americans* ontwikkelen zich op Californisch grondgebied steeds meer nederzettingen.

Zeevaarders en ontdekkingsreizigers

1542 Juan Rodriguez Cabrillo, een Portugese zeevaarder in Spaanse dienst, bereikt de San Diego Bay.

1579 De beroemde Engelse ontdekkinsreiziger Sir Francis Drake vaart met de Golden Hind langs de Zuid-Californische kust.

1602 Sebastian Vizcaino ontdekt de Monterey Bay.

Californië onder Spaans bewind

1769 Een Spaanse expeditie onder leiding van Gaspar de Portola stoot van Nieuw-Spanje door naar Californië. Dit markeert het begin van de kolonisering en de missionering van het land. De franciscaner pater Junípero Serra sticht met de Mission San Diego de Alcalá in San Diego de eerste van uiteindelijk 21 missieposten in Californië.

1776 Juan Bautista de Anza doorkruist met 240 andere kolonisten zuidelijk Californië. Bij de Golden Gate leggen ze de fundamenten van wat later San Francisco zou worden.

1781 Felipe de Neve sticht samen met een groep pioniers een nederzetting die zich later zal ontwikkelen tot de stad Los Angeles.

Onder Mexicaanse heerschappij

1821 Mexico bevrijdt zich van de Spaanse kolonisator. Alta California (Californië) wordt na de Mexicaanse onafhankelijkheid bestuurd vanuit Mexico City.

1824 Het Congress van de VS richt het Bureau of Indian Affairs op, dat verantwoordelijk is voor de afwikkeling van 'indiaanse aangelegenheden'. In hetzelfde jaar komen *Native Americans* in de missiepost Santa Barbara in opstand tegen hun slavernij.

1833 Mexico neemt een wet aan ter secularisatie van de Californische missieposten.

| 1846 | De zogenoemde Berenvlagrevolutie is een succesvolle opstand tegen de Mexicaanse overheersing van Californië. Niet lang daarna wappert de Amerikaanse vlag boven Monterey. |

1846   De zogenoemde Berenvlagrevolutie is een succesvolle opstand tegen de Mexicaanse overheersing van Californië. Niet lang daarna wappert de Amerikaanse vlag boven Monterey.

1848   John Marshall ontketent met zijn goudvondst in Coloma, aan de American River, de Californische goudkoorts. Conform het Verdrag van Guadalupe Hidalgo staat Mexico grote gebieden af aan de Verenigde Staten, waaronder Californië.

Californië als staat

1850   Op 9 september wordt Californië als staat opgenomen in de Amerikaanse Unie.

1854   Sacramento wordt de hoofdstad van Californië.

1869   Nadat de transcontinentale spoorweg is gereedgekomen is Californië via de spoorlijn verbonden met de oostkust.

1885   De Santa Fe Railroad bereikt Los Angeles.

1891   In Los Angeles wordt productieve aardoliebronnen aangeboord; het begin van een economische bloeiperiode.

1892   Een groep natuurbeschermers onder leiding van de geleerde John Muir richten de Sierra Club op, de oudste en belangrijkste natuurbeschermingsorganisatie van de Verenigde Staten.

1902   Op 27 februari wordt in Salinas de auteur en latere Nobelprijswinnaar John Steinbeck geboren.

1905   Stichting van Yosemite National Park.

1908   In Hollywood worden de eerste speelfilms geproduceerd.

1913   Bouw van het Los Angeles Aquaduct, dat water vanuit de Owens Valley tot de San Fernando Valley ten noordwesten van Los Angeles laat stromen.

1924   De Amerikaanse indianen worden officieel staatsburger en krijgen zodoende alle burgerrechten.

1925   Halverwege de jaren 20 is Los Angeles de sterkst gemotoriseerde stad ter wereld; een op de drie inwoners bezit een auto.

1928   Een stuwdam in Saugus, ten noorden van Los Angeles, breekt door; rond de vierhonderd mensen komen om.

Wildwestcharme in een van de vele Ghost Towns

1932   De Olympischen Spelen vinden plaats in Los Angeles.

1941   Na de Japanse aanval op Pearl Harbor verklaren de Verenigde Staten
de oorlog aan Japan en zijn bondgenoten en raken ze betrokken in de
Tweede Wereldoorlog.

Na de Tweede Wereldoorlog

1953   Jonas E. Salk ontwikkelt in San Diego het naar hem genoemde vaccin
tegen kinderverlamming.

1955   In Anaheim in Orange County wordt pretpark Disneyland geopend.

1962   Californië heeft meer inwoners dan de staat New York. John Steinbeck krijgt de Nobelprijs voor de Literatuur.

1965   Zware onlusten in stadsdeel Watts in Los Angeles.

1967   De Summer of Love kondigt het einde aan van de flowerpower-
beweging, die zoveel invloed heeft gehad op alternatieve muziek
en de maatschappij.

1968   Stichting van het Redwood National Park. In New York sterft
Californiës bekendste auteur John Steinbeck.

1980	De 33e gouverneur van Californië, Ronald Reagan, wordt verkozen tot president van de Verenigde Staten.
1984	De Olympischen Spelen vinden voor de tweede keer plaats in Los Angeles. Voor het eerst in de geschiedenis worden de spelen geëxploiteerd door een commerciële, particuliere onderneming.
1989	De Loma Prieta-aardbeving, met een kracht van 7,1 op de schaal van Richter, laat grote delen van Californië op hun grondvesten schudden en kost 63 mensen het leven.
1992	Gewelddadig optreden van de politie tegen de Afro-Amerikaanse Rodney King veroorzaakt in Los Angeles rassenrellen, waarbij veel mensen omkomen en de materiële schade in de miljarden loopt.
1994	Een zware aardbeving met het epicentrum in de San Fernando Valley verwoest een deel van Greater Los Angeles en eist 61 levens.
1995	Zware regenval veroorzaakt in Zuid-Californië verwoestende overstromingen.
2003	Voormalig acteur en bodybuilder Arnold Schwarzenegger wordt gekozen tot gouverneur van Californië.
2006	Na zijn herverkiezing kondigt Schwarzenegger nieuwe inspanningen aan inzake milieubescherming, stamcelonderzoek en infrastructurele hervormingen.
2011	Arnold Schwarzenegger wordt als gouverneur opgevolgd door Jerry Brown, die van 1975 tot 1983 ook al dit ambt had.
2012	De World Meteorological Organization, de klimaatafdeling van de Verenigde Naties, roept Death Valley uit tot heetste plek op aarde.
2013	Eric Garcetti wordt tot burgemeester van Los Angeles gekozen. Hij volgt Antonia Villaraigosa op.
2014	Jerry Brown wordt herkozen als gourverneur.
2015	Met de heropening van museum The Broad voegt Los Angeles een nieuwe pijler toe aan zijn kunstscene.
2016	Na de verkiezing van Donald Trump tot 45e president van de Verenigde Staten wordt onder andere in Los Angeles fel geprotesteerd. Californië legaliseert met de zogenaamde Proposition 64 het bezit en de consumptie van marihuana voor personen vanaf 21 jaar.

Kernenergie op instabiele grond

De ambtstermijn van gouverneur Jerry Brown was nauwelijks begonnen toen de jaarlijkse strijd om budgetten en bezuinigingen abrupt naar de achtergrond werd gedrongen door het nieuws van de kernramp in Japan. Daar schrokken de Californiers van, want ook hun kerncentrales staan in gebieden waar gevaar voor aardbevingen bestaat.

Het op 11 maart 2011 door een aardbeving en een vloedgolf veroorzaakte horrorscenario van Fukushima zorgde ook aan de 8700 km verderop gelegen kust van Californië voor lichte paniek. Niet alleen letterlijk door de 2 m hoge tsunami-uitlopers die in de haven van Santa Cruz, ten zuiden van San Francisco vissersbootjes en aanlegsteigers beschadigden, maar ook – vooral – figuurlijk. In de Golden State hebben de gebeurtenissen in Japan geleid tot een debat over de veiligheid van de kerncentrales van San Onofre en Diablo Canyon (foto boven).

Seismologisch risico

Waar de Pacifische en Noord-Amerikaanse tektonische platen langs elkaar schuiven en kleine aardbevingen aan de orde van de dag zijn, sluiten kernenergie-experts een scenario zoals ten noorden van Tokio niet uit. Geologen spreken al jaren voor de instabiele seismologische omstandigheden. Op de Amerikaanse nieuwszenders buitelden experts een paar uur na de ramp al over elkaar heen om te waarschuwen dat zoiets ook aan de westkust van de Verenigde Staten kan gebeuren. En een paar dagen later kwam de voor kernenergie verantwoordelijke commissie in hoofdstad Sacramento met een uitgebreid pakket nieuwe eisen waaraan kerncentrales moeten voldoen, vooral op geofysisch vlak. Hun licenties, die in respectievelijk 2022 en 2024 aflopen, worden niet zomaar zonder stresstests verlengd.

Vraagtekens bij veiligheid

De bouw van nieuwe kerncentrales is sinds het eind van de jaren 70 niet meer toegestaan in Californië, omdat er nog steeds veel onzekerheden zijn omtrent de opslag van kernafval. En in tegenstelling tot in Japan worden er in de Verenigde Staten al tientallen jaren vraagtekens gezet bij de belofte van absolute veiligheid van de diverse kernenergieondernemingen – en geheel terecht. Al in 1969, tijdens de bouw van de kerncentrale Diablo Canyon, ontdekten seismologen op een paar kilometer van de reactors voor de kust een 'tektonische greppel'. Wetenschappelijke berekeningen wijzen uit dat deze aardbevingen kan veroorzaken met een kracht van 7,5 op de schaal van Richter. Toen deze studie bekend werd gemaakt, moest de licentiehouder voor maar liefst vijf miljard dollar aanpassingen laten uitvoeren die de veiligheid beter waarborgden.

Groeiende angst voor The Big One

Het is natuurlijk logisch dat de inwoners van de Golden State schrokken van het nieuws uit Japan. Net als het Land van de Rijzende Zon ligt Californië aan de Pacifische Ring van Vuur, een van de gevaarlijkste tektonische gebieden op aarde, die als een soort omgekeerd hoefijzer bijna heel de Stille Oceaan omringt. De Californiërs wachten dan ook al vele jaren op 'The Big One'. Volgens geologen is de vraag niet óf, maar wannéér de Grote Aardbeving komt. Hij had er allang moeten zijn, zeggen ze. Terwijl Chili op 27 februari 2010, Nieuw-Zeeland op 22 februari 2011 en Japan op 11 maart 2011 aan de beurt waren, bleef één regio aan de Ring van Vuur verschoond: de Californische kust. De kans dat er in de komende twintig jaar alsnog een aardbeving met een kracht van minstens 6,7 op de schaal van Richter zal plaatsvinden, wordt door wetenschappers geschat op 62%, en in Zuid-Californië op net geen 100%!

Californische kernenergie

Van de zes Californische kerncentrales is er na de sluiting van de laatste twee reactors van San Onofre bij San Clementine in 2013 nog één in bedrijf, namelijk Diablo Canyon in San Luis Obispo. Deze centrale ligt aan de kust en gebruikt zeewater voor de koeling. Een lang leven is Diablo Canyon niet beschoren; uiterlijk in 2025 worden de reactoren stilgelegd.

Eerste de beving, dan de vloedgolf?

De kerncentrales Diablo Canyon in de buurt van San Louis Obispo en San Onofre ten noorden van San Diego werden in de jaren 70 gebouwd op basis van de inschatting dat in de betreffende gebieden geen aardbevingen zouden plaatsvinden met een kracht van meer dan 7,5 respectievelijk 7,0 op de schaal van Richter. Of de natuur zich houdt aan die prognoses, zal de tijd leren. Ook als het gaat om de tsunami-bestendigheid van de centrales is enigszins optimistisch gerekend. Diablo Canyon wordt aan de Stille Oceaankant voor overstromingen beschermd door een 9 m hoge muur. De tsunami die de kerncentrale van Fukushima overspoelde, was echter 20 m hoog. Mocht de geschiedenis zich dus herhalen aan deze kant van de Stille Oceaan, dan staat ook Diablo Canyon volledig onder water. De kans op zulke grote golven aan de Californische kust werd door wetenschappers lange tijd uitgesloten. Maar na hernieuwd onderzoek moesten ze terugkomen op hun bevindingen. We weten nu dat van een steile kust zoals die van Californië afglijdend sediment juist een tsunami kan veroorzaken. Een hierdoor veroorzaakte vloedgolf is een groot probleem, omdat hij niet wordt gedetecteerd; alle prognosesystemen zijn immers gericht op aardbevingen. De waarschuwingssystemen zullen in dit geval dus niet in werking treden.

Wat is de koers van gouverneur Jerry Brown?

In de eerste maanden van zijn derde termijn als gouverneur van Californië liet Jerry Brown nieuwe beleidsverklaringen over zijn energiebeleid achterwege. Maar dat duurzaamheid in zijn energiepolitiek een belangrijke rol speelt, maakte hij al weken voor de gebeurtenissen in Japan duidelijk. Al tijdens zijn eerste twee ambtstermijnen tussen 1974 en 1982, als opvolger van Ronald Reagan, was hij een tegenstander van kernenergie. Na de ramp in Fukushima zei hij dat er nieuwe regulering nodig was voor kerncentrales. Wat dat betreft bewandelt Jerry Brown dus dezelfde 'groene' weg die zijn voorganger Arnold Schwarzenegger was ingeslagen.

Wat te doen als het echt zo ver komt...

De *Los Angeles Times* publiceerde na de Japanse natuur- en kernramp een aantal praktische tips voor het geval ook Californië wordt getroffen. De belangrijkste ervan is het onder handbereik hebben van een noodkoffer met drinkwater, levensmiddelen en cash. Wetenschappers zien dit als het bewijs dat de gevolgen van een ramp schromelijk worden onderschat. Als de tragedie in Japan namelijk iets heeft bewezen, is het wel dat het door een worstcasescenario getroffen gebied niet voor slechts enkele dagen, maar voor een langere tijd onbereikbaar zou kunnen zijn voor noodhulp.

Veranderende architectuur

Zuid-Californië wordt gezien als een proeftuin voor extravagante mode, alternatieve levenswijzen, hippe sporten, wellness- en gezondheidsbewegingen en baanbrekende high-tech. Ook de in Californië ontstane architectuurstromingen, die de laatste 250 jaar keer op keer wisten te verrassen, worden wereldwijd geroemd.

Toen Sir Francis Drake in 1579 als een van de eerste Europeanen voet zette op Californisch bodem, werden de indiaanse oerbewoners nog met rust gelaten. Dat veranderde met het begin van de Spaanse kolonisatie in de jaren 70 van de 18e eeuw, toen soldaten, kolonisten en priesters met de eerste presidios (forten) en missieposten aanspraak maakten op grote delen van het nieuwe land.

De missiestijl en victoriaanse variaties

Tijdens hun koloniale veroveringen kwamen de Spanjaarden in zuidelijk Californië in aanraking met de bouwstijlen van de verschillende indianenstammen en hun belangrijkste bouwmateriaal adobe, een mengsel van zand, water, klei en organische materialen als stro en mest, ook wel zonsteen genoemd. De in de volgende decennia gestichte missieposten tussen San Diego en San Francisco tonen een bouwstijl met typisch Spaans-christelijke en indiaanse elementen. In de regel werden de nieuwe gebouwen gepleisterd met kleimortel.

Toen in de omgeving van San Francisco in de eerste decennia van de 19e eeuw de laatste missieposten werden gebouwd, kondigde zich in het oosten van de Verenigde Staten al het begin van het victoriaanse tijdperk aan. De populaire bouwstijl maakte ook snel faam aan de Stille Oceaankust en was gedurende de rest van de eeuw *en vogue* met variaties als de neoclassicistische, neogotische (Gothic Revival), italianiserende, Second Empire en Queen Annestijl. Koddige torentjes en dakvensters, overdekte veranda's met versierde balustrades, met houtsnijwerk verfraaide steunpilaren en beeldschone tuinen zijn bepalend voor de aanblik en de sfeer van de betreffende stadsdelen, waarvan de houten huizen al snel de binaam Painted Ladies kregen.

Breuk met het verleden

Rond de eeuwwisseling vierde de Amerikaanse arts-and-craftsbeweging de toegepaste kunsten. Een van de architectonische hoogtepunten hiervan is het Gamble House in Pasadena, dat stamt uit 1908. De bungalow (4 Westmoreland Pl.) verenigt uiteenlopende houtsoorten als teak, mahonie, ceder, eik, esdoorn en redwood (kustmammoet) en wordt zodoende gezien als het toonbeeld van houtbewerking. De uit Engeland afkomstige arts-and-craftsbeweging propageerde een afkeer van het historisme van het victoriaanse tijdperk en zette zich tegelijkertijd af tegen de opkomende industrialisering door terug te grijpen op ambachtelijk vakmanschap.

In de 18e en 19e eeuw gebouwde kerken en missieposten vormden een inspiratiebron voor de Spaanse revival- of mission revivalstijl, die eveneens rond de eeuwwisseling in opkomst kwam. Toen Santa Barbara na een aardbeving in 1925 wederopgebouwd moet worden, kozen de stadsplanners voor de Spaanse Revivalstijl. Zo gaven ze hun stad een unieke look-and-feel, die er-

voor zorgt dat het een van de meest bezienswaardige kuststeden van Californië is. Een waar juweel is het County Courthouse, dat niet alleen vanbuiten glans heeft; het interieur is met zijn gietijzeren luchters, fraai betegelde gangen en muurschilderingen net zo indrukwekkend. Prachtige gebouwen ziet u ook wanneer u wandelt over El Prado in Balboa Park in San Diego, waar voor de Panama-California Exposition (1915-1916) een rij representatieve gebouwen ontstond (zie blz. 242).

De kunststroming die in de Verenigde Staten de meeste invloed heeft gehad op design en architectuur, is art deco. De in de jaren 20 ontstane beweging heeft nog tot ver na de Tweede Wereldoorlog haar stempel gedrukt op gebouwen en producten. Art deco combineerde elementen van jugendstil en functionalisme uit de jaren 20 met futurisme. Naast verschillende gebouwen aan Wilshire Boulevard in Los Angeles is ook het stadhuis van de stad een voorbeeld van deze bouwstijl (zie blz. 114 en 132).

Baanbrekend modernisme

Duidelijke, transparante architectuur, dat was de missie van de mid-centurymodernstijl. Architecten als Raphael Soriano en Richard Neutra maakten na de Tweede Wereldoorlog het moderne Californische stalen huis tot een op zichzelf staand woningtype. Deze nieuwe, ruim opgezette en pretentieloze architectuur was erop gericht zijn bewoners, aldus Neutra, een 'zielsanker' te geven. Behalve in Los Angeles werd zijn bouwconcept vooral opgepikt in Palm Springs. Het Kaufmann House uit 1947 is een icoon van de moderne Amerikaanse architectuur. Het huis werd in 2008 voor 16,84 miljoen dollar geveild.

De meest radicale, deels provocerende architectonische accenten in het altijd experimerende Los Angeles werden de laatste decennia gezet door architecten met klinkende namen. Hun stijl wordt freestyle of deconstructivisme genoemd. De international bekendste van hen is Frank Gehry, die het aanzicht van Downtown Los Angeles revolutioniseerde met de Walt Disney Concert Hall (zie blz. 116).

De in 1943 geboren Eric Moss heeft aan het begin van deze eeuw een enorm stedebouwkundig project uitgevoerd in Culver City, waarbij oude industriele complexen vol enorme magazijnen werden getransofrmeerd tot een woongebied. Brian Murphy en Pritzker-prijswinnaar Thom Mayne worden gezien als de *bad boys* van de architectuur omdat ze beiden gebouwen hebben ontworpen die door veel mensen als te radicaal worden beschouwd. In Los Angeles bouwde Mayne bijvoorbeeld het in 2004 gereedgekomen hoofdkwartier van CalTrans.

Architect Frank Gehry vergelijkt zijn Walt Disney Concert Hall met een zich openende roos

Volgens demografieprognoses zullen de Latinos, Spaanssprekende immigranten uit Latijns-Amerika en hun nakomelingen, in Californië in 2030 een meerderheid van de bevolking vormen.

Vlucht naar het beloofde land

Dat Californië zo populair is bij Latino's, heeft historische, geografische en economische oorzaken. Tot de Mexi-

De Latijns-Amerikanisering van Californië

Vanaf het begin van de jaren 90 werden de Amerikaanse kabelzenders ineens overspoeld met nieuwe televisieprogramma's voor allerlei etnische minderheden. De zenders speelden hiermee in op de behoefte van bijvoorbeeld de Chinese, Koreaanse, Vietnamese en Indiase gemeenschap naar programma's uit de landen waar zij of hun voorouders vandaan kwamen. Het grootste aantal niet-Engelstalige televisiekanalen is echter Spaanstalig. Dat is niet meer dan logisch. De Latino's hebben al een hele tijd geleden de Afro-Amerikanen ingehaald als grootste minderheid in Californië – de staat is inmiddels na Mexico, Colombia, Spanje en Argentinië het vijfde grootste Spaanssprekende 'land'.

De verwachting dat Spaans in de komende decennia de dominerende taal wordt in het zuiden van Californië, wordt niet door alle demografen onderschreven. Ze twijfelen er niet over dat het aantal Latino's zal blijven groeien, dat zien ze als een feit. Maar, zo menen veel deskundigen, afstammelingen van Latijns-Amerikaanse immigranten zullen op den duur, dan hebben we het over de tweede of derde generatie, Engels gaan zien als hun moedertaal.

caans-Amerikaanse Oorlog (1846-48) waren grote delen van wat nu het zuidwesten van de Verenigde Staten is onderdeel van Mexico. Tot het gebied dat verantwoording moest afleggen aan Mexico City behoorde ook Californië. Met het oog op die historie hebben de in Mexico geboren immigranten nog steeds een bijzondere band met de staat.

De bijna 230 km lange grens tussen de Golden State en Mexico is al tientallen jaren een 'geluksgrens'. Voor veel Mexicanen is het een moeilijk te slechten barrière tussen hen en het beloofde land van Californië. Velen laten zich door mensensmokkelaars naar het noorden brengen of proberen op eigen kracht de met allerlei hightech-snufjes uitgeruste grens over te komen, om op Amerikaanse bodem naar werk te zoeken en aan de uitzichtloze situatie thuis te ontkomen.

De Verenigde Staten hebben de oorlog verklaard aan de illegale immigranten. Maar zonder de Mexicaanse illegalen, die een hongerloontje verdienen, zou de gigantische agrarische industrie van Zuid-Californië helemaal

Zonder de *Latino workforce* zou de dienstverlenende sector op z'n gat liggen

De religieuze verscheidenheid is in Californië net zo groot als de etnische

niet winstgevend kunnen zijn. Door de poreuze grens komen ook enorme hoeveelheden drugs de Verenigde Staten in. Dit heeft de illegale immigratiestromen in diskrediet gebracht, al komt het gros van de Latino's naar het beloofde land voor werk, en niet als drugskoerier.

Maatschappeijke onwikkelingen

De ook in Californië lange tijd geïdealiseerde voorstelling van Amerikaanse immigranten als WASP (White, Anglo-saxon, Protestant: blanke, Angelsaksische protestanten) is allang ingehaald door de werkelijkheid. Dat heeft niet alleen te maken met de grote Latijns-Amerikaanse immigranten, maar ook met het boven het gemiddelde van de Verenigde Staten liggende geboortecijfer van de Latino's.

Dit proces verandert niet alleen het uiterlijk en het zelfbewustzijn van de Amerikaanse samenleving, maar heeft ook fundamentele politieke veranderingen tot gevolg. Voor veel in Latijns-Amerika wonende families zijn geldoverboekingen van in de Verenigde Staten werkende familieleden onmisbaar. In sommige landen hebben dit soort *money transfers* zich ontwikkeld tot de belangrijkste deviezenbron, nog voor de export van goederen. Maar

Angst voor een parallelle samenleving

Californië staat van oudsher bekend als de staat met de liberaalste en tolerantste bevolking van de VS. Er is in 2008 echter een maatschappelijke breuklijn zichtbaar geworden. In dat jaar stemde een meerderheid van de inwoners namelijk tégen het homohuwelijk (het Hooggerechtshof heeft het overigens in 2013 officieel en definitief erkend). Veel Californiërs, maar ook Amerikanen in de rest van de Verenigde Staten, zijn bang dat er een parallelle maatschappij is aan het ontstaan. Deze conservatieve samenleving met voornamelijk Latijns-Amerikaanse immigranten en hun afstammelingen zal, zo wordt gevreesd, een grote invloed hebben op het hele land.

Elke dag komen zo'n duizend nieuwe Spaanssprekende immigranten de grens over. Daarnaast is het geboortecijfer van de al in de VS levende Latino's hoger dan gemiddeld. In sommige steden in Californië vormen Anglo-Amerikanen dan ook al een minderheid. Bijvoorbeeld in het 340.000 inwoners tellende Santa Ana in Orange County, waar bijna 80% van de bevolking Spaans spreekt en velen het Engels nauwelijks machtig zijn. Het openbare leven heeft zich echter al lang geleden aangepast aan de demografische verhoudingen. Bijvoorbeeld door een tweetalige service van de overheid. Je hoeft geen woord Engels te spreken om bijvoorbeeld een eigen bedrijf te starten of je rijbewijs te halen. De Latino's vinden het prima. Vele zijn helemaal niet geïnteresseerd in het leren van Engels. Zeker niet nu allerlei Latijns-Amerikaanse organisaties ervoor pleiten van Spaans de officiele tweede taal van de Verenigde Staten te maken.

ook op nationaal en regionaal vlak tekenen zich veranderingen af. Latino's vormen vooral in het zuidwesten een enorm kiezerspotentieel. Afgezien van bannelingen uit Cuba stemden de Latino's voorheen altijd voor de Democraten. Maar de Hispanics zijn de laatste decennia in elk geval wat dat betreft volledig geïntegreerd – waar ze zich vroeger als één groep achter de Democraten schaarden, zweven ze tegenwoordig net zo hard als Amerikanen met een andere etnische achtergond en stemmen ze net zo goed Republikeins – al stemden 78% van de Hispanics tijdens de presidentsverkiezingen van 2016 voor Hillary Clinton.

Californië – curieus, excentriek, extravagant

De Golden State heeft altijd al een magische aantrekkingskracht gehad op individualisten en nonconformisten. Veel van hen probeerden in Californië hun persoonlijke American dream te verwezenlijken – onverstoorbaar, vol optimisme en niet altijd op conventionele wijze. Wellicht is dat de reden dat de inwoners van Zuid-Californië door hun landgenoten uit het oosten gezien worden als excentrieke figuren met een grote mond.

In Zuid-Californië vind je op de gekste plekken de vreemdste 'attracties'. In Ca-bazon aan de I-10 tussen Los Angeles en Palm Springs kwam een dineruitbater in de jaren 60 op het lumineuze idee zijn restaurant te laten promoten door **Dinny & Mr. Rex**, twee levensgrote betonnen dinosauriers, elk meer dan 150 ton zwaar en zo hoog als een kerktoren. De diner is allang op de fles gegaan, maar de dino's op de parkeerplaats zijn nog niet uitgestorven.

Geesten zijn welkom

Wie een beetje reuring wil rond zijn nieuwe bed and breakfast of hotel, laat

Koddig Californië – Bubblegum Alley in San Luis Obispo

het publiek weten dat er geesten rond-waren. Amerikanen vinden het om een of andere reden fantastisch te slapen in een spookhuis. En niet alleen kleine accommodaties hebben 'last' van geesten, maar ook het wereldberoemde **Chateau Marmont** in West Hollywood en het net zo bekende **Hollywood Roosevelt Hotel** op Hollywood Boulevard. In die laatste zou u 's nachts weleens voormalig logee Marilyn Monroe kunnen tegenkomen, of Montgomery Clift, die in kamer 928 urenlang trompet speelde als voorbereiding op zijn rol in *From Here to Eternity*. Ook het chique **Hotel Del Coronado** in San Diego heeft eeuwige gasten, zij het minder beroemde. De geesten van Del Coronado zijn een vrouw die in 1892 op het strand voor het hotel zelfmoord heeft gepleegd en een kamermeisje dat zich in kamer 3519 heeft opgehangen.

Bizarre feesten

Californië exploiteert zijn burleske imago met allerlei bijzondere feesten en volslagen absurde wedstrijden. In La Jolla staan duikers sinds 1981 elk jaar in het weekend voor Halloween te trappelen om mee te doen aan de **Underwater Pumpkin Carving Contest**. Hierbij gaat het erom in twintig minuten zo creatief mogelijk een pompoenspook te maken – onder water!

In het Anza Borrego Desert State Park staat een gedenkteken voor Peg Leg Smith, een mythische goudzoeker die tijdens een gevecht met indianen een been verloor en bekendstaat om zijn grote verhalen, die het niet zo nauw nemen met de waarheid. Elke eerste zaterdag van april vindt ter ere van deze Amerikaanse Baron von Münchhausen bij het monument de **Peg Leg Liars Contest** plaats. De eerste prijs gaat naar de man of vrouw die volgens de jury het meest absurde verhaal zo geloofwaardig mogelijk heeft weten te vertellen.

Completely bananas

Het **International Banana Museum** in North Shore, 45 mijl ten zuidoosten van Palm Springs, is het enige museum ter wereld dat zich volledig heeft gericht op de kromme zuidvrucht. De planken en vitrinekasten van dit in 1976 gestichte museum zijn volgepakt met allerlei voorwerpen in bananenvorm. Van porselein, messing, hout, plastic … Moe van het lopen? Rust dan even uit op een van de twee meter lange bananenkussens.

Minstens zo bizar als een museum dat bananen eert is **Bubblegum Alley** in San Luis Obispo. In een smalle steeg niet ver van de kruising van Broad en Higuera Street lieten voorbijgangers sinds de jaren 60 duizenden gebruikte stukjes kauwgom achter in alle vormen en kleuren. Het is, zeker als je het een en ander van dichtbij gaat inspecteren, een vrij smerige bezienswaardigheid, die de hang van veel Zuid-Californiërs naar het bizarre en provocerende nadrukkelijk onderstreept.

Ook doodgewone woonhuizen hebben in Zuid-Californië soms een excentrieke eigenaar en dientengevolge een bizar uiterlijk. Zo gebruikte de eigenzinnige Art Beal in Cambria voor de bouw van zijn huis materialen die andere mensen bij het grofvuil hadden gezet. Meer dan vijftig jaar geleden creëerde hij met **Nitt Witt Ridge** een huis vol bizarre vondsten. Na Arts dood heeft het lange tijd leeggestaan, maar na een grondige renovatie is het tegenwoordig open voor bezichtigingen (881 Hillcrest Dr., rondleidingen tel. 1-805-927-2690).

It never rains in Southern California, zong Albert Hammond in 1972. Het liedje werd een wereldwijd succes. Hammond zou een goede weerman zijn geweest, want het klimaat in Zuid-Californië wordt steeds droger. Het gevolg zijn toenemende zorgen over de watervoorziening. Het probleem is echter absoluut niet nieuw.

Roman Polanski maakte in 1974 een film over de schermutselingen, *Chinatown* met Jack Nicholson.

Dorstige miljoenensteden

Dat Zuid-Californië worstelt met zijn watervooriening, heeft in principe één duidelijke oorzaak: er wonen veel te

Watertekort aan de Stille Oceaan

Ten zuiden van Lone Pine in Owens Valley (zie blz. 207) strekte zich aan het begin van de 20e eeuw nog Owens Lake uit, een door bergen en maanlandschappen omlijst meer. In 1913 begon Los Angeles water uit het meer via aquaducten richting Stille Oceaankust af te takken, zodat de stedelingen hun zwembaden konden vullen en hun golfterreinen mooi groen zouden zijn. Dertien jaar later stond het meer droog als een badkuip waar de stop uit wat getrokken. De enorme dorst van de kustmetropool heeft in korte tijd een volledig intact ecosysteem getransformeerd in een woestenij.

Owens Lake was niet het enige water dat te lijden had van de hebzucht van Los Angeles. In de hele Owens Valley werd door de autoriteiten via stromannen land opgekocht om de daaraan verbonden waterrechten te verkrijgen. Toen de bewoners van de vallei dit ontdekten, brak in de jaren 20 een regelrechte wateroorlog uit. Regisseur

Al meer dan een eeuw wordt Los Angeles via pijpleidingen en aquaducten voorzien van water

veel mensen in een gebied waar nauwelijks neerslag valt. Daar komt nog bij dat de consumenten pas sinds kort door hebben dat ze spaarzaam moeten omgaan met de beschikbare middelen. Aan het begin van de jaren 90 nam San Diego waterbesparende maatregelen. De stad subsidieerde hiertoe zeshonderdduizend efficiënte douchekoppen, een half miljoen spaartoiletten en meer dan vijftigduizend ecowasmachines in particuliere woningen. Desondanks steeg het waterverbruik in één decennium met een derde, terwijl de bevolkingstoename slechts 13% was.

Zuid-Californiës boeren worden intussen gedwongen drastische maatregelen te nemen. Ze vellen avocadobomen en laten groentevelden braak liggen om op z'n minst nog een stukje van hun bouwland te kunnen verzorgen. De agrariërs zullen op de lange termijn niet de enigen zijn die creatief moeten omgaan met het watertekort. Demografen en economen houden zich al lange tijd bezig met dit vraagstuk. Volgens schattingen zal het gebruik van bouwgrond de komende twintig jaar tot 10% afnemen. Tegelijkertijd zal het aantal inwoners van Los Angeles stijgen van zo'n zeventien miljoen nu tot drieëntwintig miljoen in 2025. Of de stad tegen die tijd nog van voldoende water kan worden voorzien, is een grote vraag.

Nood maakt vindingrijk

Hoewel in de Californische staatskas de bodem altijd in het zicht is, zijn er maatregelen gepland om grip te krijgen op het watertekort. Oude stuwdammen, sluizen en leidingen moeten worden opgeknapt of vervangen, nieuwe technieken moeten ervoor zorgen dat afvalwater hergebruikt kan worden en met grote campagnes moet de consument doordrongen worden van de noodzaak van spaarzaam watergebuik. Op vijf plekken zijn ontziltingscentrales in gebruik. Elk ervan moet dagelijks circa 1,1 miljard liter zeewater aanzuigen en daar 190 miljoen liter drinkwater van maken, wat neerkomt op ongeveer 10% extra watervoorziening. De rest van het water stroomt samen met het uitgefilterde zout terug in de Stille Oceaan. Milieubeschermers protesteren nu al tegen de plannen, onder andere omdat de aanzuigpompen dagelijks meer dan tien miljoen vislarven zullen doden.

Monumenten van de watervoorziening

Mono Lake: het aan de oostelijke helling van de Sierra Nevada gelegen, bizarre meer werd jarenlang afgetapt door het waterschap van Los Angeles (zie blz. 204).
Imperial Valley: een netwerk van irrigatiekanalen heeft dit gebied veranderd in een van de meest vruchtbare landbouwgebieden van Californië (zie blz. 268).

Ook de waterreservoirs raken uitgeput

Een voor het hele zuidwesten van de Verenigde Staten onmisbaar waterreservoir is het door de Hoover Dam opgestuwde Lake Mead op de grens tussen Nevada en Arizona. Dit dekt ongeveer 14% van het waterverbruik in Zuid-Californië. Het waterpeil is de laatste veertig jaar echter nooit zó laag geweest – er duiken hier en daar zelfs in de jaren 30 overstroomde indianennederzettingen op.

Er worden steeds weer nieuwe strategieën bedacht om de watervoorraad op peil te houden. Zo zou water geïmporteerd kunnen worden uit het noorden van Californië en van de Colorado River. Dit zou moeten worden gedumpt in onder het aardoppervlak gelegen poreuze sedimentlagen, zodat de grondwaterreservoirs weer vol raken. Deze op het oog omslachtige manier zou op de lange termijn goedkoper zijn dan bovengronds waterdepots en pijpleidingen. Bijkomend voordeel: uit ondergrondse deposito's kan het water niet verdampen.

De natuurlijke omstandigheden zijn voor deze opslagruimten echter niet overal even goed. San Diego staat op stevige rotsen, maar ten zuiden van Los Angeles hebben geologen tien geschikte grondwaterlagen gevonden. Tussen Manhattan Beach en Whittier zouden zogenaamde *aquifers* in staat moeten zijn zo veel water op te nemen als in een half miljoen olympische zwembaden ligt.

In de Mojavewoestijn is men al begonnen met de opslag van ingekocht drinkwater. Het wordt bij de stad Victorville in ongeveer 120 m onder het aardoppervlakte gelegen, in de afgelopen jaren uitgeputte grondwaterlagen gepompt.

De Hoover Dam stuwt de Colorado River naar waterreservoir Lake Mead

Hightechoplossingen

Californië zou zijn reputatie als high-techwalhalla verloochenen als niet allang talloze knappe koppen bezig waren de waterschaarste met de modernste technologieën te lijf te gaan. Een van de meest recente ontwikkelingen is een door onderzoekers van de University of California Los Angeles (UCLA) gemaakt, op membranen gebaseerd mobiel systeem voor de ontzilting en filtering van zout water in combinatie met een chemisch demineralisatiesysteem.

De machine, die in een busje past, werd in eerste instantie ontwikkeld als mobiel testcentrum voor waterkwaliteit. Tijdens een test in de Central Valley werd het apparaat gevoed met brakwater, waaruit 65% drinkwater werd geproduceerd.

In het vorige decennium landde er regelmatig een spaceshuttle op Edward Air Force Base in Zuid-Californië. De Mojavewoestijn stond dan even in het middelpunt van de belangstelling, omdat de Amerikanen door middel van een liveverslag van de landing te zien kregen hoe uniek dit gebied is – een enorme, kale vlakte die baadt in de verzengende zon. Een plek waar de mens eigenlijk niet op z'n plek is.

Pacifische gebergte verhindert vochtige lucht vanuit de Stille Oceaan door te dringen in dit gebied, zodat er weinig neerslag is.

De woestijnen van Zuid-Californië

De bloedhete Sonorawoestijn strekt zich uit van Zuid-Californië tot Arizona en Mexico. Het noordelijke,

De woestijn leeft

Of toch wel? Toerismestrategen hebben de Mojave al lang geleden ontdekt als attractie. Met zijn natuurpracht en vele recreatiemogelijkheden werkt de woestijn als een magneet op avontuurlijk ingestelde reizigers. Daar komt nog bij dat je Californië de bijzondere eigenschap heeft dat er meerdere (soorten) woestijnen op relatief korte afstand van elkaar liggen. Met de Mojave Desert, de Sonoran Desert en de Great Basin Desert bevinden zich hier drie van de vier op Amerikaans grondgebied voorkomende types, die vanwege hun makkelijke bereikbaarheid behoren tot de meest onderzochte en best in kaart gebrachte woestijnen ter wereld.

Dat juist Californië, en dan vooral het zuidwesten van de staat, is gezegend met zo veel droge gebieden, is makkelijk te verklaren. Verantwoordelijk hiervoor is het reliëf in het westen van de Verenigde Staten. Het kustgebergte en de Sierra Nevada in het westen en de Rocky Mountains in het oosten liggen ver uit elkaar en creëren zo een grote intermontane zone. Het

Amerikaanse deel wordt ook wel de Colorado Desert genoemd. De slechts 150 tot 300 mm neerslag die er jaarlijks valt, is genoeg voor de vele cactussen die er groeien – in de Sonoran Desert groeien niet alleen de meeste cactussen ter wereld, maar met meer dan twintig ook de meeste verschillende soorten.

Verder naar het noorden stuit je op de zich tot aan Nevada en Arizona uitstrekkende Mojavewoestijn, die onder andere gekenmerkt wordt door grote hoogteverschillen. De Mojave is met maximaal 100 mm neerslag per jaar de droogste van de Amerikaanse woestijnen – de Sierra Nevada en de San Bernardino Mountains houden bijna alle vochtige lucht van de Stille Oceaan tegen.

De Great Basin Desert is de grootste aaneengesloten wildernis van Noord-Amerika. Hij strekt zich uit over het tot 1500 m hoge Great Basin (grote bekken)

Devil's Golf Course: het gat bewijst dat zich onder de zoutlaag water bevindt

tussen de Sierra Nevada en de Rocky Mountains en loopt tot Californië. In dit enorme gebied domineren alsemstruiken, uitgedroogde zoutpannen, begroeide bergketens en geïsoleerde zandduinen.

Woestijneconomie

Als u door de woestijn(en) reist, ziet u op korte afstand een aantal zeer verschillende leefomstandigheden. In Palm Springs en de Coachella Valley (zie blz. 268), steden met een prima infrastructuur, wonen welgestelde Amerikanen in alle luxe. De Mojave National Preserve (zie blz. 280) is het tegenovergestelde: een nauwelijks bewoond gebied met weinig faciliteiten – een echte woestenij. Ook op economisch gebied verschillende de diverse woestijngebieden als dag en nacht. In de Imperial Valley zorgt de irrigatie van het All American-kanaal, een aftakking van de Colorado River, voor meerdere oogsten per jaar, terwijl in de nationale parken Death Valley en Joshua Tree alleen toerisme voor inkomsten zorgt.

Symbool van woestijnflora: de Joshua tree

De onderscheidende leefomstandigheden gelden in de woestijn niet alleen voor mensen, maar ook voor de flora – met de fauna kom je als toerist in de regel nauwelijks in contact. Een symbool van de Zuid-Californische woestijn is de Joshua tree (*Yucca brevifolia*), een ver familielid van de lelie. De soort komt alleen voor op hoogtes tussen de 750 en 1500 m, en de mooie bomen voelen zich blijkbaar goed op hun gemak in het noordelijke deel van het Joshua Tree National Park, waar hele bossen vol te vinden zijn. Joshua trees kunnen goed tegen vorst. Ze hebben zelfs een periode van kou nodig om gezond te blijven. Aan de andere kant zijn ze ook perfect uitgerust om te overleven in de bloedhete woestijn. De relatief kleine, getande en langgerekte bladeren voorkomen waterverlies en de bomen overleven zelfs lange perioden van droogte zonder enige schade.

Harde overlevingsstrijd

De natuur vraagt van alle planten een groot aanpassings- en doorzettingsvermogen. Struiken en bomen weren zich met stekels en camouflage tegen vijanden en uitdroging. Neem bijvoorbeeld

Wilde-bloemenzee
Tussen februari en mei, de bloeitijd, ontvouwt zich in de woestijn een prachtige bloemenzee. De bloemen van de chuparosa- (*Justicia californica*) en de kersenstruiken (*Senna didymobotrya*) geven de woestijn een vuurrode gloed, de woestijnpaardenbloem (*Malacothrix glabrata*) tovert gele vlekken in het landschap en de zandverbena (*Abronia villosa*) voegt wat lila toe aan het geheel. Tot de bekendste wildbloemgebieden behoren:
Anza Borrego Desert State Park (zie blz. 266). In het Visitor Center krijgt u informatie over de diverse wildebloemenroutes.
Antelope Valley California Poppy Reserve in het westen van de Mojavewoestijn. De Californische klaproos transformeert het circa 7 km² grote gebied van maart tot mei in een oranjerode bloemenzee.
Joshua Tree National Park (zie blz. 279). De bloeitijd van de Joshua trees begint eind februrai en duurt een paar weken.

Stekelige knuffel – de teddybeercactus in Joshua Tree National Park

de creosootstruik (*Larrea tridentata*). Om zijn waterhuishouding op peil te houden en de penetratie van warmte en ultraviolet licht tegen te houden, zijn z'n bladeren gecoat met een waslaag. De groene delen van de struik smaken zo weerzinwekkend, dat geen dier zich in de buurt zal wagen. Na een regenbui ruikt het in gebieden waar veel creosootstruiken groeien naar desinfecteermiddelen. In Mexico wordt deze plant daarom *hediondill* (kleine stinkerd) genoemd.

Teddy bear chollas (*Opuntia bigelowii*) zien er van ver weg, als het licht er op een bepaalde manier op valt, uit als in de woestijn zittende teddyberen. Als je de stekels echter eenmaal van dichtbij hebt gezien, is ermee knuffelen het laatste wat je in je hoofd haalt. De verschillende 'ledematen' lijken nauwelijks met elkaar verbonden te zijn. Afgevallen 'ar-

men', waaruit nieuwe planten groeien, vormen een bijna ondoordringbare barrière om de ouderplanten. Stevig schoeisel is bij een wandeling door de woestijn absoluut noodzakelijk. Stekels snijden door sneakerzolen als een warm mes door boter.

Met wat geluk komt u tijdens uw wandeling ook de tot 3 m hoge vatcactus (*ferrocactus* of *echinocactus*) tegen, die een doorsnee kan hebben van 60 cm en van het late voorjaar tot de zomer een prachtige bloemenkroon heeft. Deze soort heeft de bijnaam kompascactus omdat de schaduwzijde beduidend sneller groeit en daardoor een duidelijke neiging naar het zuiden heeft. Net als de saguaro groeit de vatcactus heel langzaam; na vier jaar is hij nauwelijks 7 cm hoog. Maar dat is niet erg, want deze soort kan wel honderd jaar oud worden.

Verkeerstechnisch is Californië levensgevaarlijk. En dan niet eens vanwege het aardbevingsgevaar, dat het risico met zich meebrengt dat bruggen instorten en snelwegen worden opgeslokt. Maar de smog van de grote steden en de enorme verkeersstromen dreigen de staat te verstikken. De verkeersdruk is inmiddels zo groot, dat eindelijk serieus wordt nagedacht over alternatieven voor de auto – in individualistisch, *car crazy* California geen vanzelfsprekendheid. Misschien komt het in de Golden State wel tot een nieuw spoortijdperk ...

Een metropool waar het altijd spitsuur is

Los Angeles zucht als geen andere stad in Californië onder luchtvervuiling. U ziet al tijdens het aanvliegen op LAX een geelbruine laag boven de stad hangen, als een boven de wolken zwevende, giftige mistbank. De metropool heeft de smog voornamelijk te danken aan de automobielboom, die in de jaren 30 en 40 begon en leidde tot de bouw van de eerste freeways. Er was de auto-industrie veel aan gelegen een eind te maken aan het lokale en regionale openbaar vervoer – men moest de mensen in hun

Een nieuw spoortijdperk in *car crazy* Californië?

Voormalig president Barack Obama liet er aan het begin van zijn tweede ambtstermijn geen misverstand over bestaan dat hij Amerika's infrastructuur met een kapitaalinjectie van vijftig miljard dollar *future proof* wilde maken. De modernisering van wegen, spoorlijnen en vliegvelden moet niet alleen arbeidsplaatsen opleveren, maar ook zorgen dat de Verenigde Staten de beste infrastructuur ter wereld hebben. Een struikelblok bij de uitvoering het programma kunnen de bezuinigingen zijn, die voorheen automatisch in werking traden als reactie op de extreem hoge staatsschuld. Bovendien is het nog maar de vraag of president Donald Trump op dit gebied dezelfde prioriteiten heeft als zijn voorganger.

Dieselcocomotieven zijn binnenkort ook in Californië iets uit voorbije tijden

auto's krijgen! Aan het eind van de jaren 60 was niet alleen Greater Los Angeles, maar heel Zuid-Californië ten prooi gevallen aan de automobiel. De autocultuur was alomtegenwoordig: snelwegen met twaalf rijstroken, ellenlange files in een spits die steeds vaker de hele dag beslaat, een binnensteden vol parkeerterreinen en -garages en allerlei *drive-throughs*, van fastfoodrestaurants tot banken en *liquor stores*.

Californië wil investeren

Een echt alternatief voor de auto is het bestaande netwerk van Amtrak niet. De treinen zijn niet comfortabel en rijden zelden op tijd, de service is slecht en het spoornetwerk laat enorme gebieden links liggen. Met de trein reizen is in de Verenigde Staten eerder een kwestie van nostalgie dan van efficiënt massatransport. De cijfers spreken wat dat betreft boekdelen: van al het personenverkeer in de Verenigde Staten nemen de treinen van Amtrak slechts 2 % voor hun rekening.

De in de laatste jaren sterk gestegen benzineprijzen hebben ervoor gezorgd dat steeds meer Amerikanen weigeren nog veel kilometers te rijden voor werk of vakantie. Dit gegeven, plus angst voor terrorisme en tijdrovende veiligheidsperikelen op vliegvelden hebben ertoe geleid dat de trein weer serieus in beeld komt. Vooral Californië zou, gezien de demografische prognoses, baat hebben bij een nieuw spoortijdperk. De bevolking van de Golden State stijgt, zo wordt verwacht, van 38 miljoen nu naar circa 50 miljoen in 2030. Als tegen die tijd geen fatsoenlijk alternatief bestaat voor de auto en het vliegtuig, is een dodelijk vekeersinfarct onafwendbaar.

Tot de meest invloedrijke voorstanders van de bouw van de eerste hogesnelheidsspoorbaan in de Verenigde Staten behoren naast gouverneur Jerry Brown en talloze politici van de Democratische partij ook de vakbonden. Voor de financiering van het eerste deel van dit megaproject maakte de Senaat in staatshoofdstad Sacramento 4,6 miljard dollar vrij. Daarnaast kan de Golden State rekenen op miljardensteun uit Washington DC. Critici betwijfelen echter of de op een schrikbarende 68 miljard dollar geschatte totale kosten ooit gefinancierd kunnen worden.

De voordelen van een hogesnelheidslijn zijn niet alleen dat er minder autoongelukken gebeuren en dat het aantal files (à raison van 20 miljard dollar per jaar) wordt gereduceerd. Door mensen uit de auto en in de trein te krijgen, kunnen vanaf 2030 naar schatting 12,7 miljoen vaten (159 liter) olie per jaar worden bespaard. Het toekomstige spoornetwerk, dat jaarlijks 117 miljoen passagiers moet gaan vervoeren, zou bovendien de geplande bouw van 3000 mijl (4800 km) nieuwe snelwegen en zestig gates op vliegvelden overbodig maken.

Op hoge snelheid naar Las Vegas

De hogesnelheidslijn XpressWest tussen Las Vegas en Victorville in Zuid-Californië zou een alternatief moeten vormen voor de vaak overbelaste Interstate 15 tussen Los Angeles en het gokparadijs in de woestijn van Nevada. Het project komt uit de koker van een particuliere investeringsgroep onder leiding van casinomagnaat Tony Marnell. De laatste directe spoorverbinding tussen de twee *megacities* verdween om financiele redenen in 1997. In de verre toekomst zou een verbinding tot stand moeten komen met het California High Speed Rail-netwerk in Palmdale. De XpressWest-treinen zouden met een gemiddelde snelheid van 210 km/h de 300 km tussen Victorville en Las Vegas in anderhalf uur moeten afleggen – als je met het vliegtuig gaat, ben je die tijd alleen al kwijt om van de parkeerplaats tot de gate komen. Over wanneer met de bouw wordt begonnen en of het project überhaupt zal doorgaan, bestaan vele vraagtekens. De financiering is nog niet rond en het is nog maar de vraag of de 7 miljard dollar die nodig is ooit op tafel komt.

Eerste rails in de Central Valley

Het eerste deel van de hogesnelheidslijn dat gebouwd wordt, en in 2019 operationeel zou moeten zijn, is een 200 km lang traject tussen Madera en Bakersfield in de Central Valley, dat uiteindelijk onderdeel zou moeten worden van een dik 1200 km lang spoornetwerk dat San Francisco en Los Angeles met elkaar verbindt. Met de huidige Amtrak-treinen doe je er een dag over om tussen de twee steden te reizen, straks moet dat, met treinen die met een snelheid van 350 km/h kunnen rijden, zijn teruggebracht tot een kleine drie uur. Nog voor dat de eerste spade in de grond ging, droomden de planners er al van om de spoorbaan na de voltooing (gepland voor 2029) naar het noorden door te trekken tot Sacramento en naar het zuiden tot San Diego.

Het project schept ongeveer twintigduizend nieuwe banen. Een ander economisch argument voor de hogesnelheidslijn is het feit dat daarmee eindelijk een rechtstreekse verbinding komt tussen Hollywood en Silicon Valley, de twee belangrijkste en invloedrijkste economische centra van Californië – entertainment en media enerzijds, hightech anderzijds. Geheel onomstreden zijn Californiës spoorwegdromen natuurlijk niet. Er wordt tegen geprotesteerd omdat de spoorlijn dwars door gecultiveerde landbouwgrond en beschermde natuurgebieden gaat.

Wie gaat het bouwen?

Dat in Californië besloten is een netwerk voor hogesnelheidstreinen te bouwen, zorgt voor een probleem. Niemand in de VS weet namelijk hoe dat moet. Een spoorbouwindustrie die zich kan toeleggen op het bouwen van zowel de rails als de treinstellen, bestaat simpelweg niet in het land. Er zijn een paar bedrijven die diesellocomotieven kunnen produceren, maar zo'n log apparaat is iets heel anders dan een slanke, aerodynamische variant voor een hogesnelheidstrein, met alle technologische snufjes van dien.

Experts zijn het erover eens dat Amerika de benodigde techniek in het buitenland moet inkopen, bijvoorbeeld bij Siemens. Dat zou overigens prima in de traditie passen; een op de drie metro- en tramstellen in de Verenigde Staten is geproduceerd door de Duitse fabrikant. De tot nu toe enige hogesnelheidstein die in de Verenigde Staten rijdt, de Acela Express tussen Boston, New York en Washington DC, wordt gefabriceerd door de Canadese firma Bombardier in samenwerking met de Amerikaans-Franse joint venture Alstom.

Staan de Californiërs straks alleen nog maar in de file voor een passerende trein?

Door het hart van Californië strekt zich een ruim 700 km lang agrarisch gebied uit. Deze Central Valley produceert ongeveer een kwart van alle in de Verenigde Staten geconsumeerde levensmiddelen. De boeren hebben echter steeds meer kopzorgen. Problemen als waternood, pesticidenbelasting en illegale arbeiders zorgen ervoor dat het provinciale sfeertje verhardt, en de boeren zitten met de handen in het haar.

Veel mensen zien de Central Valley (ook wel San Joaquin Valley genoemd) als 'het andere Californië' of 'de achtertuin van de Golden State'. Niet ten onrechte. Het vlakke dal tussen het kustgebergte in het westen en de Sierra Nevada in het oosten heeft net zo veel te maken met de glamour van Hollywood als een broodje kaas met een champagneontbijt. Maar de Central Valley is uniek binnen de VS door de combinatie van enorm vruchtbare grond en een ideaal

Ommekeer op Amerika's boerenland

Groenteoogst in de Central Valley, een van de vruchtbaarste regio's ter wereld

klimaat. Zodoende is de vallei een van de winstgevendste agrarische gebieden ter wereld. Behalve allerlei soorten fruit worden in de Central Valley voornamelijk noten, tarwe, tomaten, rozijnen, wijndruiven, katoen en rijst verbouwd, en er wordt vee gehouden voor melk en vlees. Zo ver het oog reikt, ziet u hier akkers en plantages, hier en daar een fabriek om het een en ander te verwerken en een slaperig dorpje waarin de zomerwind balen *tumbleweed* door de straten laat zweven als in een western.

The Times They Are A-Changin

In de hete, droge vallei liggen naast hoofdstad Sacramento nog een paar grote steden als Bakersfield, Visalia, Fresno en Stockton. De rest van de gemeenschappen zijn kleine stipjes op de kaart, omgeven door enorme lappen landbouwgrond waarvan wij ons nauwelijks een voorstelling kunnen maken. Maar ook deze omgeving, ver weg van de grote toeristische attracties en de drukke vakantieroutes, kampt met belangrijke economische en maatschappelijke veranderingen.

Omdat de onroerendgoed- en grondprijs in de Central Valley veel lager is dan die aan de kust, trekt het gebied steeds meer families aan die zich het leven aan de rand van de dure steden niet meer kunnen veroorloven. Drie uur naar je werk rijden is voor ons misschien ondenkbaar, veel Californiërs offeren met liefde hun vrije tijd op om hun gezin te laten wonen in een veel minder dure, hectische en gevaarlijke omgeving. Hierdoor zijn een hoop gemeenten in de Central Valley de laatste jaren flink gegroeid. Akkers werden opgekocht om er nieuwbouwwijken op te bouwen en de bevolkingsdruk in de vallei is behoorlijk toegenomen.

De opmars van biologische producten

Ook op landbouweconomisch vlak zijn, onder invloed van een veranderend consumptiepatroon, heel wat transformaties gaande. De trend van gezond eten, die in Californië begon, heeft inmiddels de hele Verenigde Staten in zijn grip – eigenlijk de hele westerse wereld. Biologisch en duurzaam zijn vooral in de grote steden begrippen die een magische aantrekkingskracht uitoefenen. Gezondheidsbewuste consumenten verwachten van boerderijen dat ze hun decennialange afhankelijkheid van chemische bemestings- en bestrijdingsmiddelen overboord gooien en organisch gaan produceren. De gif spuitende agrariërs worden echter niet van het een op het andere moment ecoboeren, en de valleibewoners zijn dan ook behoorlijk sceptisch ten opzichte van de 'naïeve' grootstedelingen uit de kuststreek – en al helemaal ten opzichte van de milieuridders. En hebben jullie er wel aan gedacht, vragen de boeren, dat de circa driehonderd verschillende soorten die we hier voor jullie kweken, door duurzame productie een behoorlijk stuk duurder zouden worden?

Waternood en recessie

Ook de verdeling van het beschikbare water wordt een steeds gecompliceerder verhaal. Met het schaarse water moet immers bouwland worden geïrrigeerd, maar mensen willen ook kunnen douchen en hun auto wassen. Droogte en een recessie ten gevolge van de wereldwijde financiële crisis hebben hun weerslag gehad op de productie in de Central Valley en zorgden in sommige delen ervan voor een werkloosheidscijfer van meer dan 30%, ruim het drievoudige van het nationale gemiddelde. Het resultaat: boerenbedrijven die in financiële moeilijkheden geraken, sluiting van winkels in plattelandsgemeenschappen, toenemende sociale misstanden als drugs- en alcoholmisbruik, honger en huiselijk geweld in landarbeiderfamilies.

Experts becijferden dat er in een paar jaar maar liefst tachtigduizend arbeidsplaatsen verloren zijn gegaan en dat de kosten van mislukte oogsten zijn opgelopen tot driehonderd miljoen dollar. Vanwege het ontbreken van de 'grondstof' voor irrigatie werd op meer dan 400 van de beschikbare 20.000 km^2 bouwland niets geplant. Volgens schattingen zal in de nabije toekomst tot wel een vijfde van het hele gebied braakliggend terrein worden. De burgemeester van het bijzonder hard getroffen, elfduizend zielen tellende stadje Mendota, dat tot een paar jaar geleden nog bekendstond als de meloenhoofdstad van de Verenigde Staten, beklaagde zich dat een derde van zijn gemeenschap tegenwoordig kan worden gezien als derde wereld.

Illegale arbeidskrachten

De vraag naar goedkope arbeidskrachten is in de Central Valley enorm. Ze worden ingezet om kroppen sla te oogsten, fruit te plukken en aan de lopende band toe te zien dat er geen rotte tomaten bij de goede terechtkomen. Amerikanen zijn te duur, dus meestal zijn deze arbeiders afkomstig uit Latijns-Amerika en het gros van hen beschikt niet over de juiste papieren. Al meer dan vijftig jaar geleden constateerde een historicus dat het landarbeidersprobleem de achilleshiel van de vallei was, en dat is het nog steeds.

Hoeveel van de landarbeiders illegaal de grens hebben overgestoken om in de Central Valley te kunnen werken, weet niemand. Maar geschat wordt dat 50 tot 90% van de dagloners *undocumented immigrants* zijn. Ze werken vaak onder zware, deels mensonwaardige omstandigheden, soms voor het in Californië geldende minimumloon van $ 8 per uur, maar vaker voor minder. Ze zijn niet verzekerd, kunnen geen enkele aanspraak maken op bijstand en maken nauwelijks kans hun leven ooit te verbeteren en opgenomen te worden in de Amerikaanse maatschappij. Bovendien hangt er een permanent zwaard van Damocles boven hun hoofd: deportatie.

Toevluchtsoorden voor illegale immigranten
In de gehele Verenigde Staten wordt het aantal illegale immigranten geschat op twaalf miljoen, in de Golden State op circa drie miljoen. Als een *illegal alien* wordt opgepakt zonder de juiste papieren, dreigt deportatie. Toch zijn er door het hele land meerdere steden waar illegalen zich kunnen onttrekken aan dit lot. Deze zogenaamde *Sanctuary Cities,* waaronder in Californië Los Angeles, Fresno en Long Beach, zijn 'asielsteden', waarin *undocumented immigrants* door de politie met rust worden gelaten. De ongelijke behandeling van immigranten met en zonder de juiste papieren werd hier opgeheven, zodat ook illegalen onder bepaalde omstandigheden gebruik kunnen maken van lokale bijstandprogramma's. Door de gehele Verenigde Staten zijn er nog ongeveer honderd *Sanctuary Cities* (www.ojjpac. org/sanctuary.asp).

De groene metropool

Op de ranglijst van landen die zich inzetten om het klimaat te beschermen, staan de Verenigde Staten niet bepaald bovenaan. De door de federale overheid opgestelde doelen waren wel erg zuinigjes en de CO_2-uitstoot werd niet gereduceerd. Toch gloort er wat milieubescherming betreft een sprankje hoop aan de horizon. Niet in Washington DC, waar klimaatscepticus president Trump er geen geheim van maakt af te willen van het door zijn voorganger Obama getekende klimaatakkoord van Parijs, maar aan de westkust, bijvoorbeeld in Los Angeles.

De megacity ziet zichzelf graag als groene metropool vanwege de talrijke stadsoases zoals Griffith Park, het met een omvang van 16 km² grootste stadspark van de Verenigde Staten, en het 620 km² grote Santa Monica National Recreation Area. Maar Los Angeles is ook om een andere reden groen. De stad houdt zich, in tegenstelling tot de federale overheid, namelijk wél aan de doelstellingen van het Verdrag van Kyoto. Sterker nog, LA overtreft de uitstooteisen. Tot 2012 zou de emissie van uitlaatgassen met 7% teruggebracht moeten zijn, LA was daar al in 2008. De vooruitstrevende milieurichtlijnen werden gehaald omdat ze voor tal van instanties bindend zijn en er zodoende actief door de gemeente werd 'gejaagd' op vervuilers. Wie een energieverspillende oude koelkast bezit, kan die door de gemeente gratis laten afhalen. Sterker, je krijgt er nog een kleine vergoeding voor ook. En laat je je wasmachine uitrusten met waterbesparende techniek, dan word je beloond met driehonderd dollar.

Griffith Park is een van de grootste groene longen van Los Angeles

Progressieve milieu-bescherming

Trots verwijst Los Angeles naar een hele reeks milieuvriendelijke prestaties. Zo bestaat het stedelijke wagenpark alleen nog maar uit groene(re) voertuigen; alle vervuilende auto's en vrachtwagens werden afgestoten. Meer dan een vijfde van de stedelijke stroomvoorziening is afkomstig van duurzame energiebronnen, voornamelijk zon en wind. Los Angeles was in 2003 de eerste grote stad van de Verenigde Staten die voor de constructie van openbare gebouwen internationaal erkende energiebesparingsnormen invoerde. Zo is het Los Angeles Convention Center (1201 S. Figueroa St.) in de buurt van het Staples Center het grootste zonne-energieproducerende gebouw van Noord-Amerika. Door de al vele jaren geleden aangenomen Native Tree Ordinance worden verschillende soorten bomen zoals eik, walnoot en Amerikaanse plataan in de stad beschermd en mogen deze niet worden gekapt. Sterker nog, een gemeentelijk programma stimuleert het aanplanten van nieuwe bomen. Wie dat wil, kan kiezen uit ongeveer dertig boomsoorten die door de stad zijn aangemerkt als bomen die weinig water verbuiken. Ook wat recycling en afvalverwerking betreft, bekleedt Los Angeles een voorbeeldfunctie. Daarnaast wordt door de gemeente prioriteit gegeven aan start-ups die zich richten op technologie voor schone energiesoorten. Deze kunnen rekenen op hulp en allerlei (belasting) voordelen

Plastic tasjes in de ban

Wie al eerder in de Verenigde Staten is geweest, zal het beeld herkennen: op de parkeerplaats van de supermarkt wandelen klanten naar hun auto met een winkelwagen die vol zit met plastic tasjes – om die vervolgens thuis meteen in de prullenbak te gooien. Talloze milieuorganisaties, zoals TreePeople, Oceana en het Wright Organic Resource Center, met hoofdkantoren in Los Angeles, liepen jarenlang te hoop hiertegen. Activisten van Heal the Bay berekenden dat door winkels en supermarkten in Greater Los Angeles jaarlijks het schrikbarende aantal van 2,3 miljoen gratis plastic tasjes aan klanten werden uitgedeeld. Na een besluit van de gemeenteraad mochten vanaf 2013 geen wegwerptasjes van plastic meer worden vergeven. Er was een overgangsperiode van zes maanden voor grote supermarkten en twaalf maanden voor kleinere winkels, maar tegenwoordig moeten klanten in LA hun eigen boodschappentassen meenemen of de bekende papieren zakken kopen voor tien cent per stuk. De poging om het verbod op plastic tasjes op landelijke niveau te regelen, mislukte door een reclamecampagne van de fabrikant van de tasjes. Steeds meer steden volgen echter het voorbeeld van Los Angeles.

Groen shoppen

Milieubewustzijn heeft ook het levensmiddelenaanbod in LA veranderd. Duurzame groente en biofruit, biologisch vlees en ander ecologisch voedsel kunt u kopen in de Whole Foods Markets (onder andere 2201 Wilshire, Santa Monica en 788 S. Grand Avenue, Downtown, www.wholefoodsmarket. com). Meer verantwoorde kost vindt u bij Rainbow Acres (13208 W. Washington Blvd., www.rainbowacresca.com) en Co-opportunity Natural Foods (1525 Broadway, Santa Monica, www.coop portunity.com). Deze winkels verkopen ook homeopatische medicijnen.

Bosbranden – niet alleen de schuld van de natuur

Satellietbeelden tonen enorme rookpluimen boven de Californische kustregio's. Tienduizenden vluchten voor de oprukkende vuurzee. Niet zelden blijven in de getroffen gebieden alleen hopen as en ingestorte gebouwen over. In Zuid-Californië herhaalt deze ramp zich jaar na jaar. Niet alleen de onberekenbare natuur is hier schuld aan: de meeste bosbranden zijn 'huisgemaakt'.

Keer op keer hebben de beruchte Santa Ana winds de laatste jaren verwoestende bosbranden aangewakkerd in het kustgebergte bij Santa Barbara. Honderden woningen werden in as gelegd, duizenden mensen sloegen op de vlucht. Terwijl in de media wordt gesproken van een natuurramp, weten experts wel beter. Volgens hen is de oorzaak een falende politiek van bosbouw en brandbestrijding.

Blushelikopter uit Los Angeles in actie in de Granada Hills

Een 'huisgemaakt' probleem

De grenzeloze groei van steden en gemeenten, zo zeggen de wetenschappers, heeft ervoor gezorgd dat gebieden die voorheen een natuurlijke barrière vormden tussen de woon- en bosbrandgebieden zijn 'gekoloniseerd'. Vooral rond Los Angeles, Santa Barbara, Big Sur en veel plaatsen langs Highway 1. De plekken waar massaal bomen werden gekapt om de bouw van *suburbs* mogelijk te maken, zijn zodoende licht ontvlambaar. De paar bomen die zijn overgebleven, krijgen meer zon en drogen sneller uit – de ideale omstandigheden voor vuur. In de oerbossen staan daarentegen machtige bomen die kleinere branden normaal gesproken met gemak kunnen overleven.

In verband met aardbevingsgevaar en kostenbesparingen worden hier veel huizen gebouwd van hout of spaanplaat, en op plekken waar je prachtig kunt uitkijken over de kuststrook, maar die tevens omringd zijn door oude, droge boom- en struikgebieden. Preventieve maatregelen zoals brandgangen als bufferzones tussen bomen en huizen, worden nauwelijks genomen – daar denkt men pas aan als het vuur er al aankomt. Dit alles eist zijn tol als een geknapte hoogspanningskabel, een achteloos weggegooide sigaret of een als vergrootglas werkende fles zorgt voor brand.

Het deskundig advies: laat het vuur indien mogelijk gecontroleerd branden, zodat het oude, kurkdroge struikgewas regelmatig verdwijnt en jonge, vochtiger flora de kans krijgt te groeien. Bij verwoestende branden ten noordoosten van Los Angeles vielen al diverse malen huizen ten prooi aan brandende bomen en struiken waarin zich maar liefst zestig jaar uitgedroogde begroeiing had opgehoopt.

Ongebreideld droogte en hogere temperaturen

Een andere factor die meespeelt in het zuiden van Californië is dat in de regio steeds minder neerslag valt en het er dus jaar in, jaar uit droger wordt – een weerpatroon dat door wetenschappers in het hele zuidwesten van de Verenigde Staten wordt vastgesteld. In het recente verleden viel in Greater Los Angeles in sommige jaren minder dan 30 mm regen. Daarnaast, zo stelden meteorologen vast, is de gemiddelde temperatuur een paar graden hoger dan in de voorbije decennia.

Ook volgens de voormalige Amerikaanse vicepresident Al Gore, die voor zijn betrokkenheid bij zaken als klimaatverandering en de opwarming van de aarde een Nobelprijs voor de Vrede ontving, moet de oorzaak van de verwoestende bosbranden in Californië op zijn minst deels worden gezocht in de wereldwijde klimaatcrisis.

Branddetective tegen pyromanen

Net als in andere delen van de wereld zijn ook in Californië bosbranden regelmatig het werk van brandstichting. Met geavanceerde methoden die normaal gesproken worden gebruikt bij moordzaken proberen zogenaamde brandstichtingsdetectives erachter te komen waar en door wie het vuur is aangestoken. Ze gaan op zoek naar bewijsmateriaal in de vorm van bijvoorbeeld vuurwerkresten en brandversnellers en onderzoeken vingerafdrukken en DNA op bierflesjes en sigarettenpeuken. Zo proberen ze pyromanen te ontmaskeren en verantwoordelijk te stellen. En door verdekt opgestelde beveiligingscamera's kunnen met vuur spelende criminelen op heterdaad worden betrapt.

Surfen – sport met cultkarakter

In Peru ontdekte muurschilderingen uit het stenen tijdperk laten mensen zien die zich staand op drijvende voorwerpen door zee laten voortbewegen. En Polynesiërs gebruikten, zo laten historische documenten zien, al in de pre-christelijke tijd boomstammen en houten planken om te surfen. Maar dat de moderne surfsport zijn populariteit en cultstatus in de moderne tijd te danken heeft aan Zuid-Californië, daarover bestaat geen twijfel.

Wie aan het begin van de jaren 60 in Californië zijn autoradio aanzette, had grote kans muzikaal te worden begroet door Jan and Dean. Het lokale rock-'n-rollduo had een enorme hit met *Surf City*, en het nummer was de hele dag door te horen op zo'n beetje elke muziekzender. Wat de twee Californiërs destijds niet konden bevroeden, is dat meer dan vijftig jaar later niet alleen het lied nog steeds gedraaid wordt, maar ook de door hun bedachte term Surf City furore maakt .

Surfpioniers uit Hawaï

Surfen is in Zuid-Californië zo populair als bij ons voetbal. De surfrage begon echter niet in de Golden State maar in Hawaï. Auteur Jack London was, zo is in zijn schrijfsels te lezen, aan het begin van de 20e eeuw bijzonder onder de indruk van de surfcultuur. Een visionair ondernemer nodigde de toenmalige surfgrootheid George Freeth in de zomer van 1907 uit om de opening van de spoorlijn tussen Los Angeles en Redondo Beach luister bij te zetten met een demonstratie aan de Stille Oceaankust. De toeschouwers wisten niet wat ze zagen en waren meteen enthousiast, en een nieuwe sportieve subcultuur was geboren.

Een van de pioniers van de Californische surfsport was de Hawaïaanse wereldkampioen zwemmen Duke Kahanamoku. Met zijn bezoek aan Zuid-Californië in 1912, waarbij hij demonstraties gaf in onder andere Santa Cruz, Newport Beach en Huntington Beach, is hij van groot belang geweest voor de popularisering van de surfsport in de regio.

Strijd om de felbegeerde titel Surf City

Sinds de 'reclamecampagne' van Duke Kahanamoku zijn de twee kustgemeentes Santa Cruz en Huntington Beach in een felle strijd verwikkeld over de vraag aan welk Californisch strand de surfsport zijn première had. Een strijd om niets, zou men kunnen betogen, ware het niet dat achter de surftwisten een zeer belangrijk motief schuilgaat: *big business*. Zowel Santa Cruz als Huntington Beach maken aanspraak op de bijnaam Surf City. Het Huntington Beach Visitors Bureau heeft al jaren geleden de term Surf City USA als merknaam laten vastleggen. Deze is dan ook te zien op talloze souvenirs en officiële uitingen.

Ook op de hand van Huntington zijn de nog in leven zijnde Dean Torrence en de weduwe van Jan Berry, die op grond van de cultsong uit de jaren 60 aanspraak menen te maken op de term Surf City en op alle hierdoor gegenereerde inkomsten.

Van sport tot cult

Waar echter geen twijfel over bestaat, is dat Californië een beslissende rol heeft gespeeld bij het van de surfsport maken tot wat het nu is: pure cult. Daarbij kwam de hoge technologische standaard in de Verenigde Staten goed van pas. In 1952 ontdekte de Californische surfer Jake O'Neill dat neopreen het ideale materiaal voor surfpakken is, omdat het zo robuust is en goed isoleert – geen overbodige luxe in het koude Stille Oceaanwater. Nog belangrijker was de ontwikkeling van de surfboards. Tegen het einde van de jaren 50 werden de eerste boards van makkelijk te bewerken polyurethaanschuim gemaakt. Hierdoor werden de planken stukken lichter en konden ze en masse worden geproduceerd – wel nodig ook tijdens de surfboom van de jaren 60. Ook de vraag naar speciale surfkleding nam explosief toe, waardoor een geheel nieuwe markt ontstond

Hoe het er in die tijd aan toeging aan de Zuid-Californische stranden, wordt goed beschreven door scenarist Frederick Kohner, die in zijn boek *Gidget* surfen tot een ware religie verheft. Op de soundtrack van die tijd staan niet alleen Jan and Dean, maar natuurlijk vooral de Beach Boys, die overigens een stuk beter uit de voeten konden op toneel dan op surfplanken.

Amerika is dol op records. Het moet altijd hoger, sneller, verder, groter. Californië voedt zijn superlatievenverslaving onder andere met de Badwater 135 tussen het laagste en hoogste punt van de Contiguous USA. Deze zwaarste langeafstandsrace ter wereld, op de grens van sport en waanzin, voert door een uniek landschap.

Het genadeloze gevecht tegen sportieve rivalen uit de hele wereld én tegen de onverbiddelijke natuur eindigt, voor degenen die het redden, na 217 km aan de oostkant van de Sierra Nevada bij de op een hoogte van 2533 m gelegen Mount Whitney Portal, de voet van de gelijknamige berg, de hoogste (4418 m) van de *Contiguous USA* (de Verenigde Staten uitgezonderd Alaska en Hawaï).

Slachtpartij in de verzengende hitte

Bij langeafstandsraces gaat het meestal om de strijd van man tegen man of vrouw tegen vrouw. Bij de 'toughest foot race of the world' is dat ook zo, maar elke deelnemer heeft daarnaast nog twee tegenstanders: het klimaat en de topografie. Het startschot van de extreme wedstrijd wordt gegeven in Badwater in Death Valley National Park, het met 86 m onder zeeniveau gelegen laagste punt van het westelijk halfrond. Zou de beruchte Badwater Ultramarathon (www.badwater.com) plaatsvinden in de winter, dan zouden de circa honderd deelnemers op z'n minst in de eerste kilometers kunnen genieten van een aangenaam temperatuurtje (te vergelijken met die op een mooie voorjaarsdag bij ons). Maar dat zou te makkelijk zijn. Nee, om ervoor te zorgen dat aan deze wedstrijd alleen échte bikkels meedoen, wordt hij gehouden in juli, wanneer de temperatuur in de vallei des doods regelmatig boven de 110°F uitstijgt – zo'n 45°C. Zelfs de toeschouwers, die in de schaduw van palmbomen staan bij de Furnace Creek Ranch, hebben dan het gevoel zich in een brandende pizzaoven te bevinden.

Met alleen deze kille cijfers worden de topografische verhoudingen echter geen recht aangedaan. Want tussen het laagste en hoogste punt van de helse race liggen drie bergkammen. Zodoende moeten de deelnemers tijdens de wedstrijd in totaal 3962 m stijgen en 1433 m dalen.

Een onmenselijke beproeving

Het is moeilijk voor te stellen, maar het huidge traject is zowaar een milde variant van het originele parcours. Toen op 3 augustus 1977 de eerste Badwater Ultramarathon werd gehouden, stond ook de 49-jarige Amerikaan Al Arnold aan de start. Bij elke ademhaling vulden zijn longen zich die dag met woestijnlucht van 50°C – Arnolds zweet was al verdampt voor het langs zijn nek naar beneden kon sijpelen. En alsof die extreme hitte niet genoeg was, zorgde het kokende asfalt ervoor dat de rubberen zolen zich al snel losmaakten van de rest van zijn hardloopschoenen. De ervaren marathonloper deed er maar liefst 84 uur over om de toen 234 km lange race te voltooien, op de ijskoude top van Mount Whitney.

Inmiddels ligt de finish uit veiligheidsoverwegingen bij de bijna 2000 m lager gelegen Mount Whitney Portal, waar voor bergbeklimmers normaal gesproken de tocht naar de top begint. Het blijft echter een schier onmenselijke tocht vol zware ontberingen, die tegenwoordig in 'slechts' 22 tot 26 uur wordt voltooid. Valmir Nunez uit Brazilië liep in 2007 een recordtijd van 22:51.29 uur. Die tijd werd in 2016 verpletterd door de Amerikaanse Pete Kostelnick: 21:56.32. Sinds 2015 wordt echter 's avonds gestart, waardoor de eerste 10-12 uur een stuk 'makkelijker' zijn. Kostelnicks landgenote Alyson Venti heeft het record bij de vrouwen in handen. Zij liep, eveneens in 2016, 25:53.07.

Sport of waanzin?

Natuurlijk is al vaak de vraag gesteld waarom iemand zich vrijwillig inschrift voor een wedstrijd als deze, die toch wel iets meer is dan een gewone, misschien wat zware *iron man contest*. Een sluitend antwoord op deze vraag bestaat niet, omdat waarschijnlijk elke loper zijn eigen redenen heeft. Het kan in elk geval niet gaan om de aanlokkelijke geldprijs, want in tegenstelling tot bijvoorbeeld grote marathons als die van Boston en New York wordt er bij de Badwater Ultramarathon überhaupt geen premie uitgeloofd. Het enige wat bij deze helletocht is te winnen, is een herinneringsmedaille voor iedereen die het traject in maximaal 60 uur weet af te leggen en een riemgesp (*belt buckle*) voor deelnemers die er maximaal 48 uur over doen.

Wat drijft een mens om binnen 48 uur van Death Valley naar Mount Whitney te rennen? Meer dan tweehonderd kilometer over bergkammen, in een onmenselijke temperatuur, een klimaat waarvan wij Noord-Europeanen ons nauwelijks een voorstelling

kunnen maken. Het eigenlijk voor de hand liggende antwoord werd al bij de allereerste Badwater Ultramarathon in 1977 door een deelnemer gegeven: 'Ik heb het gedaan om te bewijzen dat het kan.' De Duitse Dagmar Grootheim zei na haar deelname veertig jaar later het volgende, dat ook als motivatie kan worden gezien: 'De pijn verdwijnt, de trots blijft.'

Eenmaal op zeeniveau moeten de duursporters nog zo'n 3900 m klimmen

Californië geldt al vele tientallen jaren als een creatief laboratorium
voor muziek. In de jaren 60, ten tijde
van de hippiecultuur, droegen in de
Golden State ontstane trends bij aan
de globalisering van de rock- en popmuziek.

In 1967 leidden het creatieve klimaat
en de hippiecultuur tot de Summer of
Love en het Monterey Pop Festival. Tot
op de dag van vandaag is er geen subcultuur geweest die zo enorm heeft
bijgedragen aan zo veel blijvende veranderingen in de westerse maatschappij.

Bastion van rock en pop

Geen enkele band heeft waarschijnlijk
zo veel betekend voor Californië als de
in 1971 opgerichte Eagles. Met *Hotel California* schreven Don Felder, Glenn Frey
en Don Henley in 1977 een cultsong die
meer heeft bijgedragen aan het imago
van de Golden State dan welke recla-
mebrochure dan ook. En dat terwijl het
lied nogal kritisch was over de *American
Way of Life*. In 1981 ging de band uit elkaar, in 1994 was er een hereniging, al
leek die vooral als doel te hebben het
publiek in de war te brengen over de
toekomst van de Eagles. Met het album
Long Road Out of Eden vierde de band in
2005 een wedergeboorte, in 2015 gaven
de Eagles hun laatste concert. Met het
overlijden van Glenn Fey begin 2016
kwam er een definitief einde aan het
bestaan van de legendarische band.

De Summer of Love

Naast de Eagles bewijzen talrijke an-
dere monumenten uit de rock- en
popgeschiedenis hoe invloedrijk Zuid-
Californië is geweest in de muziekwe-
reld. De Beach Boys bijvoorbeeld, Bob
Dylan, Buffalo Springfield, Black Flag,
Randy Newman, Ozzy Osbourne, David
Crosby ...

Los Angeles schrijft muziekgeschiedenis

Het toenmalige rock- en poptijdperk
wordt meestal in één adem genoemd
met San Francisco, omdat daar de hip-
piebeweging ontstond. Maar in 1965 en
1966 ontwikkelden de Sunset Strip en
Laurel Canyon in Hollywood zich met
bands als The Byrds, The Doors en The
Seeds min of meer in één nacht tot het
epicentrum van de rock- en popscene.
In nachtclubs kon je legendarische artiesten zien optreden als Love, Cap-
tain Beefheart & His Magic Band, The
Turtles, The Mamas & The Papas, Neil
Young en Frank Zappa.

De lokale muziekscene van Los Angeles inspireerde de Beatles, Rolling Stones, Them, Velvet Underground en The
Yardbirds en had zelfs invloed op pop-
art, literatuur, filmstudio's en televisie-
zenders. Veel rockers, folkzangers en
popgroepen verdwenen net zo snel als
ze waren gekomen weer uit Hollywood
nadat het in 1967 tot botsingen was gekomen tussen de politie en hippies.

Een paar jaar later traden avond na
avond punkbands op, waarvan niemand een dag eerder nog had gehoord.
Nog later kwam de acidrock op, met
zijn geheel nieuwe klanken, terwijl aan

het andere kant van het spectrum de folkrock van onder anderen Bob Dylan volle zalen trok.

Jazz in Californië

De wortels van de popmuziek liggen onder andere in de jazz, dat tussen de jaren 20 en 40 de muziekwereld in de Verenigde Staten domineerde. De stroming onstond dan wel in New Orleans, maar al in 1912 vond jazz met Ferdinand 'Jelly Roll' Morton de weg naar Californië.

De eerste jazzband die optrad in de Golden State, was Joe 'King' Oliver's Creole Jazz Band, dat in 1921 concerten gaf in San Francisco en een jaartje later in Los Angeles. In die tijd ontwikkelden zich vooral in San Francisco twee hoofdstromingen: in de jaren 30 de traditionele jazz en na de Tweede Wereldoorlog de moderne West Coast Style. Aan het begin van de jaren 40 was vooral de Western Swing populair in Los Angeles. Het bekendste orkest was in die naoorlogse tijd de Spade Cooley Triumphe.

Als tegenwicht voor deze 'gecommercialiseerde' bigbandmuziek werd onder invloed van voornamelijk Dizzy Gillespie en Charlie Parker de door kleine bands uitgevoerde bebop gevormd, een stijl die ook in Californië veel fans had. Een andere aftakking, die in de Golden State ontstond, was Cool Jazz, waarvan Miles Davis en Chet Baker van het Gerry Mulligan Quartet de twee bekendste uitvoerders waren.

Dat jazz tot op de dag van vandaag populair is in Californië, bewijzen diverse beroemde jazzorkesten, radiozenders die alleen jazz draaien, jazzclubs en goedbezochte festivals als het Monterey Jazz Festival.

Het Monterey Jazz Festival bestaat ruim zestig jaar, maar is nog steeds razend populair

Onderweg in
Los Angeles

Natuurpracht van de Badlands in Death Valley

Los Angeles

Hoogtepunt ✳

Downtown: de wolkenkrabberkern van Los Angeles is de laatste jaren steeds aantrekkelijker geworden. Waar voorheen hele stratenblokken na kantoortijd volledig uitgestorven waren, zorgen restaurants, clubs, sport- en cultuurarena's en architectonische hoogstadjes voor een bruisend nachtleven. Zie blz. 111

Op ontdekkingsreis

Filmdecors in Downtown, Hollywood en Beverly Hills: ontdek waar de grote sterren voor de camera stonden tijdens een wandeling door de bekendste wijken. Fervente bioscoopgangers zullen op verschillende locaties een déjà-vuge-voel hebben. Zie blz. 98

Laatste rustplaats van de sterren – Westwood Village Memorial Park Cemetery: behalve hoge muren en gesloten poorten ziet u tijdens een Hollywood-rondleiding langs de huizen van de sterren niets. Op de begraafplaats in Westwood Village bent u echter gegarandeerd in de buurt van grote sterren uit de filmhistorie. Zie blz. 128

Bezienswaardigheden

Hollywood & Highland Center: de Babylonische decors van een in 1916 door David Wark Griffith gedraaide stomme film dienden als inspiratie voor dit winkel- en entertainmentcentrum, dat gezien kan worden als een eerbetoon aan de droomfabriek. **5** Zie blz. 96

Walt Disney Concert Hall: het gebouw van sterarchitekt Frank Gehry was het eerste van een hele reeks vernieuwende architectonische hoogstandjes in het hart van Los Angeles. **25** Zie blz. 116

Actief

Ritje op Mulholland Drive: rijdend op deze mooiste panoramaroute van Greater LA zweeft uw blik tot aan de Stille Oceaankust. Zie blz. 103

Stadswandeling in Downtown: in het wolkenkrabberhart van LA kunt u zich door een gids laten rondleiden langs mooie kunst en architectuur. **8** Zie blz. 124

Sfeervol genieten

Sunset Plaza in West Hollywood: prima restaurantjes en cafés met flair zijn ideaal voor een uurtje *people watching* – de kans een flanerende beroemdheid te zien, is hier groot. Zie blz. 109

Farmers Market: de boerenmarkt midden in de megacity is al 75 jaar een landelijke oase – een combinatie van winkelcentrum en sfeervolle ontbijt- en lunchplek. Zie blz. 132

Uitgaan

Hollywood Forever Cemetery: de inwoners van Los Angeles zijn niet bang voor spoken. De openlucht-filmvoorstellingen op deze begraafplaats hebben een cultstatus. **2** Zie blz. 108

West Hollywood: de wijk is beroemd om zijn extravagante restaurantscene en de bekendste clubs van de stad. Zie blz. 109

De megacity

De 'Stad der Engelen', die jaarlijks wordt bezocht door 25 miljoen toeristen uit de hele wereld, is met geen enkele andere stad te vergelijken. Los Angeles is een 1200 km² grote lappendeken van deelgemeenten met wolkenkrabbereilanden van staal en glas, *all American* voorstadjes met voortuinen achter witte hekjes, ondoordringbaar ogende snelwegknooppunten en idyllische, met palmen omzoomde boulevards. Prijzige toprestaurants liggen naast mini-malls met fastfoodtentjes voor de kleine beurs, vervallen stadsdelen naast luxueuze villawijken, zogenaamde *ga-ted communities,* waarin de rich and famous uit de film-, televisie- en sportwereld zich na de werkdag terugtrekken, door hekken, muren en een eigen veiligheidsdienst afgescheiden van de rest van de wereld.

De circa 14 miljoen inwoners tellende megacity geldt door het grote aantal immigranten uit die landen als op één na grootste Mexicaanse en Koreaanse stad. Mensen uit honderdveertig landen, die bijna honderd verschillende talen spreken, hebben in Los Angeles een thuis gevonden en dragen bij aan de culturele rijkdom. In veel stadsdelen

INFO

Kaart: ▶ F 7/8 en kaart 2, 3, 4

Informatie

LA Visitors Bureau: 333 S. Hope St., Los Angeles, CA 90017, tel. 1-323-467-6412, www.discoverlosangeles.com, www.downtownla.com. Een andere goede informatiebron is het Convention Center in LA Live, 1201 S Figueroa St., tel. 1-213-741-1151, www.lacclink. com.
Stadsplattegronden: www.down townla.com/maps, www.mapquest. com, maps.google.com
Evenementenagenda: goede informatiebronnen zijn het dagblad *Los Angeles Times* (www.latimes.com), de weekkrant *LA Weekly* (www.laweekly.com) en het maandelijks verschijnende *Los Angeles Magazine* (www.lamag.com).
Kaartjes (sport en cultuur): Barry's Ticket Service (1020 S. Figueroa, Luxe City Center tegenover Staples Center, tel. 1-213-749-0057, dag. 10-21 uur, www.barrystickets.com).

Belasting: de omzetbelasting bedraagt in Los Angeles 9%, de Hotel Tax 12%.

Vervoer

Vliegtuig: internationale vluchten komen aan in de Tom Bradley International Terminal op Los Angeles International Airport (LAX, tel. 1-310-646-5252, www.lawa.org/lax, vliegtijd vanuit Amsterdam/Brussel circa 11 uur). En rijdt een shuttlebus naar de Metro Rail Green Line, die naar Downtown rijdt. Tussen LAX en Union Station rijden om het halfuur Fly-Away-bussen (www.lawa.org), $ 9.
Trein: Union Station (800 N. Alameda Ave., tel. 1-800-872-7245, www.amtrak. com); bijvoorbeeld LA-Tucson vanaf $ 46; LA-Seattle vanaf $ 150. Metrolink-treinen bedienen groot-LA (www. metrolinktrains.com).
Bus: Greyhound Terminal, 1716 E. 7th St., tel. 1-800-229-9424, www. greyhound.com. Verbindingen in alle richtingen.

The Silver Four Ladies markeren het begin van de Walk of Fame

kun je je niet aan de indruk onttrekken dat de Anglo-Amerikanen – de blanken, zo u wilt – niet meer de grootste bevolkingsgroep vormen. De moedertaal van de helft van de *Angelenos* is tegenwoordig geen Engels, maar Spaans. De stad had tussen 2005 en 2013 zelfs een burgemeester met een Latijns-Amerikaanse achtergrond, Antonio Villaraigosa.

Niet alleen bezoekers hebben een haat-liefdeverhouding met Los Angeles, ook zijn inwoners hebben een ambivalente relatie met de stad. Velen loven de City of Angels om de kansen die de stad biedt, ondanks het gevaar van aardbevingen en bosbranden, de hoge criminaliteit, de dagelijkse verkeerschaos en het tekort aan drinkwater. Anderen wijten dat positivisme aan misplaatst lokaal patriotisme, en zeggen dat de stad een onbestuurbare moloch is. Het contrast tussen de verschillende stadsdelen is in elk geval groter dan op andere plekken in Californië. In Los Angeles County is meer dan 20% van de bevolking afhankelijk van de bijstand of voedselbonnen. Medio 2016 was het werkloosheidspercentage er 5,8.

Hollywood

De wieg van de Amerikaanse filmindustrie heeft de laatste jaren een opmerkelijke opleving doorgemaakt. In de jaren 90 was nostalgie de enige reden om er te komen. De buurt was vervallen, veel straten no-goareas. Maar de droomfabriek heeft zijn entertainmentreputatie heroverd en het is er nu weer gezellig – in elk geval op en rond de centrale boulevards.

Hollywood Boulevard

Hollywood Boulevard, een van de beroemdste straten van Los Angeles, misschien wel van de wereld, snijdt van oost naar west door Hollywood en is ook een belangrijke verbingingsweg naar West Hollywood.

Walk of Fame 1
www.walkoffame.com
De aan beide zijden van Hollywood Boulevard tussen La Brea Avenue in het westen en Gower ▷ blz. 94

Hollywood

Bezienswaardigheden

1 Walk of Fame
2 Hollywood Roosevelt Hotel
3 TCL Chinese Theatre
4 Madame Tussauds Hollywood
5 Hollywood & Highland Center
6 El Capitan Theatre
7 Egyptian Theatre
8 Hollywood Museum
9 Hollywood Wax Museum
10 Pantages Theater
11 Capitol Records
12 Hollywood Forever Cemetery
13 Paramount Pictures
14 Griffith Observatory
15 Los Angeles Zoo & Botanical Gardens
16 The Autry
17 Universal Studios
18 - 40 zie blz. 113

Overnachten

1 Hollywood Roosevelt Hotel
2 Loews Hollywood Hotel
3 Hollywood Orchid Suites
4 Best Western Plus Hollywood Hills Hotel
5 Best Western Hollywood Plaza
6 Hotel Hollywood
7 Hollywood Downtowner Inn
8 - 14 zie blz. 113

Eten en drinken

1 Providence
2 Pig 'n Whistle
3 Miceli's Restaurant
4 Roro's Chicken
5 Tender Greens
6 Pink's Hot Dogs ▷ blz. 94

Hollywood (vervolg legenda blz. 93; zie kaart blz. 92-93)

7 Girardelli Soda Fountain
8 - **13** zie blz. 113

Winkelen
1 Hollywood Toys
  and Costumes
2 Panpipes Magickal
  Marketplace
3 American Eagle Outfitters
4 Amoeba Music
5 La La Land
6 - **9** zie blz. 113

Actief
1 Behind the Scenes
  Walking Tour
2 Dolby Theatre Tours
3 Starline Tours
4 Sunset Ranch Hollywood
5 Griffith Park Pony &
  Wagon Rides
6 Thai Orchid Massages
7 High Voltage Tattoo
8 - **12** zie blz. 113

Uitgaan
1 Lucky Strike Lanes
2 Hollywood Forever
  Cemetery
3 Frolic Room
4 Hollywood Bowl
5 - **8** zie blz. 113

Street in het oosten lopende Walk of Fame bestaat uit zo'n 2400 in het trottoir verzonken sterren met de namen van zowel filmsterren als celebs uit de televisie-, muziek-, theater- en radiowereld. De eerste was in 1960 actrice Joanne Woodward. Het officiële begin van de Walk of Fame is een zilverkleurig open paviljoen, waarvan de vier hoeken levensgrote beelden zijn waarvoor Mae West, Dolores Del Rio, Dorothy Dandridge en Anna May Wong model stonden.

Hollywood Roosevelt Hotel **2**

7000 Hollywood Blvd., tel. 1-323-466-7000, www.thehollywoodroosevelt. com, zie blz. 104
Sinds Marilyn Monroe op de springplank bij het zwembad van dit hotel poseerde voor een advertentie voor een zonnebrandcrème, was het hier een komen en gaan van de *rich and famous*. Maar ook in vroeger tijden kwamen de Hollywoodsterren hier al graag. Het acteurskoppel Clark Gable en Carole Lombard huurde het penthouse van het hotel lange tijd voor $ 5 per nacht – de huidige prijs begint bij $ 3500. Montgomery Clift logeerde in 1953 in suite 928, waar hij zich voorbereidde op zijn rol in *From Here to Eternity*.

TCL Chinese Theatre **3**

6925 Hollywood Blvd., www.tclchinesetheatres.com
Toen het theater in 1927 met een groot gala werd geopend, werd het toen

Mann's Theater geheten gebouw door iedereen gezien als de spectaculairste bioscoop ter wereld. De architect kreeg van de overheid toestemming om tempelklokken, beelden, pagoden en kunstvoorwerpen te importeren uit China om het fantasierijke, 30 m hoge, door authentieke stenen hellehonden bewaakte gebouw een oosters aanzicht te geven.

In 2013 werd het gebouw verkocht en omgebouwd tot het grootste IMAX-theater ter wereld. De grootste attractie is voor toeristen echter niet het theater zelf, maar de verzameling hand-, neus- en voetafdrukken die door celebs zijn achtergelaten in het cement op het ervoor liggende pleintje. Hier kunt u kijken of uw lichaam zich een beetje kan meten met dat van bijvoorbeeld Denzel Washington, Kevin Costner, Johnny Depp, Matt Damon en de voormalige *Gouvernator* Arnold Schwarzenegger.

Madame Tussauds Hollywood 4

6933 Hollywood Blvd., tel. 1-323-798-1670, www.madametussauds.com/hollywood, $ 31, kinderen 4-12 jaar $ 26, ma. 10-21, di-vr. 10-19, za. 10-20, zo. 10-22 uur

Naast het TCL Chinese Theatre vindt u de grootste permanente verzameling beroemdheden van Los Angeles. Het nieuwe wassenbeeldenmuseum is opgedeeld in talloze thema's als Spirit of Hollywood, Country Western, Modern Classics Crime en Pop Icons. Sommige van de lookalikes, onder wie die van voormalig president Barack Obama, het gescheiden acteurskoppel Brad Pitt en Angelina Jolie en zangeres Britney

Misschien krijgt ie ook zijn eigen ster – danser op de Walk of Fame

Spears, kostten wel honderdvijftigduizend dollar.

Hollywood & Highland Center [5]

6801 Hollywood Blvd., tel. 1-323-817-0200, www.hollywoodandhighland.com, ma.-za. 10-22, zo. 10-19 uur, theater, restaurants en clubs hebben afwijkende openingstijden

Het Hollywood & Highland Center heeft zich ontwikkeld tot het drukste winkel- en entertainmentcentrum aan Hollywood Boulevard. Het ruim opgezette centrale plein van het complex doet met zijn terrasjes qua bouwstijl en design denken aan het Babylonische decor van het in 1916 door D. W. Griffith (1875-1948) gedraaide stommefilmepos *Intolerance*. Op de hoge zuilen zitten oversized olifanten, aan de oostkant wordt het plein begrensd door een enorme poort, waardoor je het beroemde Hollywood Sign kunt zien in de heuvels boven de stad.

Bij het centrum horen ook het Renaissance Hollywood Hotel, een bioscoopcomplex, bowlingbanen, een paar goede restaurants, meer dan zestig speciaalzaken en drie televisiestudio's. Op de Walk of Fame voor de deur lopen gekostumeerde filmpersonages en sprookjesfiguren rond.

Een van de belangrijkste attracties in het Hollywood & Highland Center is het **Dolby Theatre**, waarin elk jaar in februari de Oscars worden uitgereikt. Voor dit in de hele wereld uitgezonden evenement wordt voor het theater de rode loper uitgerold (www.dolbytheatre.com/tours, $ 22).

El Capitan Theatre [6]

6838 Hollywood Blvd., tel. 1-818-845-3110, www.elcapitan.go.com, dag. rondleidingen 10-19.45 uur

Na een twee jaar durende renovatie door de nieuwe eigenaar Walt Disney Company opende het theater in 1991 weer zijn deuren. Deze heropening van El Capitan was van groot (symbolisch) belang: het was tijd de vervallen buurt nieuw leven in te blazen.

Afgezien van het enorme Wurlitzer-orgel doet het uit 1926 stammende interieur denken aan een Indiaas maharadjapaleis. Op het podium waar vroeger sterren als Buster Keaton, Henry Fonda, Will Rogers en Clark Gable stonden, zijn (musical)shows en Disneyevenementen te zien.

Egyptian Theatre [7]

6712 Hollywood Blvd., tel. 1-323-461-2020, www.egyptiantheatre.com, rondleidingen op wisselende tijden, zie www.americancinematheque calendar.com

Toen deze bioscoop in 1922 opende met *Robin Hood*, wist het publiek niet wat het zag. Ze waren niet alleen onder de indruk van de film, maar ook, misschien wel vooral, van het prachtige oosterse interieur van het theater met een door zuilen omzoomde binnenplaats, die de gasten moet transformeren naar het oude Egypte van de farao's. Behalve filmklassiekers wordt hier ook regelmatig *Forever Hollywood* gedraaid, een film over de honderdjarige geschiedenis van Hollywood.

Hollywood Museum [8]

1660 N. Highland Ave., tel. 1-323-464-7776, www.thehollywoodmuseum.com, wo.-zo. 10-17 uur, $ 15, kinderen tot 12 jaar $ 12

De bokshandschoenen van Sylvester Stallone uit *Rocky*, het zwarte pak van Tommy Lee Jones uit *Men in Black*, een vliegtuigje uit *Jurassic Park 3*, Hannibal Lecters cel uit *The Silence of the Lambs* ... Op vier etages kunnen filmliefhebbers delen van decors en persoonlijke memorabilia van sterren uit bijna honderd jaar filmgeschiedenis bewonderen.

Het museum heeft vooral een prachtige collectie kostuums die werden gedragen door klassieke Hollywoodgrootheden als Marilyn Monroe, Barbara Stanwyck, Bette Davis en Elizabeth Taylor.

Hollywood Wax Museum 9

6767 Hollywood Blvd., tel. 1-323-462-5991, www.hollywoodwax.com, dag. 10-24 uur, $ 20, kinderen 5-12 jaar $ 10

Marilyn Monroe, Antonio Banderas, Brad Pitt, Julia Roberts, Tom Hanks – ze wachten samen met zo'n tweehonderd andere wassen beelden op filmliefhebbers.

Pantages Theater 10

6233 Hollywood Blvd., tel. 1-323-468-1700, www.hollywoodpantages.com, kijk op de website voor info over voorstellingen en kaartverkoop

Op de kruising van Hollywood Boulevard en Vine Street staat deze mooie, in 1930 in de toen populaire art-decostijl gebouwde bioscoop. Sinds de jaren 70 is het theater gespecialiseerd in grote shows en musicals. In het 2700 plaatsen tellende, prachtig versierde auditorium werden na de Tweede Wereldoorlog een paar jaar de Oscars uitgereikt.

Capitol Records 11

1750 Vine St., www.capitolrecords.com

De ronde, dertien verdiepingen tellende toren van Capitol Records is een van de symbolen van LA. Het platenlabel had vroeger beroemdheden als de Beatles, de Beach Boys, Frank Sinatra, Duran Duran en Tina Turner onder contract en nu onder anderen Kylie Minogue en Katy Perry. Voor het gebouw kunt u de Walk of Fame-sterren zien van John Lennon en Garth Brooks. Capitol Records kreeg in 2016 ook een eigen ster naar aanleiding van het 75-jarig bestaan van het label.

Op Santa Monica Boulevard

Hollywood Forever Cemetery 12

6000 Santa Monica Blvd., tel. 1-323-469-1181, www.hollywoodforever.com, interactieve plattegrond van de grafstenen via www.hollywoodforever.com/interactive-site-map, programma via www.cinespia.org, kaartje film $ 12-16

Deze begraafplaats is beroemd omdat filmsterren als Douglas Fairbanks, Peter Lorre, Jayne Mansfield, Mickey Rooney en Rudolph Valentino hier hun laatste rustplaats vonden. Een cultstatus verwierf het terrein met vijvers, palmbomen, sneeuwwitte mausolea en standbeelden in het recente verleden echter met een heel bijzonder evenement. In het weekend wordt het kerkhof getransformeerd tot een hippe openluchtbioscoop, waar honderden filmliefhebbers op afkomen met volle picknickmanden, dekens en zelfs luchtbedden (zie blz. 108).

Paramount Pictures 13

5555 Melrose Ave., tel. 1-323-956-1777, www.paramountstudiotour.com/studio-tour.html, rondleidingen dag. 9.30-14 uur, reserveren aanbevolen, minimumleeftijd 10 jaar, verboden te fotograferen, $ 55

Niet ver van de Hollywood Forever Cemetery vindt u het enorme complex van de laatste grote Hollywoodstudio die zich in Hollywood bevindt. Als u geïnteresseerd bent in studio's (*sound stages*) en filmdecors (*backlots*), kunt u zich het beste aansluiten bij een twee uur durende rondleiding in een golfkarretje. De kans dat u onderweg iemand als Daniel 'James Bond' Craig of Oscarwinnares Kate Winslet tegenkomt, is nihil. Ook moet u er niet op rekenen terecht te komen in de opnames van een nieuwe speelfilm. ▷ blz. 101

Filmlocaties in Downtown, Hollywood en Beverly Hills

Waar de wieg van de Amerikaanse filmindustrie stond, worden nog steeds zo'n duizend films, televisieseries en commercials per jaar gedraaid. Vele daarvan worden opgenomen in de stad, die niet alleen zichzelf is, maar ook vele andere metropolen kan nabootsen.

Info: Alle hierna genoemde locaties zijn gratis toegankelijk. Als u naar City Hall wilt, moet u zich kunnen legitimeren. Op la.curbed.com/maps/ the-monster-mad-men-filmingmap-of-los-angeles vindt u een plattegrond van Los Angeles waarop veel filmlocaties zijn aangegeven.

Union Station 20 (zie blz. 114) moet in elk geval deel uitmaken van deze tour. Het treinstation uit 1939 is een prachtig staaltje art deco, met schitterende architectuurdetails en een vorstelijk gedecoreerde wachtruimte. In *Catch Me if You Can* met Leonardo DiCaprio als meesterfraudeur en Tom Hanks als FBI-agent is de terminal te zien als bank. Het gebouw 'speelde' ook een politiestation in *Blade Runner* en een rechtbank in *The Dark Knight Rises*.

Wie door **City Hall** 21 (zie blz. 114) slentert om de prachtige marmeren rotunda te bewonderen, stoort niemand – de ambtenaren zijn inmiddels wel gewend aan toeristen en filmploegen. Al in 1928 nam regisseur Jack Conway hier scènes op van de stomme film *While the City Sleeps*. In *The War of the Worlds* bliezen aliens het gebouw op – althans, een speciaal voor de film uit 1953 gemaakt schaalmodel. In *Mission Impossible II* rent Tom Cruise door de gangen van het stadskantoor, en het politiebureau waar Dan Aykroyd en Tom Hanks werken in *Dragnet*, is in werkelijkheid eveneens City Hall. Andere films waarin het stadhuis een rol speelt, zijn onder andere *Evan Almighty*, *Beverly Hills Cop*, *LA Confidential* en *The Usual Suspects*.

In het historische centrum

Het historische **Bradbury Building** 30 (zie blz. 118) valt niet echt op, maar is aan de binnenkant erg indrukwekkend door het glazen dak van het atrium en de prachtige trappen. Orson Welles draaide hier *Citizen Kane*, Billy Wilder *Double Indemnity* met Barbara Stanwyck, Fred MacMurray en Edward G. Robinson, Roman Polanski gebruikte het in *Chinatown*, Mel Gibson en Danny Glover liepen in het Bradbury rond in *Lethal Weapon 4* en Harrison Ford en Rutger Hauer staan in de slotscène van *Blade Runner* op het dak van het tegenoverliggende gebouw.

Prestigieuze filmlocatie

U hoeft geen dure kamer te reserveren in het prestigieuze **Millennium Biltmore Hotel** 34 (zie blz. 120) om op de plekken te komen waar scènes van de Hitchcock-thriller *Vertigo*, *Chinatown*, *Ghostbusters*, *The Sting* en *The Fabulous Baker Boys* zijn opgenomen. Het hotelpersoneel weet maar al te goed dat de architectonische parel een aantrekkingskracht uitoefent op filmliefhebbers. De prachtig in rococostijl opgetrokken Rendezvous Court is een ideale plek om chic thee te drinken. Verlaat u het hotel via de ingang op Olive Street, dan staat u op historische grond. Op deze plek werd de 22-jarige starlet Elizabeth Short, door haar aanbidders The Black Dahlia genoemd, in 1947 voor het laatst in leven gezien. Haar lichaam werd niet veel later gevonden in de buurt van Hollywood. De nooit opgeloste moord hield destijds heel Amerika in zijn greep.

De lift in

Wilt u graag in de voetsporen van Arnold Schwarzenegger treden, stap dan in de glazen lift van het futuristische **Westin Bonaventura Hotel** 37. De voormalige gouverneur deed dat ook in *True Lies*, maar dan wel gezeten op een paard. Het centrale atrium, waar gasten de beschikking hebben over maar liefst 42 restaurants en winkels, kent u wellicht uit films als *Rain Man* met Dustin Hoffman en Tom Cruise, *In the Line of Fire* met Clint Eastwood en John Malkovich en *Out of Time* met Johnny Depp en Christopher Walken.

Legendarisch Hollywood

Hollywood zou niet de Amerikaanse droomfabriek zijn als het stadsdeel geen belangrijke rol speelde in tal van speelfilms. Als u over de Sunset Strip in West Hollywood wandelt, onderdeel van wat waarschijnlijk de langste

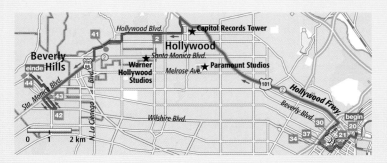

straat van Los Angeles is, dan maakt u een grote kans te stuiten op een film-crew. Meer dan 70% van alle film- en televisieproducties die in de stad worden gedraaid, gebruiken de Strip als open-luchtdecor. Van *Get Shorty* en *Casper* tot *Heat* en *Leaving Las Vegas* met Nicolas Cage en Elisabeth Shue.

Uiteraard hebben tal van gebouwen in (West) Hollywood een voor filmlief-hebbers interessante historie. Bijvoorbeeld het in 1927 geopende **Hollywood Roosevelt Hotel** (zie blz. 94). Het tegenwoordig zo hippe hotel was vroeger ook al een plek waar de *rich and famous* zich prima thuis voelden. Decennialang kwamen er sterren bijeen om te drinken en te slapen, van Clark Gable tot Marilyn Monroe en Montgomery Clift. Het beroemde hotel is ook te zien in tal van films, waaronder *Beverly Hills Cop II, The Fabulous Baker Boys, Internal Affairs* en *Almost Famous.*

Ook het **Sunset Tower Hotel** (8358 Sunset Blvd., www.sunsettower hotel.com) is te zien in tal van Holly-woodproducties. Vaste gast John Wayne zou een koe hebben 'gehouden' op het balkon, zodat hij elke dag een glas verse melk kon drinken. En de Fenix Bar herkent u misschien van de filmklassieker *The Italian Job* uit 1969, *Get Shorty* met John Travolta en Danny DeVito en Robert Altmanns komedie *The Player.*

Celebrity stage Beverly Hills

Wanneer u het **Wilshire Beverly Hills** (9500 Wilshire Blvd., www.four seasons.com/beverlywilshire) betreedt, ziet u meteen scènes uit *Pretty Woman* met Julia Roberts en Richard Gere voor u. Ook *Bulworth* met Halle Berry en Warren Beatty en eightiesklassieker *Beverly Hills Cop* werden deels hier opgenomen. Het chique hotel ligt op een steenworp afstand van winkelmekka Rodeo Drive en is zowel met zijn reputatie als met zijn stijlvolle interieur perfect op zijn plek in deze sterrenwijk.

Ook de in Spaanse renaissancestijl gebouwde **City Hall** van Beverly Hills is te zien in tal van films, zoals wederom *Beverly Hills Cop* met Eddie Murphy. Het stadsbestuur vraagt voor een dagje buitenopnamen $ 2000 en voor *interior shots* duizend dollar meer – bedragen die in een speelfilmbudget nauwelijks opvallen.

Het legendarische **Beverly Hills Hotel** (9641 W. Sunset Blvd., www. beverlyhillshotel.com, zie blz. 135) heeft altijd al onweerstaanber aantrek-kingskracht uitgeoefend op beroemd-heden. Ook nu nog maak je grote kans een stretchlimo met een filmster voor de deur te zien stoppen – of de bling-blingmobiel van een rapper. Het gas-tenboek met de namen van beroemde logees is zo dik als het telefoonboek van een flinke stad.

In de Santa Monica Mountains

Griffith Park

4730 Crystal Springs Dr., www.laparks.org/griffithpark

Met 1700 ha is Griffith Park een van de gootste stedelijke groenzones van de Verenigde Staten. Het strekt zich uit over het oostelijke deel van de Santa Monica Mountains en heeft naast wandelpaden en sportmogelijkheden een hele rits bezienswaardigheden en attracties. In 2007 werd een groot deel van het park door brand verwoest. Hierdoor loopt een aantal routes, bijvoorbeeld die naar Mount Hollywood, nog steeds door een door vuur beschadigd bos.

Griffith Observatory 14

2800 E. Observatory Rd., tel. 1-213-473-0800, www.griffithobservatory.org, di.-vr. 12-22, za., zo. 10-22 uur, toegang gratis, planetariumshow $ 7, kinderen 3-12 jaar $ 3, pendelbussen vanaf Vermont/Sunset Metro Red Line Station za., zo. 10-22 uur

Door zijn ligging op 300 m boven de stad is het koepelvormige observatorium niet alleen een boeiende attractie voor sterrenkijkers, maar ook een topplek om uit te kijken over Los Angeles. Vooral tijdens zonsondergang baadt de stad in licht- en kleurschakeringen. In het museum zijn stenen van Mars en de maan te zien, brokstukken van meteorieten, een schaalmodel van de Hubble-telescoop en een slinger van Foucault. Ook de planetariumvoorstellingen zijn leuk. De parkeerplaats is een van de beste plekken om het Hollywood Sign op de foto te zetten.

Los Angeles Zoo en Botanical Gardens 15

5333 Zoo Dr., tel. 1-323-644-4200, www.lazoo.org, dag. 10-17 uur, $ 20, kinderen 2-12 jaar $ 15

In de dierentuin zijn twaalfhonderd zeldzame en bedreigde zoogdieren, reptielen en vogels te zien, waaronder zeeleeuwen, chimpansees, orang-oetangs, olifanten, tijgers en koalaberen. De onderkomens zijn gemodelleerd naar hun natuurlijke habitats. Kinderen kunnen hun lol op bij de Winnick Family Children's Zoo en de kinderboerderij Muriel's Ranch. In de botanische tuinen vindt u inheemse planten, maar ook flora uit een groot aantal droogtegebieden in de hele wereld.

Autry Museum of the American West 16

4700 Western Heritage Way, tel. 1-323-667-2000, www.theautry.org, di.-vr. 10-16, za., zo. 11-17 uur, elke 2e di. van de maand gratis toegang, $ 10, senioren $ 6, kinderen 3-12 jaar $ 4

Het in 1988 door filmster, songwriter en televisieserieheld Gene Autry opgerichte Autry National Center houdt zich uitsluitend bezig met de geschiedenis en cultuur van het Amerikaanse (wilde) westen. Het Autry documenteert het gebied en de tijd beter en omvangrijker dan welk ander museum ten westen van de Mississippi ook. De exposities besteden niet alleen aandacht aan westernlegende's als Billy the Kid en Buffalo Bill, maar ook aan het bijna-uitsterven van de buffel en de grote trek van de 19e eeuw. U ziet er verder cowboyuitrustingen (zoals historische revolvers en zadels) en werk van westernkunstenaar Frederick Remington. Daarnaast wordt aandacht besteed aan het door de media verspreide beeld van het westen.

Het **Southwest Museum of the American Indian** maakt ook deel uit van het Autry. Dit museum is een van de beste plekken in de Verenigde Staten om meer te weten te komen over Amerikaanse indianen. Tijdens het schrijven van deze gids werd het museum gere-

Een modern icoon – het bijna 140 m lange Hollywood Sign

noveerd. Over de uiteindelijke status ervan bestaat enige onduidelijkheid. Voorlopig is een deel van het museum op za. 10-16 uur gratis te bezoeken.

Universal Studios 17

100 Universal City Plaza, tel. 1-800-864-8377, www.universalstudios hollywood.com, dag. 10-17 uur, in de zomer langer, vanaf 10 jaar $ 99-110, met de Front of Line Pass ($ 194) hoeft u niet in de rij te wachten (onlineprijzen)

Met spectaculaire stunts, special effects, computeranimaties, pyrotechnische shows, interactieve filmdecors, rekwisieten en huiverwingwekkende attracties behoort Universal Studios tot de grootste themaparken van de Verenigde Staten. Alles draait hier om bekende films en televisieseries als *Jurassic Park*, *Back to the Future*, *Spider-Man*, *The Mummy*, *Crossing Jordan*, *CSI* en *Shrek*.

Een van de hoogtepunten van het park is *The Wizarding World of Harry Potter*. Fans van de beroemde tovenaarsleerling kunnen in snoepwinkel Honeydukes boterbier proeven, de Griffoendor bezoeken en door de enge steegjes van Zweinsveld lopen.

Het terrein is verdeeld over twee niveaus (*Upper Lot* en *Lower Lot*), die met

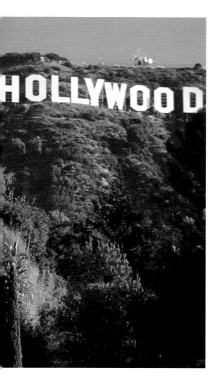

den. Hier zijn naast restaurants en bars ook hippe clubs te vinden.

Ritje op Mulholland Drive ▶ kaart 2, G/H 2/3

Route: rondrit inclusief omweg naar Coldwater Canyon Park, 24 km, tip: op doordeweekse dagen kunt u Mulholland Drive na 15 uur beter mijden wegens enorme verkeersdrukte

De als een achtbaan door de heuvels meanderende Mullholland Drive, de mooiste panoramaroute in Greater Los Angeles, heeft een legendarische reputatie. Vanaf de vele uitkijkpunten tonen de metropool en de Stille Oceaankust zich van hun mooiste kant. Het beginpunt van deze rit is het **Hollywood & Highland Center.** Rijd in westelijke richting op Hollywood Boulevard en ga aan het eind ervan, aan de voet van de heuvels, met de weg mee naar rechts om op **Laurel Canyon Boulevard** te komen. Volg deze straat, die in de jaren 60 een mythische status kreeg, tot de kruising met Mulholland Drive en sla linksaf. Bij de **Nancy Hoover Pohl Overlook** heeft u een mooi uitzicht over de San Fernando Valley. Na de **Barbara Fine Overlook** voert een weggetje naar het westen, naar het met struiken en bomen omzoomde **Coldwater Canyon Park,** waar outdoorliefhebbers kunnen fietsen, wandelen en joggen. Rijd vervolgens weer terug naar Laurel Canyon Boulevard om op de andere kant van Mulholland Drive te komen. Bij de **Universal City Overlook** kijkt u uit over het oosten van de San Fernando Valley met de stad Universal City, waar zich ook de Universal Studios bevinden. De volgende stop is de **Hollywood Bowl Overlook,** vanwaar u het beroemde Hollywood Sign kunt zien, het Griffith Observatorium en het amfitheater de Hollywood Bowl.

elkaar in verbinding staan door de grootste roltrap ter wereld. Wilt u een blik achter de schermen werpen bij talrijke filmproducties, dan kunt u aansluiten bij de Studio Tour, waarbij een trammetje u eerst langs een neergestort vliegtuig uit Steven Spielbergs remake van *The War of the Worlds* voert en vervolgens doorrijdt naar het Bates Motel uit Alfred Hitchcocks *Psycho*.

Op het terrein van het attractiepark zijn talloze eetkraampjes, restaurants en souvenirwinkels. De gratis toegankelijke CityWalk vóór het eigenlijke park is door de jaren heen een populair verzamelpunt van nachtbrakers gewor-

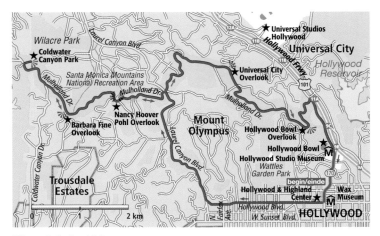

Ritje op Mulholland Drive

Maak aan het einde van Mulholland Drive een U-turn rechtsaf **Cahuenga Boulevard** (deze wordt Highland Avenue) op om naar het beginpunt terug te keren.

Overnachten

De sterren van toen – Hollywood Roosevelt Hotel 1: (zie blz. 94). 2 pk vanaf ca. $ 330. Hier dronk en sliep de Hollywoodelite vroeger. Volledig gerenoveerd, zwembad met hippe bar, diner, cocktailbar. Midden in het epicentrum van de wijk.

De sterren van nu – Loews Hollywood Hotel 2: 1775 N. Highland Ave., tel. 1-323-856-1200, www.loewshotels. com/Hollywood-Hotel, 2 pk ca. $ 300. Tijdens de jaarlijkse Oscaruitreiking is het bij het Hollywood & Highland Center (zie blz. 96) horende tophotel de slaapzaal van de beroemdheden. Zwembad met terras, zeshonderd comfortabele kamers en een zeer professionele service.

Centraal gelegen – Hollywood Orchid Suites 3: 1753 Orchid Ave., tel. 1-323-874-9678, www.orchidsuites.com, 2 pk vanaf $ 180. Ruime kamers achter het Hollywood & Highland Center, vlak bij Hollywood Boulevard. Behulpzaam personeel, zwembad, gratis wifi. Het ontbijt is inclusief en een plek in de parkeergarage kost slechts $ 10.

Goede prijs-kwaliteitverhouding – Best Western Plus Hollywood Hills Hotel 4: 6141 Franklin Ave., tel. 1-323-464-5181, www.bestwestern.com/holly woodhillshotel, 2 pk vanaf ca. $ 170. Alle kamers met airco, wifi, koelkast, magnetron. Het hotel beschikt over een zwembad, cafeteria en een wasserette. Vraag om een rustige kamer achterin.

Vlak bij de Hollywood-attracties – Best Western Hollywood Plaza 5: 2011 N. Highland Ave. tel. 1-323-851-1800, www.bestwestern.com, 2 pk vanaf ca. $ 170. Het hotel met zwembad en jacuzzi ligt op slechts vijf minuten wandelen van het Hollywood & Highland Center. Tv, magnetron, koelkast, koffiezetapparaat. Parkeren $ 20.

Aangenaam verblijf – **Hotel Hollywood** 6: 6364 Yucca St., tel. 1-323-600-5396, www.thehotelhollywood.com, 2 pk vanaf $ 160. De kamers hebben alle een queensize bed (1,40 m breed), magnetron en koelkast. De wifi is gratis, net als het ontbijt, maar parkeren is hier dan weer erg duur.

Voor de keine beurs – **Hollywood Downtowner Inn** 7: 5601 Hollywood Blvd., tel. 1-323-464-7191, www.holly wooddowntowner.com, 2 pk vanaf ca. $ 120. Enigszins gedateerde, maar schone kamers met magnetron en koelkast. Inclusief ontbijt.

Eten en drinken

Seafood van een topchef – **Providence** 1: 5955 Melrose Ave., tel. 1-323-460-4170, www.providencela.com, vr. 12-14.30, ma.-vr. 12-22, za. 17.30-22, zo. 17.30-21 uur, vanaf ca. $ 50. Het met twee Michelinsterren bekroonde restaurant schroeft de verwachtingen hoog op en stelt zeker niet teleur. Volgens de Amerikaanse *food critics* behoort de keuken van chef-kok Michael Cimarust tot de vijftig beste van de Verenigde Staten, voornamelijk door de perfecte toebereiding van vis en zeevruchten. Als u nog nooit zee-egel hebt geproefd, is dit u kans.

Roemrijke en lange historie – **Pig 'n Whistle** 2: 6714 Hollywood Blvd., tel. 1-323-463-0000, www.pignwhistle hollywood.com, zo.-do. 12-24, vr., za. 12-2 uur, wo.-za. muzikaal entertainment, hoofdgerechten $ 12-30. In dit historische restaurant, dat al sinds 1927 in bedrijf is, werd na de allereerste Oscaruitreiking een wild feest gegeven – althans, zo wil de overlevering. Tegenwoordig worden in de kathedraal-achtige eetzaal steaks, heerlijke sandwiches, salades, zeevruchten en fish-and-chips geserveerd.

Service met een aria – **Miceli's Restaurant** 3: 1646 N. Las Palmas Ave., tel. 1-323-466-3438, www.micelisrestaurant. com, ma.-do. 11.30-24, vr. tot 1, za. 16-1, zo. 16-23 uur, gerechten maximaal $ 22. Behalve voor tal van pastaspecialiteiten, uitstekende pizza's en salades kunt u hier ook prima terecht voor seafoodgerechten. De sfeer van het restaurant wordt bepaald door de opera-aria's zingende obers en serveersters.

Kippenhemel – **Roro's Chicken** 4: 6660 W. Sunset Blvd., tel. 1-323-461-9999, www.roroschicken.com, dag. 11-23 uur, vanaf $ 8. Goede Libanese keuken met rund- en lamsvleesgerechten, gevulde wijnbladeren en heerlijke baba ganoush (auberginedip). De hardlopers van dit eenvoudige tentje zijn de diverse kipgerechten. Verfrissende yoghurtdrankjes en vruchtensappen.

Groenvoer – **Tender Greens** 5: 6290 Sunset Blvd., tel. 1-323-382-0380, www. tendergreensfood.com, dag. 11-22 uur, salade groot $ 11, klein $ 6. Grote keus aan salades voor vegetariërs, daarnaast gerechten van de grill en soepen.

Hotdoglegende – **Pink's Hot Dogs** 6: 709 N. La Brea Ave., tel. 1-323-931-4223, www.pinkshollywood.com, dag. vanaf 9.30 uur, zo.-do. tot 2, vr., za. tot 3 uur. Chili dog with sauerkraut $ 4, double bacon chili cheeseburger $ 6,60, Lord of the Rings dog $ 5. De foto's van beroemdheden aan de muren van dit sinds 1939 bestaande familiebedrijf bewijzen zijn populariteit. U eet buiten onder een parasol.

Voor lekkerbekken – **Ghirardelli Soda Fountain** 7: 6834 Hollywood Blvd., tel. 1-323-466-0399, www.ghirardelli. com/locator/hollywood-ca, dag. vanaf 10.30 uur. Naast het El Capitan Theatre gelegen ijssalon met enorme coupes als de Earthquake ($ 39,95, voor vier personen), maar ook gewone ijsjes in een hoorntje (vanaf $ 4,75), heerlijk dikke milkshakes en allerlei koffievarianten.

Winkelen

Kostuums en rekwisieten – **Hollywood Toys and Costumes** [1]: 6600 Hollywood Blvd., tel. 1-323-464-4444, www.bestbuycostume.com, ma.-za. 10-19, zo. 10.30-19 uur. Dit bedrijf levert kostuums, pruiken, accessoires en rekwisieten aan de grote filmstudio's. Vindt u dat u zelf een Oscar heeft verdiend, dan kunt u hier een kopie kopen.

Een magisch rijk – **Panpipes Magickal Marketplace** [2]: 1641 N. Cahuenga Blvd., tel. 1-323-462-7078, www.panpipes.com, di.-vr. 11-18, za. 10-18 uur. Oculte spullen als magische stenen, kristallen, pentagrammen, tarotkaarten, eterische oliën, wierook en wat dies meer zij.

Cool en praktisch – **American Eagle Outfitters** [3]: 6801 Hollywood Blvd., tel. 1-323-465-5896, www.ae.com, ma.-za. 10-22, zo. 10-20 uur. Modieuze kleding voor hem en haar.

Muzikaal mekka – **Amoeba Music** [4]: 6400 W. Sunset Blvd., tel. 1-323-245-6400, www.amoeba.com, ma.-za. 10.30-23, zo. 11-20 uur. Muziekfans kunnen hier grasduinen tussen miljoenen dvd's, cd's en langspeelplaten in alle genres en uit elke periode. Ook tweedehands platen voor bodemprijzen.

Hippe tent – **La La Land** [5]: 7001 Hollywood Blvd., tel. 1-323-871-9330, ma.-za. 9-23 uur. Enorme souvenirwinkel met alle memorabilia die u maar wenst – van T-shirts tot kentenplaten.

Actief

Achter de schermen – **Red Line's Hollywood Behind the Scenes Walking Tour** [1]: 6708 Hollywood Blvd., tel. 1-323-402-1074, www.redlinetours.com, $ 24,95, dag. vier tours van circa 80 minuten. Deze achter de schermentour neemt u mee naar onder andere het Egyptian en het El Capitan. De rondleidingen beginnen bij het kantoor van de organisatie, dat zich bevindt in het Egyptian Theatre. U kunt het beste parkeren in het Hollywood & Highland Center.

Waar de Oscars worden uitgereikt – **Dolby Theatre Tours** [2]: Hollywood & Highland Center (zie blz. 96), tel. 1-323-308-6300, www.dolbytheatre.com, dag. rondleidingen van 30 minuten (behalve rond de tijd dat de Oscars worden uitgereikt), $ 22.

Topless stadstour – **Starline Tours** [3]: tel. 1-323-463-3333 of 1-800-959-3131, www.starlinetours.com, onder andere tours met open dubbeldekkers door Beverly Hills, Hollywood en Downtown, $ 52, kinderen $ 42.

In het zadel door de heuvels – **Sunset Ranch Hollywood** [4]: 3400 N. Beachwood Dr., tel. 1-323-469-5450, www.sunsetranchhollywood.com. Te paard door de Hollywood Hills zoals John Wayne, eventueel met aansluitend diner. U kunt hier ook terecht voor privérijlessen ($ 75 per uur). De manege ligt in de buurt van het beroemde Hollywood Sign.

Plezier voor het hele gezin – **Griffith Park Pony & Wagon Rides** [5]: 4400 Crystal Springs Dr., tel. 1-323-664-3266, www.griffithparkponyride.com, di.-zo. 10-16 uur, kinderen tot 14 jaar $ 4. Kleine gasten kunnen op pony's in alle maten rijden of een ritje maken in een ouderwetse paardenkoets. De snackbar serveert hotdogs, pizza en drankjes, die u kunt consumeren op een van de vele picknickplekken.

Pure ontspanning – **Thai Orchid Massages** [6]: 6051 Hollywood Blvd., tel. 1-323-464-7221, dag. 10-22 uur.

Op het podium van de Roxy stonden door de jaren heen veel beroemdheden, zoals Neil Young en Miles Davis

Echte Thaise (voet)massages en olie- en aromatherapiën om even heerlijk te ontspannen. Ook acupressuur voor stressverlichting

Het lijf als een kunstwerk – High Voltage Tattoo 7: 1259 N. La Brea Ave., tel. 1-323-969-9820, www.highvoltage tattoo.com, dag. 12-22 uur. Beroemde tatoeageshop die vanwege zijn professionaliteit ook in hoog aanzien staat bij beroemdheden uit alle geledingen van de showbusiness en de sport.

Uitgaan

Discobowlen – Lucky Strike Lanes 1: 6801 Hollywood Blvd., tel. 1-323-467-7776, www.bowlluckystrike.com/locations/hollywood, ma.-wo. 15-24, do.-vr. 12-2, za., zo. 11-2 uur. Met zijn hippe interieur lijkt deze tent meer op een nachtclub dan op een bowlingscentrum. Ook de dj's en de lekkere cocktails dragen aan dat gevoel bij.

Entertainment op het kerkhof – Hollywood Forever Cemetery 2: 6000 Santa Monica Blvd., www.cinespia.org. De filmavondjes onder de blote hemel op de begraafplaats vol beroemdheden heeft inmiddels een cultstatus. In het weekend wordt het terrein bevolkt door filmfans, die het zich met dekens en picknickmanden gemakkelijk maken. Voor en na de film draaien dj's plaatjes (mei-okt., parkeren $ 12). Zie ook blz. 97.

Met de locals – Frolic 3: 6245 Hollywood Blvd., tel. 1-323-462-5890, dag. 11-2 uur. Sinds de opening in de jaren 30 heeft dit traditionele restaurant zich ontwikkeld tot een populaire hangout van gasten die rustig een paar cocktails of biertjes willen drinken zonder er de hele tijd aan te worden herinnerd dat ze zich midden in het toeristengebied bevinden.

Arias of rockmuziek – Hollywood Bowl 4: 2301 N. Highland Ave., tel. 1-323-850-2000, www.hollywoodbowl.com, informatie over evenementen en kaartverkoop via de site. Op het podium van het bekendste amfitheater van de stad, waar het bon ton is om voor (of, afhankelijk van het genre, tijdens) het concert te picknicken, staan vaak grote namen uit zowel de klassieke- als populaire-muziekwereld.

Info en evenementen

Informatie

Visitor Center Information: Hollywood & Highland Center, 6801 Hollywood Blvd., tel. 1-323-467-6412, www.discoverlosangeles.com

Evenementen

Gay Pride Parade & Celebration: eerste helft van juni. Groot Lgbt-festijn in West Hollywood (www.lapride.org).
Los Angeles Film Festival: juni/juli. Filmfestival met voorstellingen en andere culturele activiteiten in de hele stad (www.filmindependent.org/la-film-festival).

Vervoer

De Metro Red Line rijdt van Union Station in Downtown naar diverse stations in Hollywood (bijvoorbeeld Hollywood & Vine) en de Universal Studios. In Hollywood rijden daarnaast DASH-bussen (kaart met *live tracking* van de bussen op www.ladotbus.com/map). Een buskaartje kost $ 0,50, een ritje met de metro $ 1,75. Met een dagkaart ($ 7,50, senioten 62+ $ 2,60) kunt u helemaal van Hollywood tot Santa Monica of Long Beach rijden.

Parkeren: de parkeergarage van het Hollywood & Highland Center (ingang via Highland & Orange) is de goedkoopste van Hollywood (met een stempeltje van een winkel of restaurant kost 2 uur slechts $ 2, max. $ 15 per dag).

West Hollywood

▶ kaart 2, G/H 3/4

Je hoeft niet lang te verblijven in WeHo, zoals de locals West Hollywood noemen, om te zien en voelen dat de wijk verschilt van andere stadsdelen in Los Angeles. De boetieks en restaurants zijn duidelijk eleganter en mondainer dan in de rest van Los Angeles – Beverly Hills uiteraard uitgezonderd. Daarnaast is het 40.000 inwoners tellende WeHo een stuk voetgangervriendelijker dan andere delen van Greater Los Angeles. Op Robertson Boulevard slenter je langs onbetaalbare uitstallingen van antiquairs en prachtige etalages van designerboetieks, en op La Cienega Boulevard kun je je helemaal te buiten gaan aan eigentijdse mode van Ralph Lauren, accessoires en parfums van John Varvatos, schoenen van Christian Louboutin en handtassen van Fendi.

Sunset Plaza

Dat WeHo een flaneerparadijs is, is te zien op Sunset Plaza, een ongeveer twee straatblokken groot deel van West Sunset Boulevard ten noordoosten van de kruising met Holloway Drive. Bistro's, boetieks en terrasjes zorgen voor een sfeer die je eerder in Europa zou verwachten dan in de Verenigde Staten. Filmsterren en de vele, vele Angelinos die dat ooit willen zijn, zijn dol op deze plek. Volgens ingewijden is de kans een beroemdheid tegen het lijf te lopen nergens in Los Angeles zo groot als op Sunset Plaza.

Pacific Design Center

Het complex begon in de jaren 70 met een gebouw van architect Cesar Pelli dat voornamelijk bestaat uit blauw glas, dat in de volksmond al snel de blauwe vinvis werd genoemd. Designers en meubelmakers richtten er algauw showrooms en tentoonstellingsruimten in. Vijftien jaar later werd het uitgebreid met een kubusachtig groen gebouw en tegenwoordig zitten in het door een klein park met fonteinen omgeven complex een restaurant, een café, een theater, een conferentiecentrum en een filiaal van het **Museum of Contemporary Art.** Hier is werk te zien van gevestigde en onbekende kunstenaars op het gebied van (hedendaagse) beeldende kunst, design, architectuur en fotografie. In 2009 werd er een rood gebouw toegevoegd aan het centrum (8687 Melrose Ave., tel. 1-310-657-0800, www.pacificdesign center.com en www.moca.org, ma.-vr. 9-17 uur).

Overnachten

Stijlvol en comfortabel – **Petit Ermitage:** 8822 Cynthia St., tel. 1-310-854-1114 of 1-800-835-7997, www.petitermitage.com, 2 pk $ 210-350. Klassiek boetiekhotel waarin Franse, Venetiaanse en Turkse elementen voor een warme sfeer zorgen. De suites laten aan niets te wensen over als het gaat om stijl en comfort. Op het dak is een zoutwaterzwembad.

Betaalbaar comfort – **Best Western Sunset Plaza:** 8400 Sunset Blvd., tel. 1-323-654-0750 of 1-800-421-36 52, www.sunsetplazahotel.com, 2 pk vanaf $ 250. Honderd sfeervol ingerichte kamers in het hart van West Hollywood, vlak bij clubs, restaurants en winkels.

Behaaglijk – **Ramada Plaza:** 8585 Santa Monica Blvd., tel. 1-310-652-6400 of 1-800-845-8585, www.ramadaweho.com, 2 pk vanaf $ 185. De kamers van dit in een voetgangersgebied gelegen, zeer aangename hotel hebben alle een koffiezetapparaat, een koelkast en een kluisje. Gratis wifi, verwarmd zwembad met terras, businesscentrum, fitnessruimte en een bar.

Jim Morrison sliep hier – **Alta Cienega Motel:** 1005 N. La Cienega Blvd., tel. 1-310-652-5797, 2 pk vanaf $ 85. Zeer eenvoudige accommodatie, maar wel een met een rijke historie: Jim Morrison 'woonde' van 1968 tot 1970 in kamer nummer 32.

Eten en drinken

De rich and famous – **Koi:** 730 N. La Cienega Blvd., tel. 1-310-659-9449, www.koirestaurant.com, zo. 18-22, ma.-do. 18-23, vr., za. 18-23.30 uur, ca. $ 60. Naast filialen in New York, Las Vegas en Bangkok is er ook een Koi in West Hollywood. Het volledig feng shui ingerichte restaurant heeft al een tijdje geleden ontwikkeld tot een verzamelplaats van de high society, die zich graag te goed doet aan de Aziatische keuken met Californische accenten.

Voor late gasten – **The Hudson:** 1114 N. Crescent Heights Blvd., tel. 1-323-654-6686, www.thehudsonla.com, ma.-vr. 16-2, za., zo. 10-2 uur. Populaire plek voor nachtbrakers, die na middernacht nog een hapje willen eten of een cocktail willen drinken. Voordelig is de Huddy Hour tussen 16 en 19 uur, wanneer er ook hapjes worden geserveerd.

Zelfs voor niet-vegetariërs – **Vegan Glory:** 8393 Beverly Blvd., tel. 1-323-653-4900, www.veganglory.com, ma.-za. 11-22, zo. 12-22 uur, vanaf ca. $ 10. Lekkere, altijd versbereide vegetarische gerechten naar Thaise receptuur, die ook de smaakpapillen van niet-vegetariërs blij zullen maken. Op de menukaart staan verder soepen, salades en tofoeburgers.

Winkelen

In de wijk rond het Pacific Design Center bevinden zich meer dan driehon-derd winkels (voornamelijk mode en meubels), kunstgaleries en restaurants.

Bio-deli – **Whole Foods:** 7871 Santa Monica Blvd., tel. 1-323-848-4200, www.wholefoodsmarket.com, dag. 7-23 uur. Biologische supermarkt met duurzaam gekweekte producten uit Californië, Europese specialiteiten en een inpandig restaurant met warme en koude gerechten.

Alleen natuurlijke materialen – **Kids Only:** 746 N. Fairfax, tel. 1-323-650-4885, www.forkidsonlyla.com. Ongeverfde, modieuze kinderkleding, gemaakt van organisch geproduceerd katoen.

Groen winkelen – **Visionary:** 8568 Melrose Ave., tel. 1-310-659-1177, ma.-vr. 10-18.30, za., zo. 11-17 uur. Ecospullen als kleding, accessoires en sieraden, maar ook biologische thee en wijn.

Shoppen en kijken – **Slenteren op Melrose Avenue:** designermode, chique schoenenwinkels, tattooshops, tweedehands-kledingwinkels, cafés en restaurants zorgen voor een kleurrijk straatbeeld. Ten oosten van Fairfax Avenue vindt u veel dumpwinkels, aan de andere kant is het allemaal wat chiquer en van betere kwaliteit.

Uitgaan

Podium van de sterren – **Whisky A Go-Go:** 8901 Sunset Blvd., tel. 1-310-652-4202, www.whiskyagogo.com. Op het podium van deze legendarische club uit 1964 stonden de groten der aarde zoals Jim Morrison en zijn The Doors, The Who, The Byrds, Led Zeppelin, AC/DC, Jimi Hendrix en Guns n' Roses.

Beroemdheden – **The Viper Room:** 8852 W. Sunset Blvd., tel. 1-310-358-1881, www.viperroom.com, dag. 20-2 uur. Een van de populairste tenten van de stad, met tot 2004 Johnny Depp als mede-eigenaar. De club kreeg in 1993 om de verkeerde redenen internationale bekendheid: acteur River Phoenix stierf voor de deur aan een overdosis cocaïne.

Happyhourmekka – **Fiesta Cantina:** 8865 Santa Monica Blvd., tel. 1-310-652-8865, www.fiestacantina.net, dag. 12-2 uur, happy hour (twee drankjes voor de prijs van één) dag. 16-20 uur. Kroeg met aangenaam ontspannen sfeer voor *party people*. Specialiteit van de barmannen zijn de margarita's, die niet alleen enorm zijn, maar ook heerlijk smaken.

Info en evenementen

Informatie

West Hollywood Visitors Bureau: 8687 Melrose Ave., Suite M-38, West Hollywood, CA 90069, tel. 1-310-289-2525, 1-800-368-6020, www.visitwesthollywood.com.

Evenementen

Halloween: op Santa Monica Boulevard vindt elk jaar in de nacht van 31 oktober het grootste Halloween-straatfeest van de Verenigde Staten plaats. Het is een evenement met een ongekende entertainmentwaarde, ook voor toeschouwers.

Downtown ✳

De vroeger na kantoortijden volledig uitgestorven kern van Los Angeles is de laatste tien jaar stukken levendiger geworden. Het aantal inwoners verdubbelde sinds 2006 bijna tot ruim 55.000 in 2015, en met de bewoners kwamen ook de restaurants, bars en clubs terug. Als het aan het stadsbestuur ligt, zal deze trend de komende jaren worden doorgezet.

Grand Park is het slotstuk van de transformatie van het gebied tussen het Music Center en City Hall. Het hart van het nieuwe project is een 64 ha groot park met wandelpaden, bankjes, prieeltjes en kiosken. Op die manier wordt Downtown aantrekkelijker voor voetgangers.

Aan Grand Avenue zelf zijn winkels voor vermogende klanten, appartementencomplexen, een winkelcentrum en een luxehotel verrezen.

Noordelijk Downtown

Behalve de historische kern van Los Angeles rond Olvera Street, de plek waar de stad is ontstaan, Chinatown en Union Station liggen in dit deel van de stad het stadhuis en diverse belangrijke culturele instellingen.

Chinatown 18

Ten noorden van Broadway & Hill St. Toen Union Station in de jaren 30 werd gebouwd, werd Chinatown door de stadsplanners verder naar het noorden verlegd. Op die plek wonen nu zo'n dertigduizend Aziaten uit het hele Verre Oosten. Het centrum van Chinatown is **Sun Yat-Sen Square**, genoemd naar de eerste president van de Volksrepubliek. Op het plein staat een fotogenieke, pagode-achtige Chinese poort. U vindt hier kleine winkels met exotische kruiden en andere uitheemse producten en talloze authentiek Chinese restaurants.

El Pueblo de Los Angeles 19

El Pueblo de Los Angeles Historical Monument, 125 Paseo de la Plaza, Los Angeles, CA 90012, tel. 1-213-628-1274, www.elpueblo.lacity.org Op dit 18 ha grote terrein ontstond in 1781 de eerste Spaanse nederzetting op het grondgebied van wat nu Los Angeles is. De grote trots van de wijk zijn de oudste gebouwen van de stad, zoals de in 1818 opgetrokken ▷ blz. 114

Downtown LA

Downtown LA (vervolg legenda blz. 113; zie kaart 112-113)

12 Metro Plaza Hotel
13 Hotel Solaire
14 Jerry's Motel

Eten en drinken
8 Arnie Morton's the
   Steakhouse
9 Cicada
10 Drago Centro
11 Bäco Mercat
12 Ocean Seafood
13 The Original Pantry

Winkelen
6 Macy's Plaza
7 Fig at 7th
8 Jewelry District
9 El Pueblo

Actief
8 Red Line Tours
9 Los Angeles Conservancy
10 Art Walk
11 Hilton Checkers
12 Los-Angeles-Marathon

Uitgaan
5 Roy and Edna Disney/
   CalArts Theater
6 Los Angeles Master
   Chorale
7 Higashi Honganji
   Buddhist Temple
8 Elevate Lounge

Avila Adobe (10 E. Olvera St., dag. 9-17, 's winters 10-16 uur, gratis). In de late jaren 60 van de 19e eeuw onstond met het in victoriaanse stijl met Italiaanse invloeden gebouwde **Pico House** (430 N. Main St.) het destijds chicste hotel van de stad. Het naar de laatste Mexicaanse gouverneur van Californië genoemde gebouw was in de 19e eeuw een exclusief verzamelpunt van alles wat rijk en beroemd was.

Union Station 20
800 N. Alameda St., tel. 1-800-872-7245, www.amtrak.com
De huidige Amtrakterminal werd in 1939 gebouwd in Spaanse missiestijl. Het was het laatste grote treinstation dat in de Verenigde Staten werd gebouwd en markeerde zodoende het begin van de teloorgang van het treintijdperk, dat uiteindelijk na de Tweede Wereldoorlog, door de opkomst van de auto en het vliegtuig, eindigde.

Het duurde tot het laatste decennium van de vorige eeuw voor Union Station zijn renaissance beleefde. In de jaren 90 breidde Amtrak zijn spoornetwerk uit én werd het treinstation het epicentrum van de nieuwe metrolijnen van Los Angeles, die het verkeersinfarct van de stad enigszins verlichten.

Het station zelf kreeg ook een flinke opknapbeurt en herbergt nu leuke boetieks, winkels en restaurants.

City Hall 21
200 N. Spring St., tel. 1-213-485-2121, ma.-vr. 10-16 uur, www.lacity.org
De 27 verdiepingen tellende, vierkante art-decotoren met een gevel van Californisch graniet en een piramidevormig dak was vanaf zijn voltooiing aan het eind van de 20e eeuw tot 1959 het enige gebouw van Los Angeles dat meer dan dertien verdiepingen had. In verband met het grote aardbevingsgevaar was dat jarenlang tegen de bouwvoorschriften. Voor de uitzonderingspositie was overigens een referendum nodig.

Het stadhuis is sinds zijn opening een van de populairste filmlocaties van Los Angeles (zie Op ontdekkingsreis blz. 98). Vanaf het (gratis) Observation Deck heeft u een geweldig uitzicht.

Cathedral of Our Lady of the Angels 22
555 W. Temple St., tel. 1-213-680-5200, www.olacathedral.org, ma.-vr. 6.30-

De rotunda van City Hall is terug te zien in talloze speelfilms

18, za. 9-18, zo. 7-18 uur, gratis rondleidingen ma.-vr. 13 uur
De naar een ontwerp van de Spaanse
architect José Rafael Moneo gebouwde
en in 2002 ingewijde kathedraal betreedt u door zware toegangspoorten
van brons, die zijn opgesierd met decoratieve reliëfs. Het gebedshuis is omgeven door een groenzone, die net als het
café uitnodigt tot een rustpauze.

Music Center 23

135 N. Grand Ave., tel. 1-213-972-7211,
www.musiccenter.org, rondleidingen via www.musiccenter.org/visit/
exploring-the-center/tours

Het Music Center, Los Angeles' belangrijkste muziekpodium, bestaat uit
meerdere onderdelen en is het thuis
van menig ensemble. In het **Dorothy
Chandler Pavilion** kunt u terecht voor
de vermaarde Los Angeles Opera, die
onder leiding staat van niemand minder dan Plácido Domingo (tel. 1-213-
972-8001, www.losangelesopera.com).
Het **Ahmanson Theatre** heeft zich
gespecialiseerd in drama, musicals en
komedies, terwijl in het **Mark Taper
Forum** experimenteel theater wordt
opgevoerd (tel. 1-213-628-2772, www.
centertheatregroup.org).

Grand Park 24

Tussen City Hall en Grand Avenue is dit
mooie, met fonteinen, bomen en gras-
velden gedecoreerde stadspark onstaan.
Het is een populair trefpunt van de locals, te midden van de wolkenkrabbers
van Downtown.

Walt Disney Concert Hall 25

111 S. Grand Ave., tel. 1-323-850-2000,
www.laphil.com

De futuristische concertzaal en het
daarin residerende Los Angeles Philharmonic Orchestra voeren al jarenlang
een verbeten strijd uit om de vraag wie
van de twee hier de hoofdrol speelt. Het

al in 1919 opgerichte orkest geldt als een
van de meest toonaangevende van het
land, maar het door Frank Gehry ontworpen gebouw heeft sinds zijn voltooiing in 2003 eveneens een grote
schare fans opgebouwd – en niet alleen
onder architectuurliefhebbers.

Het complex met de glooiende,
roestvrijstalen gevels doet de een denken aan een zeilschip, terwijl de ander er een stalen, bloeiende magnolia
in ziet. De architect zelf sprak bij de
opening van het gebouw van een zich
openende roos. Hoe dan ook is de con-
certhal in Downtown een fantastisch
bouwkundig hoogstandje en een van
de architectonische hoogtepunten van
Los Angeles.

The Broad 26

221 S. Grand Ave., tel. 1-213-232-6200,
www.thebroad.org, di., wo. 11-17, do.-
vr.11-20, za. 10-20, zo. 10-18 uur, gratis
entree, op tijdelijke exposities na

The Broad trekt de aandacht met zijn
witte honingraatgevel. Het museum
voor hedendaagse kunst toont werk
van onder anderen Roy Lichtenstein,
Robert Rauschenberg, Jeff Koons en
Joseph Beuys.

Little Tokyo

Het meest authentieke deel van deze
wijk is het stukje 1st Street tussen San
Pedro Street en Central Avenue. Het
hele blok is een zogenaamd National
Historic Landmark. Een kunstwerk van
Sheila Levrant de Bretteville houdt de
historie levend; haar circa 300 m lange,
in koperen letters uitgevoerde kroniek
van de wijk is onderdeel van het trottoir.

In het **Japanese Village Plaza** (335 E
2nd St.) zijn tal van winkeltjes waar u
min of meer authentieke kimono's en
Japans porselein kunt kopen, en heerlijke sushi kunt eten.

Japanese American National Museum 27

100 N. Central Ave., tel. 1-213-625-0414, www.janm.org, di.-wo., vr.-zo. 11-17, do. 12-20 uur, $ 9, kinderen 6-17 jaar $ 5

Dit zeer interessante museum verhaalt onder andere over een van de meest duistere periodes uit de geschiedenis van Californië. Tijdens de Tweede Wereldoorlog werden alle in de staat levende Japanners aangemerkt als potentieel staatsvijand en geïnterneerd in kampementen in Owens Valley (zie blz. 207). In het museum is onder meer een fototentoonstelling te zien over deze zogenaamde War Relocation Centers. De beroemde fotograaf Ansel Adams maakte zijn foto's in 1943 en 1944 in het kamp Manzanar.

Geffen Contemporary at MOCA 28

152 N. Central Ave., tel., openingstijden en toegang zie MOCA, blz. 121

In de jaren 80 werd het hoofdgebouw van het MOCA gerenoveerd en was een groot deel van de exposities tijdelijk te zien in een voormalige politiegarage. Niemand kon toen bevroeden dat deze noodvoorziening zou uitgroeien tot een volledig nieuw museum. Sinds 1983 heeft deze MOCA-dependance zich ontwikkeld tot een gerenommeerde tentoonstellingsruimte voor multimediale en elektronische installaties en meerdimensionale sculpturen. Hedendaagse kunstenaars als Richard Serra en J. Mays hebben hier geëxposeerd.

Japanese American Cultural and Community Center 29

244 S. San Pedro St., tel. 1-213-628-2725, www.jaccc.org, di.-vr. 12-17, za., zo. 11-16 uur

Het culturele epicentrum van de met meer dan 200.000 inwoners grootste Japanse gemeenschap buiten het Land van de Rijzende Zon is Amerika's grootste ethnische kunst- en cultuurcentrum. Bij het complex horen het Aratani Japan America Theatre, de George J. Doizaki Gallery met wisselende tentoonstellingen (di.-vr. 12-17, za., zo. 11-16 uur), een gedenkteken voor de slachtoffers van drie oorlogen en de James Irvine Garden (di.-vr. 10-16 uur) met waterpartijen en bamboebosjes.

Architecture & Design Museum 30

900 E. 4th St., tel. 1-213-346-9734, www.aplusd.org, di.-vr. 11-17, za., zo. 12-18 uur, $ 7, kinderen tot 12 jaar gratis

Wie geïnteresseerd is in design en architectuur, komt in dit museum volledig aan zijn trekken. Zo wordt op interessante wijze uiteengezet welke invloed mode, grafisch ontwerp, interieurdesign en landschapsarchitectuur hebben op de moderne westerse maatschappij.

Voor adrenalinejunkies

De wolkenkrabberskyline van Downtown Los Angeles wordt gedomineerd door de in 1990 gebouwde **U.S. Bank Tower** (blz. 120), met 310 m en 73 verdiepingen een van de hoogste gebouwen ten westen van de Mississippi. U kunt de reus niet alleen bewonderen, maar er ook vanaf glijden – nou ja, van een stukje ervan. De **OUE Skyspace LA** is een bijzondere attractie, die niet geschikt is voor mensen met hoogtevrees. Naast het uitkijkplatform op de top van het gebouw 'kleeft' tussen de 69e en 70e verdieping een 14 m lange glazen glijbaan (633 W. 5th St., www.oue-skyspace.com, ma.-do. 10-23, vr.-zo. 10-24 uur, $ 19-25).

Het historische centrum

Lang voor wolkenkrabbers in de jaren 60 de hemel boven Downtown Los Angeles veroverden, had de stad een historische kern. Diens levensader was Broadway, tot het begin van de jaren 20 van de 20e eeuw de meest prominente entertainmentstraat van het westen van de Verenigde Staten. Ook nu nog staan er op en om deze straat talrijke gebouwen waarvan in elk geval de gevels in de laatste honderd jaar nauwelijks zijn veranderd. De gemeenteraad overweegt nu een tram te laten rijden over Broadway, om de historische kern van Los Angeles meer cachet te geven.

Million Dollar Theatre 31

307 S. Broadway, www.milliondollar.la, alleen evenementen

Dit in 1918 in aanwezigheid van Charlie Chaplin geopend filmhuis, met een gevel in Spaanse neobarokstijl, was een van de eerste bioscopen in Californië. De bouwheer van het vanbinnen nogal pompeus uitgeruste theater was bioscoopmagnaat Sid Graumann, die het entertainmentepicentrum van de stad tien jaar later met de bouw van nieuwe bioscopen verlegde naar Hollywood. In dit theater traden vroeger grootheden als Nat King Cole, Dolores Del Rio en José Feliciano op.

In de jaren 60 was de bioscoop het centrum van de Spaanstalige entertainmentindustrie en in 2008 werd het theater, na jarenlange verwaarlozing en leegstand, weer een podium. De opleving was echter van korte duur en in 2012 werd het (voorlopig definitief) gesloten.

Grand Central Market 31

317 S. Broadway, www.grandcentralmarket.com, dag. 8-22 uur

Bergen kleurrijk fruit en verse groente, knapperige kippetjes van de grill, volgens eeuwenoude Mexicaanse receptuur bereide burrito's, Cubaanse sandwiches, exotische kruiden, handgemaakte *pupusas* (een soort tortillas) ... Grand Central Market, in een authentieke markthal, is al bijna honderd jaar lang dé centrale versmarkt van Downtown Los Angeles.

Bradbury Building 33

304 S. Broadway, www.discoverlosangeles.com, dag. 9-17 uur

Het oudste, in 1893 door mijnbouwmagnaat Lewis Bradbury gebouwde kantoorgebouw van Downtown Los Angeles was als decor te zien in talloze

films (zie blz. 99) – en terecht. Architect George Wyman liet zich bij het ontwerpen inspireren door een utopische roman van Edward Bellamy en voorzag het in victoriaanse stijl gebouwde complex van een tot het glazen dak reikend atrium. Open liften, marmeren trappen en met ornamenten versierde gietijzeren balustrades geven het interieur een unieke charme.

Aan de overzijde van 3rd Street kunt u een blik werpen op een oversized muurschildering op de gevel van het Victor Clothing Building, die de dansende acteur Anthony Quinn moet voorstellen.

Angel's Flight 34

Hill St. tussen 3rd en 4th St., www.angelsflight.org

De kabelbaan tussen het dalstation op Hill Street en het bergstation aan California Plaza wordt ook wel de kortste spoorbaan van de Verenigde Staten genoemd. Het baantje kent twee treintjes, de Sinai en de Olivet. Als de ene wagon naar beneden rijdt, trekt hij automatisch de andere naar boven. De in 1901 ingewijde baan is de laatste decennia vaker buiten dan in bedrijf. Vanaf 1996 transporteerde hij na jarenlange stilstand weer mensen Bunker Hill op, maar na een ongeval in 2001 werd de

Downtown is in het enorme Los Angeles eigenlijk maar een kleine wijk

dienstregeling opgeschort. Vervolgens werd de lijn heropend in 2010, tijdelijk gesloten in 2011, weer geopend en na alweer een ongeluk in 2013 gesloten tot nader order. Of en wanneer Angel's Flight weer wordt heropend, is nog niet bekend.

Los Angeles Theatre 35

6155 S. Broadway

Het zonder enige twijfel mooiste historische theater van Broadway stamt uit de tijd van de economische crisis van eind jaren 20 en werd in 1931 geopend met de Charlie Chaplin-klassieker *City Lights*. Het voormalige filmhuis kan alleen vanbuiten worden bezichtigd.

Pershing Square 36

Tussen Hill & Olive, 5th en 6th St.

Het in 1886 aangelegde openbare plein werd in 1994 volledig op de schop genomen en voorzien van een 40 m hoge, paarse klokkentoren. Ondanks de vele groene weiden en bomen lukt het maar niet om een parksfeer te creëren. Ook een ter ere van het Los Angeles Philharmonic Orchestra neergezet Beethovenmonument heeft het plein geen vriendelijker aanzien gegeven. Een renovatie is aanstaande.

Millennium Biltmore Hotel 37

506 S. Grand Ave., tel. 1-213-624-1011, www.millenniumhotels.com

In het in 1923 gereedgekomen gebouw werden van 1931 tot 1942 de Oscars uitgereikt. In 1960 werd John F. Kennedy er tot presidentskandidaat van de Democratische partij verkozen. Het chique hotel ziet er vanbuiten misschien niet zo aantrekkelijk uit, maar het interieur, dat te zien is in talloze films (zie Op ontdekkingsreis blz. 98), maakt dat helemaal goed. Vooral de prachtige lobby in neorenaissancestijl en het door zuilen omzoomde Rendezvous Court zijn behoorlijk indrukwekend.

Financial District

Los Angeles Central Library 38

630 W. 5th St., tel. 1-213-228-7000, www.lapl.org/central, ma.-do. 10-20, vr., za. 9.30-17.30, zo. 13-17 uur, rondleidingen ma.-vr. 12.30, za. 11, 14 uur, zo. 14 uur

Een mix van Spaanse, Byzantijnse, romantische, Egyptische en artdeco-elementen, gecombineerd met geometrische vormen, geven de bibliotheek met een toren met piramidedak een indrukwekkend uiterlijk. Dean Cornwell transformeerde de rotonde op de derde verdieping tot een galerie met muurschilderingen.

Wilshire Grand Center 39

Op de 70e etage van deze wolkenkrabber werd een uitkijkplatform gecreëerd, vanwaar u een schitterend uitzicht hebt op Greater Los Angeles (opening medio 2017).

U. S. Bank Tower 40

633 W. 5th St., www.usbanktower.com, zie ook Tip blz. 119

De 310 m hoge wolkenkrabber uit 1989 was tot in 2017 het Wilshire Grand Center (335 m) werd geopend het hoogste gebouw tussen Chicago en Hongkong en dus ook van Californië. Het gebouw is makkelijk te herkennen aan zijn ronde, 's avonds verlichte kroon en zijn terrasvormige, getrapte gevel. De Bank Tower kan (theoretisch) aardbevingen aan tot een kracht van 8,3 op de schaal van Richter. De **Bunker Hill Steps** naast de toren voeren in de richting van Wells Fargo Plaza.

Westin Bonaventura Hotel 41

404 S. Figueroa St., tel. 1-213-624-1000, www.thebonaventure.com

Van de vele grote stadshotels is het Westin Bonaventura uit 1976 waarschijnlijk het beroemdste. Het complex telt

Beeldhouwwerk voor het Museum of Contemporary Art

vijf cilindervormige glazen torens van vijfendertig verdiepingen. Door zijn bijzondere architectuur – zo zitten de liften aan de buitenkant – is het hotel regelmatig te zien in speelfilms. Het diende onder andere als decor in *Rain Man* met Dustin Hoffman en Tom Cruise, *In the Line of Fire* met Clint Eastwood en John Malkovich, *Out of Time* met Johnny Depp en romcom *Forget Paris* met Billy Crystal en Debra Winger.

Wells Fargo History Museum 42

333 S. Grand Ave., tel. 1-213-253-7166, www.wellsfargohistory.com, ma.-vr. 9-17 uur, toegang gratis

De in 1852 gestichte Wells Fargo Bank heeft een klein museum over het Wilde Westen. Hier zijn onder meer postkoetsen, goudzoekersuitrustingen, mijnbouwgereedschappen, documenten en historische foto's te zien.

California Plaza 43

Grand Ave. & 4th St.

Dit plein wordt geflankeerd door enorme kantoorgebouwen, appartementencomplexen en het 450 kamers tellende Omni Los Angeles Hotel. Vanaf het bergstation van de Angel's Flight kijkt u uit over het lager gelegen historische centrum van de stad. Rond het als een amfitheater aangelegde Water Court met waterpartijen vinden van eind juni tot eind oktober gratis muziek-, dans- en filmvoorstellingen plaats. Toeschouwers komen hier meestal met goed gevulde picknickmanden.

Museum of Contemporary Art (MOCA) 44

250 S. Grand Ave., tel. 1-213-626-6222, www.moca-la.org, ma., wo. vr. 11-18, do. 11-20, za., zo. 11-17, $ 12, kinderen tot 12 jaar en do. 17-20 uur iedereen gratis

Het vlaggenschip van cultureel Downtown werd naar een ontwerp van de Japanse architect Arata Isozaki gebouwd uit roodbruin hardsteen. De permanente tentoonstelling laat werk zien van Amerikaanse en Europese kunstenaars sinds 1940. Er zijn onder meer schilderijen te zien van Franz Kline,

Roy Lichtenstein en Mark Rothko, tekeningen en plastieken van George Segal, foto's van Ansel Adams, beeldhouwwerken van Claes Oldenburg, Robert Rauschenberg en Frank Gehry, film- en videoinstallaties van Jessica Bronson en computerkunst van Jennifer Steinkamp. In café **Lemonade** kunt u alle opgedane indrukken even rustig verwerken.

Overnachten

Behaaglijke luxe – **The L.A. Hotel Downtown** 8: 333 S. Figueroa St., tel. 1-213-617-1133, www.thelahotel.com, 2 pk ca. $ 345. Dit comfortabele hotel met 400 kamers en 69 suites is gunstig gelegen op loopafstand van veel Downtownattracties. Aparte bad en douche in alle badkamers. Door de grote panoramaramen heeft u een mooi uitzicht op de stad.

Vorstelijk – **Omni Hotel** 9: 251 S. Olive St., tel. 1-213-617-3300, www.omni hotels.com, 2 pk vanaf $ 300. Luxehotel in het hart van Downtown. Verdeeld over zeventien verdiepingen vindt u hier 453 kamers en suites waarin het de gasten aan niets ontbreekt. Het hotel heeft een spa, waarin u tijdens een River Rock Massage of Body Polish kunt ontspannen.

Oosterse sfeer – **Miyako Inn** 10: 328 E. 1st St., Little Tokyo, tel. 1-213-617-2000, www.miyakoinn.com, 2 pk ca. $ 190. Japans hotel met comfortabele kamers met koffiezetapparaat, strijkijzer, wifi, bureau en kluis. Het hotel beschikt over een businesscenter, restaurant, café, sauna en fitnessruimte.

Chic boetiekhotel – **Standard Downtown** 11: 550 S. Flower St., tel. 1-213-892-8080, www.standardhotel.com, 2 pk vanaf $ 180. Accommodatie met coole sfeer. De rooftopbar bij het zwembad is een echte eyecatcher, zeker

's avonds, als je uitkijkt op Downtown met al zijn verlichte wolkenkrabbers.

Goed voor het reisbudget – **Metro Plaza Hotel** 12: 711 N. Main St., tel. 1-213-680-0200, www.metroplazahotel.com, 2 pk ca. $ 125. Verouderde, eenvoudig ingerichte kamers met kabel-tv en wifi. Het hotel ligt niet ver van Union Station en Chinatown. Klein ontbijt inbegrepen.

Ecologisch verantwoord – **Hotel Solaire** 13: 1710 W. 7th St., tel. 1-213-616-3000, www.hotelsolairelosangeles.com, 2 pk vanaf $ 120. Het modern ingerichte hotel profileert zich als zeer milieubewust. Zo worden er alleen milieuvriendelijke schoonmaakmiddelen gebruikt, wordt zoveel mogelijk gerecycled en waar mogelijk water bespaard.

Zeldzaam goedkoop – **Jerry's Motel** 14: 285 Lucas Ave, tel. 1-213-481-8181, www.jerrysmotel.com, 2 pk vanaf $ 89. Een zeldzaam goedkope accommodatie in het dure Downtown. Alle kamers hebben wifi, tv en een minibar, maar het mooiste is de gratis parkeergelegenheid.

Eten en drinken

Goddelijke steaks – **Arnie Morton's the Steakhouse** 8: 735 S. Figueroa St., tel. 1-213-553-4566, www.mortons.com, ma.-vr. 11.30-22, za., zo. 17-22 uur, diner vanaf $ 50. Of uw voorkeur nu uitgaat naar een ribeye, porterhouse of New York strip, de steaks in dit beroemde restaurant zijn altijd perfect bereid. Dat geldt net zo goed voor andere klassiekers als prime rib of filet mignon, en ook liefhebbers van vis en zeevruchten komen bij Arnie Morton's aan hun trekken.

Als een museum – **Cicada** 9: 617 S. Olive St., tel. 1-213-488-9488, www.cicadarestaurant.com, wo.-za. vanaf 17.30 uur, hoofdgerechten $ 30-50. Het

Geen lopendebandwerk – sushitentje in Little Tokyo

pand waarin dit voortreffelijke restaurant is gevestigd, werd in 1928 gebouwd als hoofdkwartier van een herenmodebedrijf. Laat het prachtige interieur u niet afleiden van de reden van uw bezoek: de heerlijke Italiaanse gerechten.

Verborgen parel – **Drago Centro** 10: 525 S. Flower St., City National Plaza, tel. 1-213-228-8998, www.dragocentro.com, ma.-vr. 11.30-14.30, ma.-za. 17.30-22 uur. Prachtige Italiaanse vis- en vleesgerechten (vanaf $ 29), geserveerd in twee mooie eetzalen. Ook grote keus aan pasta- en risottovarianten ($ 18-22) en salades. Keuzestress? Neem dan de voortreffelijke lasagne naar Sardijns recept. En vergeet niet plek over te laten voor een van de heerlijke desserts.

Voor groenteliefhebbers – **Bäco Mercat** 11: 408 S. Main St., tel. 1-213-687-8808, www.bacomercat.com, ma.-do. 11.30-14.30, 17.30-23, vr.-za. 11.30-15, 17-22 uur. Mediteraans geïnspireerde keuken met omvangrijk aanbod. Groenteliefhebbers zweren bij de uitstekende vegetarische gerechten. Maar ook vleesfans komen niets tekort. $ 15-38.

Hapjes uit het Verre Oosten – **Ocean Seafood** 12: 750 N. Hill St., tel. 1-213-687-3088, www.oceansf.com, ma.-vr. 11-14, 17.30-21, za. 10-21, zo. 9.30-21 uur, hoofdgerechten $ 8-13. Klassieke Chinese gerechten, geserveerd in een enorme eetzaal. U kunt hier ook terecht voor uitstekende Hongkong-stijl dimsum ($ 3-5).

Van de burgemeester – **Original Pantry** 13: 877 S. Figueroa St., tel. 1-213-972-9279, www.pantrycafe.com, 24/7 geopend, gerechten $ 5-15, cash only. Eenvoudige diner van de voormalige burgemeester van Los Angeles (1993-2001) en onderwijsminister van Californië (2003-2005) Richard Riordan. Geen culinaire hoogstandjes, maar lekkere, goed gevulde sandwiches. Hét adres voor een stevig ontbijt dat genoeg energie geeft voor een hele dag sightseeën.

Winkelen

Alles wat je nodig hebt – **Macy's Plaza** 6: 750 W. 7th St., www.macys.com, ma.-za. 10-21, zo. 11-20 uur. Groot warenhuis met mode, accessoires, cosmetica, juwelen en schoenen. Ook leuke kinderkleding.

Koop- en consumeertempel – **Fig at 7th** `7`: 735 S. Figueroa St., www.figat7th.com, ma.-vr. 10-19, za. 10-18, zo. 12-17 uur, de restaurants hebben afwijkende openingstijden. Zo'n veertig speciaalzaken, van mode tot chocolade, en een aantal restaurants/eetstandjes. In de bijbehorende parkeergarage kunt u goedkoop parkeren (wel uw parkeerkaart laten afstempelen als u iets koopt!)

Goud, zilver en diamanten – **Jewelry District** `8`: tussen 5th & 8th St. en Olive St. & Broadway, www.lajd.net. Juwelenkwartier met meer dan drieduizend winkels. Deels voordelige sieraden, die meestal direct van de goud- en zilversmid afkomstig zijn.

Fiesta Mexicana – **El Pueblo** `9`: het historische centrum op en rond Olvera Street heeft een gigantisch aanbod van Mexicaanse kunstnijverheid en allerlei kitsch.

Actief

Downtowntours – **Red Line Tours** `8`: 304 S. Broadway, tel. 1-323-402-1074, www.redlinetours.com, startpunt is het Bradbury Building. Tijdens deze stadstour bezoekt u onder andere de Grand Central Market, het Edison Building, de Central Library, het historische Biltmore Hotel, het Palace Theatre en het Warner Pantages Theater.

Met de benenwagen – **Los Angeles Conservancy** `9`: tel. 1-213-623-2489, www.laconservancy.org, za. 10 uur, $ 15, kinderen tot 12 jaar $ 10. Circa 2,5 uur durende stadsrondleidingen te voet door de historische kern van Downtown Los Angeles.

Gratis kunst kijken – **Art Walk** `10`: ten oosten van Pershing Square tussen Broadway en Main Street, www.downtownartwalk.org. Elke tweede donderdag van de maand zijn galeries, winkels en musea in dit stukje Downtown van 18 tot 22 uur geopend. De entree is gratis.

Fitness – **Hilton Checkers** `11`: 535 S. Grand Ave., tel. 1-213-624-0000, www.hilton.com, op Los Angeles klikken. In het fitnesscenter van het hotel staan u talrijke sportapparaten ter beschikking.

Doen of kijken – **Los Angeles Marathon** `12`: www.lamarathon.com. Het startpunt van een van de bekendste marathons ter wereld is de kruising van 6th & Figueroa St. De finish van de in maart gehouden wedstrijd ligt twee straatblokken verderop, op 5th & Flower St.

Uitgaan

Avant-gardekunst en meer – **Roy and Edna Disney/CalArts Theater** `5`: 631 W. 2nd St., tel. 1-213-237-2800, www.redcat.org. Dit centrum voor uitvoerende kunsten in de Walt Disney Concert Hall staat bekend om zijn innovatieve en experimentele evenementen zoals videokunstinstallaties, exposities en allerlei avant-gardistische theatervoorstellingen.

Veelstemmig – **Los Angeles Master Chorale** `6`: tel. 1-213-972-7282, www.lamc.org. Dit professionele koor geeft zo'n vijftien concerten per jaar in de Walt Disney Concert Hall (zie boven).

Yogacursus – **Higashi Honganji Buddhist Temple** `7`: 505 E. 3rd St., tel. 1-213-626-4200, www.hhbt-la.org, dag. 10-17 uur. U kunt in dit boeddhistisch centrum niet alleen de mooie tuin bewonderen, maar ook yogacursussen volgen (elke wo. 18.15-19.15 uur).

Altijd op de hoogte – **Elevate Lounge** `8`: 811 Wilshire Blvd., tel. 1-213-236-9600, www.takamisushi.com, vr., za. vanaf 22 uur. Ultrahippe club in een penthouse op de 21e verdieping. Vanaf de patio kijkt u uit op de wolkenkrabbers van Downtown LA, terwijl achter de bar druk wordt geschud met exotische cocktails.

Info

Informatie

LA Visitors Bureau: 333 S. Hope St., Los Angeles, CA 90017, tel. 1-323-467-6412, discoverlosangeles.com, www.downtownla.com. Meer informatie vindt u ook bij het Convention Center in LA Live (zie rechts).

Vervoer

Het uit zes lijnen bestaande Metro Rail System ontsluit heel Greater Los Angeles (enkeltje $ 1,75, 1-Day Pass $ 7, www.metro.net). DASH-bussen in Downtown, Hollywood en West Side (tel. 1-213-808-2273, www.ladottransit.com, enkele reis $ 0,50).

Zuidelijk Downtown

▶ kaart 2, L 5/6

Om Downtown Los Angeles nieuw leven in te blazen, concentreren projectontwikkelaars en investeerders zich de laatste tijd voornamelijk op het zuidelijke deel ervan.

Convention Center

1201 S. Figueroa St., tel. 1-213-741-1151, www.lacclink.com

Het architectonisch aansprekende congrescentrum hoort tot de grootste aan de Stille Oceaankust. In de vele hallen zijn soms meerdere evenementen en shows tegelijk. In het complex vindt u ook vier cafés en een speciale bierbar. In het Convention Center kunt u ook terecht voor toeristische informatie.

Staples Center

1111 S. Figueroa St., tel. 1-213-742-7100, www.staplescenter.com

In de multifunctionele arena met twintigduizend zitplaatsen vinden naast grote sportevenementen ook concerten plaats van grootheden als Bruce Springsteen en de Eagles. De in 1999 geopende hal is de thuisbasis van de basketbalclubs Los Angeles Lakers en Los Angeles Clippers en de ijshockeyers van de Los Angeles Kings. Voor de arena zijn drie sportlegenden te zien in glimmend brons: basketballer Magic Johnson, ijshockeyer Wayne Gretzky en bokskampioen Oscar de la Hoya.

LA Live

Samen met het Staples Center en het congrescentrum ontstond met **LA Live** een 2,5 miljoen dollar kostende, zes stratenblokken grote entertainment- en woonwijk met clubs, bioscopen en vooral heel veel videoschermen en lichtjes (zie Favoriet blz. 126).

Microsoft Theatre

777 Chick Hearn Court, tel. 1-213-763-6030, www.microsofttheater.com

Geen enkele plek in dit theater is meer dan 60 m van het podium verwijderd. Het hele jaar door wordt hier opgetreden door beroemde bands en muzikanten. Ook de American Music Awards en de Emmy Awards worden op dit podium uitgereikt.

Grammy Museum

Hoek Olympic Blvd. & Figueroa St., tel. 1-213-765-6800, www.grammymuseum.org, ma.-vr. 10.30-18.30, za., zo. 10-18.30 uur, $ 12,95, kinderen 6-17 jaar $ 10,95

Het 34 miljoen dollar kostende complex toont op drie verdiepingen een halve eeuw Grammy Award-geschiedenis. U komt hier alles te weten over de oorsprong van deze ▷ blz. 131

Favoriet

LA Live ▶ kaart 2, L 5/6

Op een plek die tot een paar jaar geleden volledig vervallen was, gaat het
rond sportwedstrijden, concerten en
andere evenementen tegenwoordig helemaal los. De belangrijkste attractie
is het enorme, multifunctionele **Staples Center**, waar onder andere de Lakers spelen. Het plein voor die arena
is inmiddels uitgebreid met de **L. A.
Sports Arch of Fame**, het **Los Angeles Convention Center**, het **Microsoft
Theatre**, het **Grammy Museum** en een
bioscoopcomplex. Daarnaast zijn er
tophotels als Ritz Carlton en JW Marriott, hippe clubs en talloze restaurants
(zie ook blz. 125).

BILLY WILDER
I'M A WRITER
BUT THEN
NOBODY'S PERFECT

Laatste rustplaats van de sterren – Westwood Village Memorial Park Cemetery

Behalve blinde muren en gesloten hekken krijg je bij een Hollywood-tour langs de huizen van de *rich and famous* niets te zien. Op de begraafplaats in Westwood Village ben je echter gegarandeerd in de buurt van enkele grote namen uit de filmhistorie.

Kaart: ▶ kaart 2, E 5

Info: de begraafplaats ligt op 1218 Glendon Avenue 1218 in Westwood Village, ten zuiden van Wilshire Boulevard en is dagelijks 8-17 uur geopend. Op het kantoortje op het terrein is geen plattegrond te vinden, maar u kunt een lijst van hier begraven beroemdheden vinden op nl.wikipedia.org/wiki/Westwood_Village_Memorial_Park_Cemetery.

Op Wilshire Boulevard raast het verkeer langs winkels en kantoorgebouwen. Ten zuiden ervan staan eengezinswoningen en kleine bungalows achter netjes aangeharkte tuintjes met een wit houten hek. Ligt híér, in het rustige Westwood (zie blz. 137), een begraafplaats vol beroemdheden? Midden in het meest burgerlijke deel van Los Angeles? Het antwoord is ja. In het westelijke deel van Ashton Avenue verspert een crèche de weg. Een van de leidsters weet raad. 'Ga terug naar Wilshire Boulevard en rij naar de hoek met Glendon Avenue. Na 50 m in zuidelijke richting voert een steegje je naar een parkeerplaats. Daar zie je de begraafplaats al.'

Beroemdheden-necropool

Door de decennia heen werd het Pierce Brothers Westwood Village Memorial Park, dat maar zo groot is als een voetbalveld, een heel bijzonder kerkhof. Nergens anders in Los Angeles en waarschijnlijk ook nergens anders in Californië zijn zo veel beroemdheden uit het recente verleden begraven. Hier liggen vele celebs uit de wereld van de film, televisie, muziek en andere takken van showbusiness.

Westwood is altijd al een kolonie van beroemdheden geweest. Talloze grafstenen hebben geen naam, sommige graven zijn niet eens als zodanig te herkennen. Anoniem onder de zoden liggen bijvoorbeeld de besnorde rocker Frank Zappa (1940-1993) en Ava Archer Syme-Reeves, de in de wieg gestorven dochter van acteur Keanu Reeves.

Andere beroemdheden zoals zangeres Janis Joplin (1943-1970), danser en acteur Gene Kelly (1912-1996) en 'Rat Pack'-lid Peter Lawford (1923-1984) werden hier gecremeerd alvorens hun as werd uitgestrooid boven de Stille Oceaan, zoals ze bij leven hadden gevraagd.

Film- en muzieklegendes

Niet ver van de ingang aan de noordwestelijke punt is acteur, regisseur en producent **John Cassavetes** (1929-1989) (1) begraven. U kent hem misschien als mannelijke hoofdrolspeler uit Roman Polanski's *Rosemary's Baby* uit 1969. Vlakbij ligt **Truman Capote** (1924-1984) (2), de auteur van *Breakfast at Tiffany's* en *In Cold Blood*. **Natalie Wood** (1938-1981) (3) debuteerde al op vierjarige leeftijd in Hollywood en werd in 1961 wereldberoemd met de verfilming van de musical *West Side Story*. Ze kwam om het leven bij een zeilongeluk voor Santa Catalina Island.

De uit Texas afkomstige **Roy Orbison** (1936-1988) (4) bereikte zijn faam als singer-songwriter. Eind jaren 80 richtte hij met Bob Dylan, George Harrison, Jeff Lynne en Tom Petty de groep Traveling Wilburys op. Het enorme succes van hun gelijknamige album maakte Orbison niet meer mee. De hartziekte die hij al van jongs af aan had, werd hem in 1988 fataal.

Drie grapjassen

Grappiger dan **Jack Lemmon** (1925-2001) (5) en **Walter Matthau** (1920-2000) (6) was er lange tijd niet te vinden. Het komische duo was tijdens een 32-jarige carrière enorm succesvol, vanaf hun eerste samenwerking in 1966, *The Fortune Cookie*, tot hun laatste collaboratie, *The Odd Couple II* uit 1998. Ze waren onafscheidelijk, en zijn dat ook na hun dood gebleven. De graven – met weinig opsmuk – van de twee komieken op de begraafplaats van Westwood liggen vlak bij elkaar. Vlakbij is ook de laatste rustplaats van regisseur en producent **Billy Wilder** (1906-2002) (7), die een groot aandeel had in het succes van Lemmon en Matthau. Zo regisseerde hij *The Frond Page* waarin ze beiden speelden en *Some Like it Hot* met Jack Lemmon en Tony Curtis.

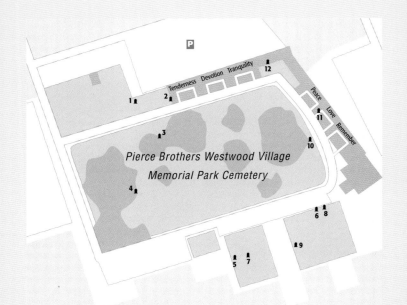

Oscarwinnaars

Een directe 'buurman' van Walter Matthau is **George C. Scott** (1927-1999) **(8)**, die zijn hoofdrol in de film *Patton* met een Oscar bekroond zag worden. Voor deze hoogste filmonderscheiding werd ook de Amerikaanse zangeres en actrice **Peggy Lee** (1920-2002) **(9)** in 1956 genomineerd, en wel voor haar indrukwekkende bijrol in *Pete Kelly's Blues*. Ook **Burt Lancaster** (1913-1994) **(10)**, die zich gedurende zijn in 1946 begonnen filmcarrière opwerkte van avonturenfilm- en westernster tot karakteracteur, hoort bij de Oscarwinnende 'bewoners' van Pierce Brothers Westwood Village Memorial Park.

Publickslievelingen

De graven van de meeste beroemdheden bevinden zich in de schaduw van grote bomen op het centrale grasveld van de begraafplaats of ten zuiden

daarvan achter de rozenhaag. Van andere celebs zijn alleen een naamplaatje op een grafkamer te vinden. Zoals van zanger, acteur en entertainer **Dean Martin** (1917-1995) **(11)**, die samen met Sammy Davis Junior en Frank Sinatra deel uitmaakte van het zang- en entertainmenttrio The Rat Pack.

Een andere laatste rustplaats is zonder overdrijving een pelgrimsoord voor filmfans te noemen. De grafkamer van **Marilyn Monroe** (1926-1962) **(12)** werd na haar dood uitgezocht door haar echtgenoot, de niet minder beroemde honkballer Joe DiMaggio.

Niet ver van Marilyns tombe heeft de grondlegger van het Playboy-imperium, Hugh Hefner, alvast een plekje voor zichzelf uitgezocht. Of het toeval is dat hij vlak bij het sekssymbool gaat 'rusten'? Waarschijnlijk niet: Monroe sierde in 1953 de cover van de allereerste *Playboy*.

muziekprijs en de culturele invloed die muziek heeft (gehad). Alle belangrijke muzikale genres komen aan bod middels foto's, filmmateriaal, historische kostuums, instrumenten en talloze interactieve gedeeltes.

Exposition Park

▶ kaart 2, K 6

Het park is een bij de inwoners van LA geliefde groene oase met een geurige rozentuin, maar er bevinden zich ook veel culturele en sportieve instellingen.

Los Angeles Memorial Coliseum

3911 Figueroa St., tel. 1-213-747-7111, www.lacoliseumlive.com
Het in 1923 geopende stadion was in 1932 en 1984 het middelpunt van de Olympische Spelen. Daarnaast werd hier ook de allereerste Superbowl gehouden, de finale van het American footballseizoen. Inmiddels is de arena echter verouderd en worden er nauwelijks nog sportwedstrijden in gespeeld. De gemeente wil het stadion, mocht de stad worden uitverkozen tot organisator van de Olympische Spelen van 2024, volledig moderniseren.

California Science Center

700 State Dr., tel. 1-323-724-3623, www.californiasciencecenter.org, dag. 10-17 uur, permanente tentoonstelling gratis, IMAX-theater $ 8,50, kinderen 13-17 jaar $ 6,25
Ideaal museum voor kinderen. Niet alleen worden ze uitgenodigd op knopjes te drukken, de interactieve installaties die ze daarmee in werking stellen, leren hen van alles over onder andere wiskunde, natuurkunde, geneeskunde, seismologie en ruimtevaart. Ook het milieu komt terug in de exposities. De nieuwste ster van het museum is de ontmantelde spaceshuttle Endeavour.

Natural History Museum

900 Exposition Blvd., tel. 1-213-763-3466, www.nhm.org, dag. 9.30-17 uur, $ 12, kinderen 13-17 jaar $ 9
Het in 1913 in beaux-artsstijl gebouwde museum is de op een na oudste culturele instelling en het grootste natuurkundig en natuurhistorisch museum in het westen van Amerika. Het heeft meer dan dertig miljoen artefacten uit vierenhalf miljoen jaar.

Na een ingrijpende renovatie en een uitbreiding zijn in het museum nu meer dinosauriërs te zien dan ooit tevoren en is er een tentoonstelling gekomen over de ecologische geschiedenis van Los Angeles.

California African American Museum

600 State Dr., tel. 1-213-744-7432, www.caamuseum.org, di.-za. 10-17, zo. 11-17 uur, toegang gratis, parkeren $ 12
Dit museum houdt zich met permanente en tijdelijke tentoonstellingen bezig met de vraag welke bijdragen Afro-Amerikanen sinds hun deportatie als slaven uit West-Afrika hebben geleverd aan de economie, cultuur en maatschappij van de Verenigde Staten.

Overnachten

Fit blijven – **Luxe City Center:** 1020 S. Figueroa St., tel. 1-213-748-1291, www. luxecitycenter.com, 2 pk vanaf $ 250. Alle 195 kamers van het bij het Staples Center gelegen hotels zijn ruim. Naast een restaurant met grote ramen en een uitgebreide fitnessruimte kunt u hier gebruikmaken van een zwembad met uitzicht op de skyline.
Groene oase – **The Inn at 657:** 663 W. 23rd St., tel. 1-213-741-2200, www. theinnat657la.com, 2 pk $ 160. In een prachtige tuin gelegen, uit twee ge-

bouwen bestaande bed and breakfast met ontspannen sfeer – ongebruikelijk in Downtown Los Angeles. De kamers hebben alle airco en een eigen badkamer. Vorstelijk ontbijt!

Betaalbaar en praktisch – **Ramada:** 1901 W. Olympic Blvd., tel. 1-213-385-71 41, www.ramada.com, vanaf $ 150. Praktisch uitgeruste kamers die van alle gemakken zijn voorzien, tot een koelkast en koffiezetapparaat aan toe.

Winkelen

Voor cinefielen – **Hollywood Mega Store:** 940 W. Washington Blvd., tel. 1-213-747-9239, www.hollywoodmega store.com. Alles draait hier om de wereld van het witte doek: foto's van filmhelden, posters, dia's, awards. Daarnaast zijn er de gebruikelijke toeristische snuisterijen als straatnaambordjes en mini-kentekens.

Consumentenparadijs – **LA Fashion District:** tussen Broadway en Stanford St. en 6th St. en de I-10, www. fashion district.org, dag. 10-17 uur. In dit gebied zitten de modegroothandels, maar ook designers en stylisten. Het is hoe dan ook een walhalla voor koopjesjagers.

Bazaar – **Santee Alley:** Santee St. tussen Olympic & Pico Blvd. Winkelstraat in de stijl van een bazaar met een enorm aanbod van zo'n tweehonderd handelaars uit alle delen van de wereld. Kijk wel uit, want een hoop van de 'merkartikelen' zijn nep.

Wilshire Boulevard

De verbindingsstraat tussen Downtown en Santa Monica aan de kust is een van de drukste wegen van Los Angeles. In de jaren 20 werd begonnen met de bebouwing van het stuk tussen La Brea Avenue en Fairfax Avenue, la-

ter kreeg het de bijnaam Miracle Mile omdat het een wonder was dat in dit voorheen desolate gebied een levendige wijk ontstond. Van recenter datum is de **Museum Row**, drie *blocks* van Wilshire Boulevard met vijf musea.

Farmers Market ▶ kaart 2, H 4

6333 W. 3rd St., tel. 1-323-933-9211, www.farmersmarketla.com, ma.-vr. 9-21, za. 9-20, zo. 10-19 uur, als u hier iets koopt of eet, parkeert u de eerste 2 uur gratis (parkeerkaart laten afstempelen!)

Er zijn weinig plekken in Los Angeles die zo door de bevolking zijn omarmd als de **boerenmarkt**, waar de Angelinos graag ontbijten, lunchen of dineren, maar ook boodschappen doen. U kunt hier heel gezellig aan eenvoudige tafeltjes smullen van bijvoorbeeld versgebakken broodjes, rijkelijk gevulde sandwiches of Aziatisch *streetfood*. Bij andere kraampjes kunt u terecht voor vlees, gevogelte, vis, fruit, groente en bloemen.

Direct naast de Farmers Market ligt winkelcentrum **The Grove**, dat is gebouwd als een klein stadje. Het heeft een ouderwetse tramlijn en gezellige terrasjes.

Museum Row ▶ kaart 2, H 5

Bent u met de auto op weg en wilt u een of meer van de vijf hier gelegen musea bezoeken, dan kunt u het beste parkeren op het terrein achter het Page Museum op Curson Ave. ($ 8 per uur).

La Brea Tar Pits & Museum/ Hancock Park

5801 Wilshire Blvd., tel. 1-213-763-3499, www.tarpits.org, dag. 9.30-17, $ 12, kinderen 13-17 jaar $ 9, elke eerste van de maand gratis (behalve juli/aug.)

Hancock Park was in 2009 wereld-nieuws. Wetenschappers van het museum waren bij graafwerkzaamheden voor een nieuwe parkeergarage op een bijna complete mammoet uit de ijstijd gestoten. Alleen de linker achterpoot, een rugwervel en een deel van de schedel ontbraken. De Zed genoemde fossiel is vermoedelijk tien- tot veertigduizend jaar oud.

Dat Hancock Park een paleontologische schatkamer is, werd allang vermoed. Met de **La Brea Tar Pits** ligt in de groene oase een vijver waarin al heel lang langzaam teer naar de oppervlakte borrelt. Onvoorzichtige dieren verdwenen al duizenden jaren geleden in deze blubber. Hun overblijfselen worden sinds het begin van de 20e eeuw geborgen en geprepareerd, zodat ze in het museum getoond kunnen worden. Het zal echter nog wel even duren voor Zed de mammoet een plekje in de tentoonstellingsruimten krijgt.

Los Angeles County Museum of Art

5905 Wilshire Blvd., tel. 1-323-857-6000, www.lacma.org, ma.-di. en do. 12-20, vr. 11-20, za., zo. 10-19 uur, $ 15, kinderen tot 17 jaar gratis

Het LACMA is een van de toonaangevende musea op het gebied van visuele kunst in het westen van de Verenigde Staten. Het bestaat uit negen gebouwen met alle een eigen thema. In het **Ahmanson Building** zijn kunst uit Afrika, het Midden-Oosten en Zuidoost-Azië, kostuums en textielen en Duitse expressionisten te zien. Noord- en Zuid-Amerikaanse kunst vindt u in het **Art of the Americas Building**. Het **Broad Contemporary Art Museum** heeft zich gespecialiseerd in hedendaagse kunst en in het **Hammer Building** staan fotografie en Chinese en Koreaanse kunst centraal. **LACMA West** beschikt over een leuke kinder-

galerie en het ligt voor de hand wat er te zien is in het **Pavilion for Japanese Art**. Tussen de gebouwen in wandelt u door een mooie beeldentuin.

Watts Towers

Watts Towers Arts Center, 1727 E. 107th St., tel. 1-213-847-4646, tours do.-za. 10.30-15, zo. 12-15 uur, $ 7

Het door zwarten en Latinos bewoonde Watts in South Los Angeles is een wijk die al diverse malen met bloedige rellen in het nieuws kwam. Een bezienswaardigheid in dit stadsdeel zijn de Watts Towers, die immigrant Simon Rodia vanaf de jaren 20 op zijn terrein bouwde. Na zonsondergang kunt u beter niet in Watts komen (www.watts towers.us).

Craft and Folk Art Museum

5814 Wilshire Blvd., tel. 1-323-937-4230, www.cafam.org, di.-vr. 11-17, za., zo. 11-18 uur, $ 7, kinderen tot 10 jaar gratis, zo. betaalt u wat u zelf wilt

Met zijn vaste en wisselende tentoonstellingen zet het Craft and Folk Art Museum zich in voor begrip voor de verschillende culturen van de wereld. Bezoekers krijgen keramische kunst uit Amerika en Zuid-Afrika, Latijns-Amerikaans textieldesign, carnavalskostuums en pruiken, voodoo-objecten uit Haïti en vliegerkunst te zien. In de giftshop van het museum zijn erg mooie en bijzondere souvenirs te koop.

Petersen Automotive Museum

6060 Wilshire Blvd., tel. 1-323-930-2277, www.petersen.org, di.-zo. 10-18 uur, $ 12, kinderen 5-12 jaar $ 3

Op vier verdiepingen gaat het in dit museum om rijdende schoonheden die een rol speelden in films en televisieseries, auto's uit het rock-'n-rolltijdperk, alternatieve aandrijving, autokunst en presidentiële en koninklijke limousines. Sinds een verbouwing schuilt het

Het door Renzo Piano ontworpen Los Angeles Broad Contemporary Art Museum met een installatie van kunstenaar Chris Burden

museum achter een door brandweer-rode stalen strips gehulde gevel, die de nieuwbouw een bijzondere, futuristische aanblik geeft.

Beverly Hills

▶ kaart 2, F/G 4/5

In tegenstelling tot veel andere stadsdelen van Los Angeles heeft Beverly Hills geen belangrijke attracties. Zijn magische aantrekkingskracht heeft deze zelfstandige gemeente te danken aan de glamoureuze lifestyle van zijn rijke en beroemde bewoners, de *beautiful people* wier luxe leven in Beverly Hills tot maatstaf is verworden. Het 35.000 inwoners tellende stadje beschikt over prachtige villa's, chique hotels en piekfijne restaurants, de modeboetieks en juweliers op de wereldberoemde winkelstraat **Rodeo Drive** (www.rodeo drive-bh.com) worden bewaakt door hightech alarmsystemen – Beverly Hills heeft geen attracties nodig, de naam is aantrekkelijk genoeg. Wie niet alleen met zijn neus tegen de gepantserde winkelruiten van Gucci, Prada, Yves Saint Laurent, Tiffany en Chanel wil dromen en niet wil wachten op een toevallige voorbijlopende ster, vindt buiten de gebaande high-societybanen een paar leuke bezienswaardigheden.

City gebouwd en verhuisde enkele jaren later naar zijn huidge locatie. Dit woonhuis, dat een prachtig decor zou zijn voor een sprookjesfilm, kan alleen van de buitenkant worden bekeken.

Paley Centre of Media

465 N. Beverly Dr., tel. 1-310-786-1091, www.paleycenter.org, wo.-zo. 12-17 uur, $ 10

Het voormalige Museum of Television and Radio documenteert met een archief van meer dan 140.000 beeld- en geluidsfragmenten honderd jaar Amerikaanse en internationale radio- en televisiegeschiedenis. Bezoekers kunnen iets uit de omvangrijke bilbiotheek uitzoeken en dat ter plekke bekijken of beluisteren.

Museum of Tolerance

9786 W. Pico Blvd., tel. 1-310-553-8403, www.museumoftolerance.com, ma.-vr. 10-17, zo. 11-17 uur, $ 15,50, kinderen 5-18 jaar $ 11,50, identiteitsbewijs verplicht

Met moderne technieken thematiseren de tentoonstellingen in het in 1993 door nazi-jager Simon Wiesenthal opgerichte museum over de uitroeiing van Joden in de Tweede Wereldoorlog. Daarnaast houdt het museum zich bezig met intolerantie, racisme en onderdrukking in het algemeen, en met de Amerikaanse burgerrechtenbeweging in het bijzonder.

Beverly Hills Hotel

9641 W Sunset Blvd., tel. 1-310-276-2251, www.beverlyhillshotel.com, 2 pk ca. $ 400

Er is waarschijnlijk geen Hollywoodster te vinden die nooit voet heeft gezet in dit legendarische hotel, dat tevens als decor diende in talloze speelfilms (zie Op ontdekkingstocht blz. 98). Al snel na de opening in 1912 werd het huidige vijfsterrenhotel de feesttent van de

Het in 1932 in Spaanse renaissancestijl gebouwde **Civic Center** (Crescent Dr.) bijvoorbeeld. Het interieur met terrazzovloeren, marmeren muren en prachtige plafonds en de acht verdiepingen tellende raadhuistoren waren te zien in tal van films. De omliggende tuinen met palmen en bloembedden dragen bij aan de schoonheid van het complex.

Witch's House

516 N. Walden Dr./Carmelita Ave.

Niet ver van het Civic Center staat midden tussen de villa's en bungalows het zogenaamde Witch's House. Het werd in 1921 voor een filmstudio in Culver

filmwereld. Door de jaren heen zijn hier legendes, geruchten en sprookjes ontstaan, die hebben bijgedragen aan de reputatie van het hotel.

Elizabeth Taylor zou in bungalow 5 de wittebroodsweken van haar eerste huwelijk hebben geconsumeerd. Yves Montand was dol op de Deense appeltaart van de koffieshop en toen Elton John zijn verjaardag vierde in het roze paleis, was het in de Polo Lounge een komen en gaan van beroemdheden als Sharon Stone, Dennis Hopper en Ben Kingsley.

Overnachten

Milieuvriendelijk verblijf – **Elan Hotel:** 8435 Beverly Blvd., tel. 1-323-658-6663, www.elanhotel.com, 2 pk vanaf ca. $ 200. Klein boetiekhotel met aandacht voor het milieu, praktisch gelegen in de buurt van het Beverly Shopping Center. Comfortabele, modern ingerichte kamers, vriendelijk personeel, gratis wifi, uitstekende prijs-kwaliteitverhouding. 's Middags wijn en kaas van het huis.

Niets op aan te merken – **Best Western Carlyle Inn:** 1119 S. Robertson Blvd., tel. 1-310-275-4445, www.carlyle-inn.com, 2 pk vanaf $ 280. Prima boetiekhotel met 32 kamers en suites. Kabeltelevisie, koelkast, wifi, koffiezetapparaat en strijkijzer behoren tot de standaarduitrusting.

Eten en drinken

Groetjes uit Mexico – **Frida:** 236 S. Beverly Dr., tel. 1-310-278-7666, www.fridarestaurant.com, ma.-za. 11-22, zo. 11-21 uur, diner $ 10-30. Het met opvallende muurschilderingen versierde restaurant schotelt zijn gasten authentieke gerechten voor uit verschillende delen van Mexico.

Heerlijke, gezonde kost – **Greenleaf Gourmet Chopshop:** 9671 Wilshire Blvd., tel. 1-310-246-0756, www.green leafchopshop.com, ma.-vr. 11-18, za. 11-16 uur, $ 9-16. Met regionale, biologische ingrediënten worden hier gezonde gerechten gecreëerd, die zeker niet alleen door vegetariërs worden gewaardeerd.

Winkelen

Shop till you drop – **Beverly Center:** 8500 Beverly Blvd., tel. 1-310-854-0070, www.beverlycenter.com, ma.-vr. 10-21, za. 10-20, zo. 11-18 uur. Met meer dan honderdzestig boetieks en restaurants en warenhuizen als Macy's en Bloomingdale's is dit winkelcentrum een van de grootste van Beverly Hills.

Luxueus – **Rodeo Drive:** het drie stratenblokken lange deel van North Rodeo Drive tussen Wilshire Boulevard en Santa Monica Boulevard is met zijn vele boetieks een walhalla voor liefhebbers van dure designerkleding en onbetaalbare juwelen. Beschikt u niet over een onbeperkt reisbudget, dan kunt u het wellicht beter bij flaneren en *window shopping* houden.

Info

Beverly Hills Visitors Center: 9400 S. Santa Monica Blvd., Beverly Hills, CA 90210, tel. 1-310-248-1015, www.love beverlyhills.com.

Westside

Westside Los Angeles is een mozaïek van talloze gemeenten, waarvan Bel Air en Brentwood al tientallen jaren worden bewoond door beroemdheden. In Brentwood woonde bijvoorbeeld Marilyn Monroe; op 12305 Fifth Helena Drive werd ze in 1962 dood gevonden na een overdosis medicijnen. Tot op de dag van vandaag is niet duidelijk of ze is vermoord, bijvoorbeeld vanwege haar affaires met John F. en Robert Kennedy. In **Westwood** is de University of California een wetenschappelijke en culturele hotspot.

Westwood Village Memorial Park Cemetery ▶ kaart 2, E 5

1218 Glendon Avenue
De mooie begraafplaats is de laatste rustplaats van veel Hollywoodsterren, onder wie Marilyn Monroe (zie Op ontdekkingstocht blz. 128).

Hammer Museum ▶ kaart 2, E 5

10899 Wilshire Blvd., Westwood Village, tel. 1-310-443-7000, www. hammer.ucla.edu, di.-vr. 11-20, za., zo. 11-17 uur, gratis entree, parkeren $ 6
De permanente tentoonstelling van dit museum heeft een behoorlijk status. Niet gek, met werk van belangrijke Europese en Amerikaanse schilders als Claude Monet, Camille Pissarro, John Singer Sargent, Vincent van Gogh, Rembrandt, Goya, Rubens, Tintoretto en Tizian. Bij het museum hoort ook het Billy Wilder Theatre met driehonderd zitplaatsen, waarin 'de betere cinema' wordt vertoond. Boven het Hammer bevindt zich het Grunwald Center for the Graphic Arts, dat alleen te bezichtigen is na telefonische aanmelding (ma.-vr. 10-16 uur, tel. 1-310-443-7078).

Getty Center ▶ kaart 2, D 4

1200 Getty Center Dr., Brentwood, Exit van I-405, tel. 1-310-440-7300, www.getty.edu, di.-vr., zo. 10-17.30, za. 10-21 uur, toegang gratis, parkeren $ 15
Uit de verte komt het op een heuvel gelegen gebouwencomplex van witte travertijn over als een modern slot. De bekende architect Richard Meier had bij het tekenen een licht en transparant ontwerp voor ogen, en dat werd uitstekend verwezenlijkt. Ook de wens van stichter Jean Paul Getty (1892-1976) werd gerealiseerd. Na zijn dood moest zijn enorme kunstverzameling gratis toegankelijk worden voor iedereen.

Bezoekers worden met een treintje van de parkeergarage aan de voet van de heuvel tot recht voor de entree van het uit meerdere vediepingen bestaande museum gebracht. In de diverse tentoonstellingsruimten zijn beeldhouwwerken, schilderijen, tekeningen, manuscripten, decoratieve kunst en foto's te zien.

Naast het museum ligt een prachtig park met ligweiden, exotische planten en een vijver. Zowel vanuit het park als van het terras van het museumcafé kijkt u uit op de wolkenkrabbers van Downtown en de Stille Oceaankust.

Pasadena ▶ kaart 2, O-Q2/3

De aan de voet van de San Gabriel Mountains gelegen stad met 140.000 inwoners is wijd en zijd bekend om twee dingen: het gerenommeerde California Institute of Technology (Caltech), dat samenwerkt met NASA, en het Tournament of Roses, de rozenparade waarmee het jaar wordt ingeluid en waarmee Zuid-Californië aan de rest van het land laat zien hoe mild de temperatuur hier ook in de winter is.

Met de **Old Town** heeft de stad een historische kern met huizen uit de laatste decennia van de 19e eeuw, waarin moderne winkels, restaurants en cafés zitten (vooral in het gebied rond de kruising van Colorado Boulevard en Fair Oaks Avenue).

Een van de bezienswaardige oude gebouwen is **Castle Green** (99 S. Raymond

Het in 1997 voltooide gebouw van het Getty Center is van sterarchitect Richard Meier

Ave., www.castlegreen.com), een voormalig hotel dat met zijn architectuur in oosterse stijl in veel speelfilms is te zien. Ook de gemeente huist in een schitterend, in Spaanse barokstijl opgericht stadhuis – een van de mooiste van Californië.

Huntington Library, Art Collections & Botanical Gardens ▶ kaart 2, Q 2

1151 Oxford Rd., tel. 1-626-405-2100, www.huntington.org, wo.-ma. 10-17, doordeweeks $ 23, za., zo. $ 25, kinderen 12-18 jaar $ 19/21, eerste do. van de maand met vooraf gerserveerd kaartje (tel. 1-800-838-3006) gratis entree

De in 1919 door de puissant rijke zakenman Henry E. Huntington begonnen privéverzameling is een van de belangrijkste kunstcollecties in het westen van de Verenigde Staten. In vier galeries zijn werken te zien van Britse en Franse kunstenaars uit de 18e en 19e eeuw, Amerikaanse schilderijen uit de periode tussen 1730 en 1930, architectuurontwerpen, beeldhouwwerken, kostbaar porselein en meubilair uit het Frankrijk van de 18e eeuw en schilderijen uit de renaissance. Ronduit verleidelijk is ook het prachtige omliggende park met een tropische kas en een Chinese tuin.

Norton Simon Museum of Art

411 W. Colorado Blvd., tel. 1-626-449-6840, www.nortonsimon.org, ma., wo., do. 12-17, vr., za. 11-20, zo. 11-17 uur, $ 12, senioren 62+ $ 9, kinderen tot 18 jaar gratis entree, eerste vr. van de maand 18-21 uur gratis entree

Tot de topstukken van dit uitstekende kunstmuseum behoort een verzameling Europese kunst uit de periode vanaf de renaissance, met meesterwerken van Raphael, Botticelli, Rubens, Rembrandt, Goya, Monet, Renoir, Degas en Van Gogh.

Ook liefhebbers van moderner kunst komen hier aan hun trekken met werk

pingen met galerijen. Op alle 66 kamers vindt u een koelkast, magnetron en kabeltelevisie. Wanneer het in de zomer te heet is, kunt u afkoelen in het buitenzwembad.

Geen fratsen – **Best Western Pasadena Inn:** 3570 E. Colorado Blvd., tel. 1-626-796-9100, 2 pk vanaf ca. $ 110. Prima onderhouden, zij het wat verouderd hotel met vriendelijk personeel. De kamers zijn schoon en beschikken over een koelkast. Whirlpool en buitenzwembad, wifi. Het gratis ontbijt stelt niet veel voor.

van Robert Rauschenberg en Louise Nevelson. Op de pop-artafdeling is kunst van onder anderen Roy Lichtenstein en Andy Warhol te zien. Naast oude beeldhouwwerken uit India en Zuidoost-Azië zijn ook plastieken uit de 20e eeuw te zien.

Overnachten

Aangenaam – **Westin Pasadena:** 191 N. Los Robles Ave., tel. 1-626-792-2727, www.starwoodhotels.com, vanaf $ 260. Hotel met comfortabele inrichting, dat zich richt op zakenreizigers. Alle 350 kamers en suites beschikken over kabeltelevisie, een föhn en een strijkijzer. In het hotel bevinden zich een businesscenter, fitnessstudio, restaurant en spa.

Motel voor de kleine beurs – **Pasadena Inn:** 400 S. Arroyo Pkwy, tel. 1-626-795-8401, www.oldpasadenainn.com, 2 pk vanaf ca. $ 140. Motel met drie verdie-

Eten en drinken

Voor de kleine en grote honger – **Green Street Restaurant:** 146 Shoppers Lane, tel. 1-626-577-7170, www.greenstreetrestaurant.com, ma.-do. 6.30-21, vr., za. 6.30-22, zo. 8-21 uur, $ 10-30. In het restaurant hangt een gezellige, informele sfeer. Kleinere gerechten als hamburgers, salades en sandwiches, maar ook stevige maaltijden als limoenheilbot met kappertjessaus of gegrilde haan op Thaise wijze. Op de wijnkaart staan veel Amerikaanse huizen.

Lekker slurpen – **Noodle World:** 24 W. Colorado Blvd., tel. 1-626-585-5885, www.noodleworld.com/nw/locations/pasadena, dag. 11-22 uur, vanaf ca. $ 7. De populairste gerechten van dit Aziatisch restaurant zijn de soepen naar authentieke Vietnamese, Thaise, Japanse en Chinese receptuur. Ook de noedel- en rijstgerechten zijn absoluut de moeite waard.

Info

Pasadena Visitors Bureau: 300 East Green St., tel. 1-626-795-9311, www.visitpasadena.com.

De kust van Los Angeles

Hoogtepunt ✳

Venice Beach: eigenlijk had hier aan het begin van de 20e eeuw een Californisch Venetië moeten ontstaan. Maar tegenwoordig herinneren alleen een paar idyllische kanaaltjes aan de ambitieuze plannen. Toeristen komen voornamelijk naar Venice Beach voor de Ocean Front Walk, de mafste boulevard van de regio. Zie blz. 153

Op ontdekkingsreis

Marlowe lost op – tussen Malibu en Santa Monica: misschien beleef je een maanloze nacht in Santa Monica anders wanneer je veel misdaadverhalen van Raymond Chandler hebt gelezen. Zijn detective Philip Marlowe begeeft zich altijd aan de zelfkant van de samenleving, niet zelden gehuld in de nevel van de rotsige kust van Malibu. Zie blz. 148

Getty Villa · Topanga State Park

■ Marlowe lost op tussen Malibu en Santa Monica

Sta. Monica Pier ■ Santa Monica

Zuma Beach

Venice Beach Venice

South Bay Bicycle Trail ■

Long Beach
Pike Outlets
■ Aquarium
of the Pacific

Bezienswaardigheden

Getty Villa: het museum van de Getty-stichting toont meesterwerken uit de antieke tijd in een prachtige villa. Zie blz. 142

Aquarium of the Pacific: hier ziet u de flora en fauna van de Stille Oceaan en in een enorme volière allerlei exotische vogels, die u gewoon kunt voeren. Zie blz. 160

Actief onderweg

Wandeling in Topanga State Park: in het achterland van Malibu kunt u wandelen door ruige canyons en heeft u een schitterend uitzicht. Zie blz. 143

Op de South Bay Bicycle Trail: de 35 km lange rit is een sportief intermezzo langs de stranden van de Stille Oceaan. Zie blz. 147

Fietstocht door Long Beach: Long Beach heeft een prima netwerk van fietspaden. Een van de mooiste routes voert langs de kust. Zie blz. 161

Sfeervol genieten

Zuma Beach: wie wil genieten van de zon, de zee en een surfboard, maar daarbij ook gebruik wil kunnen maken van voorzieningen als restaurants en toiletten, is op dit strand in Malibu aan het juiste adres. Zie blz. 145

Naar de bron: in de spa van Burke Williams in Santa Monica kunt u zich laten verwennen met diverse massages. Zie blz. 152

Uitgaan

Santa Monica Pier: op de houten pier die de Stille Oceaan in steekt is het vooral in het weekend altijd druk. Zie blz. 146

The Pike Outlets: het moderne amusements- en winkelcentrum in de haven van Long Beach heeft na zonsondergang voor ieder wat wils – van een pizzastandje tot chique restaurants. Zie blz. 163

Van de Pacific Palisades tot Anaheim

De kust van Greater Los Angeles begint in het westen met de mythische beroemdheden-enclave Malibu. Dit stadje was al in de hoogtijdagen van Hollywood een van de favoriete woonplaats van filmsterren en is dat altijd gebleven. Pacific Palisades is door de Getty Villa een interessante reisbestemming geworden en Santa Monica was dat met zijn mooie stranden al sinds jaar en dag. Het stadje vormt met zijn zuidelijke buurman Venice Beach en de jachthaven van Marina Del Rey eigenlijk één langgerekte plaats. Ook de badplaatsen langs de South Bay tot Palos Verdes vormen min of meer één geheel. Het grootstedelijke duo Long Beach/San Pedro staat dan weer in schril contrast met de strandplaatsjes met hun laat-maar-waaien-surfmentaliteit. Datzelfde kan worden gezegd van het verder landinwaarts gelegen Anaheim, waar het Disney-imperium ervoor zorgt dat het altijd chaotisch druk is.

Pacific Palisades

▶ kaart 4, A 2

Getty Villa

17985 Pacific Coast Hwy, tel. 1-310-440-7300, www.getty.edu, wo.-ma. 10-17 uur, de gratis kaartjes, inclusief parkeerplek ($ 15), moeten vooraf worden gereserveerd voor een bepaalde dag en tijd

Kunstmecenas Jean Paul Getty (1892-1976) liet in 1974 een kunsttempel naar klassiek voorbeeld bouwen, waarin antieke schatten van de Getty-stichting zijn tentoongesteld. Het betreft werken van Griekse, Romeinse en Etruskische kunstenaars, antieke munten, religieuze voorwerpen, zilverwerk en glaskunst. In de Florentijnse, door zuilenrijen omheinde tuin weerspiegelen antieke sculpturen in het turquoise water van de vijver.

Villa Aurora

520 Paseo Miramar, tel. 1-310-454-4231, www.villa-aurora.org, rondleidingen alleen na telefonische afspraak

Vanaf 1936 kwamen talloze Duitse immigranten naar Los Angeles, op de vlucht uit nazi-Duitsland. Onder hen was een groepje deels bekende auteurs, acteurs en regisseurs. Het tegenwoordig 27.000 inwoners tellende plaatsje Pacific Palisades werd met bewoners als Bertolt Brecht, Thomas en Heinrich Mann, Franz Werfel, Alfred Döblin en Walter Mehring een 'Weimar aan de Stille Oceaan'. Villa Aurora, waar schrijver Lion Feuchtwanger en zijn vrouw

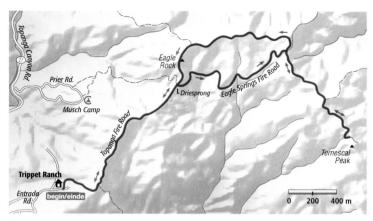

Wandeling in Topanga State Park

Martha woonden, ontwikkelde zich tot een ontmoetingsplaats van Amerikaanse cultuurdragers en Duitstalige bannelingen. Het huis fungeert tegenwoordig als centrum voor culturele uitwisseling tussen Duitsland en de Verenigde Staten.

Will Rogers State Historic Park

1501 Will Rogers Park Rd., tel. 1-310-454- 8212, www.parks.ca.gov/will rogers, rondleidingen do.-vr. 11-15, za., zo. 10-16 uur elk heel uur, parkeerplek $ 12

In de jaren 30 behoorde acteur, komiek en entertainer Will Rogers tot de bestbetaalde Hollywoodsterren. Hij bouwde van zijn miljoenen onder andere een ranch met woonhuis, stallen, een poloveld en golfterrein op een stuk grond in de Santa Monica Mountains. Rogers kwam om het leven bij een vliegtuigcrash in 1935 en zijn vrouw stierf negen jaar later. Zijn landgoed kwam toen in handen van Californië, dat er een State Park van maakte. U kunt hier prachtige wandelingen en paardrijtochten maken en de ranch bezichtigen.

Langeafstandswandelroute Backbone Trail

Campings in Topanga State Park (www.parks.ca.gov/topanga), Malibu Creek State Park (www.malibucreek statepark.org) en Point Mugu State Park (www.parks.gov/pointmugu)

De circa 70 mijl (113 km) lange Backbone Trail strekt zich uit van het Will Rogers Historical State Park in Pacific Palisades tot Point Mugu State Park en volgt grotendeels de de bergkammen van de Santa Monica Mountains. U kunt deze wandeling het beste in het voorjaar maken, wanneer de bloeiende wilde bloemen voor een prachtig kleurenspel zorgen (Wild Flower Report tel. 1-818-768-3533). Het hoogste punt van de trail is de 948 m hoge Sandstone Peak.

Wandelen in Topanga State Park ▶ kaart 4, A 1

Lengte: 16,5 km, duur: 4-5 uur, moeilijkheidsgraad: medium, park 8 uur tot zonsondergang, tel. 1-310-455-2465, www.parks.ca.gov/topanga

Het is nauwelijks voor te stellen dat de ongerepte natuur van het Topanga State Park bij Los Angeles hoort. Het wandelpad meandert door een ruig, voornamelijk door struiken en bossages begroeid berglandschap ver weg van de hectiek van de grote stad. Het begin- en eindpunt van de route ligt ten westen van Pacific Palisades. Buig ter hoogte van Topanga County Beach in noordelijke richting af van de Pacific Coast Highway op Topanga Canyon Boulevard en neem in Topanga Entrada Road. Houd links aan om de parkeerplaats bij de **Trippet Ranch** te bereiken, waar picknicktafels en barbecues staan.

Het **Topanga Nature Center,** begin- en eindpunt van de wandeling, ligt ten oosten van de ranch, die nog steeds in bedrijf is. Bij het startpunt, de **Trippet Ranch Trailhead** staat een bruin bord met daarop de afstanden van de verschillende routes. Een kleine expositie in het center toont de flora en fauna en de geografie van de omgeving. U ziet hier ook opgezette dieren en vogels.

De **Topanga Fire Road** voert door overwegend open terrein met blootgestelde rotsen tot een **driesprong**, waar u het middelste pad moet nemen. Na 3,2 km bereikt u de al van verre herkenbare **Eagle Rock**. Hier staat een houten bankje met het opschrift 'rustplaats voor de ziel'. U kijkt vanaf deze klif op een kleine 600 m hoogte mooi uit over de Santa Monica Mountains.

Met 648 m nog iets hoger is de via de Temescal Ridge Trail te bereiken **Temescal Peak,** vanwaar u in het zuiden uitkijkt tot de Channel Islands in de Stille Oceaan. Er gaat geen echt pad naar de piek, maar u komt er via een paar olifantenpaden.

Vanaf de heuvel komt u via de **Eagle Springs Fire Road** na 5,6 km weer aan het beginpunt van de route bij de parkeerplaats van de Trippet Ranch.

Malibu ▶ kaart 4, A 2

Malibu ligt niet ver van de filmstudio's aan de zuidelijke hellingen van de Santa Monica Mountains en beschikt over meer dan 30 km schitterende stranden aan de Stille Oceaan. Het kustplaatsje is in het verleden regelmatig opgeschrikt door verwoestende bosbranden, waardoor talloze kapitale villa's moesten worden geëvacueerd. Onder anderen Sean Penn, James Cameron en Olivia Newton-John kwamen daarbij (tijdelijk) op straat te staan. De ergste branden kreeg het 'miljonairsdorp' te verduren in 1993, toen honderden landgoederen in vlammen opgingen.

Dure huizen – de paalwoningen aan het strand van Malibu

Zuma Beach (30.000 Pacific Coast Hwy), waar onder andere de televisie-serie *Baywatch* werd opgenomen, is ideaal voor wie vindt dat een dagje strand meer nodig heeft dan alleen fijn zand. Hier zijn restaurants, snackbars, volleybalveldjes, fitnessapparaten en goed sanitair. **Surfrider Beach** (23.000 Pacific Coast Hwy) heeft een topreputatie bij ervaren surfers. Vlakbij staat de uit het begin van de 19e eeuw stammende **Malibu Pier** (23000 Pacific Coast Hwy, www.parks.ca.gov/malibupier). De pier werd in 1993 verwoest tijdens een zware storm, maar werd in 2001 herbouwd en drie jaar later ingericht met een winkel voor visgerei en diverse restaurants en cafés. Een surfmuseum staat op de planning. Vanaf de pier vertrekken bootjes voor pleziertochtjes en verschillende visexpedities.

Eten en drinken

Voor motorrijders – **The Rock Store:** 30354 Mulholland Hwy, Cornell bij Malibu, tel. 1-818-889-1311, www.rock-store.com, vr.-zo. tot 18 uur. Het rustieke restaurant uit 1961 is vooral populair bij motorrijders, die in groten getale door de canyons in de omgeving scheuren. Wie met een volle maag wil gaan rijden, kan zich hier tegoed doen

aan stevige chiligerechten en goed gevulde soepen en sandwiches.

Santa Monica

▶ kaart 2, C-E 6/7

De bevolking van Los Angeles trekt
vooral in de hete zomermaanden en
masse naar de koelere Stille Oceaankust, waar Santa Monica met 92.000
inwoners een van de grotere steden
is. Al in de jaren 30 was het stadje met
zijn mooie stranden een populaire bestemming voor dagjesmensen, die aan
zee kwamen recreëren of hun zuurver-
diende centen op casinoschepen gingen
vergokken.

De belangrijkste winkelstraat van
Santa Monica is **Main Street**, drie stratenblokken ten oosten van Ocean Front
Walk. Vooral tussen Pico Boulevard en
Rose Avenue kunt u heerlijk flaneren tussen de elegante modeboetieks,
kunstgaleries en uitstekende restaurants.

Santa Monica Pier

Ocean Ave. en Colorado Ave.,
www.santamonicapier.org
De wereldberoemde pier vierde in 2009
met een enorm feest zijn honderdjarige
bestaan. De 300 m in de Stille Oceaan
uitstekende constructie is nog steeds
dé attractie van Santa Monica. Behalve
met talloze restaurants, snackbars en
winkeltjes waar souvenirs en visgerei te
koop zijn, nodigt de pier uit tot vertier
in pretpark Pacific Park (www.pacpark.
com), waar u kunt genieten van onder
andere een reuzenrad en een achtbaan.

In het kleine **Santa Monica Pier
Aquarium** (tel. 1-310-393-6149, www.
healthebay.org, di.-vr. 14–17, za., zo.
12.30-17 uur) kunt u naast roggen en
haaien ook inktvissen observeren.
Kleine bezoekers zullen de handgemaakte houten paardjes van de antieke

carrousel fantastisch vinden – Paul
Newman-fans herkennen ze wellicht
uit de filmklassieker *The Sting*.

Aan weerszijden van de pier ligt een
kilometerslang strand, dat zich uitstekend leent voor het bouwen van zandkastelen. Omdat de stroming hier niet
zo sterk is, kunnen ook kinderen hier
prima spelen en zwemmen.

Third Street Promenade

www.downtownsm.com
Het door de locals '3-Prom' genoemde
voetgangersgebied begint bij winkelcentrum Santa Monica Place en loopt
drie sratenblokken naar het noorden.
Behalve alle soorten winkels zijn hier
bioscopen, restaurants en cafés met
heerlijke terrasjes, eettentjes met een
aanbod dat varieert van oer-Ameri-
kaanse hotdogs tot Vietnamese soepen,
straatmuzikanten, schoenenpoetsers
en heel veel mensen die al het boven-
staande eens goed in zich willen opne-
men.

California Heritage Museum

2612 Main St,, Tel. 1-310-392-8537 ,
www.californiaheritagemuseum.
org, wo.-zo. 11-16, laatste rondleiding
15.30 uur, $ 8, senioren $ 5, kinderen
tot 12 jaar gratis entree
Het kleine museum bevindt zich in een
gebouw uit het einde van de 19e eeuw.
Te zien zijn wisselende tentoonstellingen met uiteenlopende thema's als de
historie van de surfsport, kunstnijverheid van de Navajo-indianen en Californische geschiedenis. Soms ook werk van
lokale kunstenaars.

Museum of Flying

3100 Airport Ave., tel. 1-310-398-2500,
www.museumofflying.org, vr.-zo.
10-17 uur, $ 10, kinderen 6-12 jaar $ 6
Deze plek kent een lange traditie in
de luchtvaart. Tot 1967 werden hier
de vliegtuigen van de Douglas Aircraft

Company gebouwd. Daarna ging het gerenommeerde bedrijf op in McDonnell Douglas Corporation. Het museum documenteert de bijdrage van Douglas aan de militaire en civiele luchtvaart. Te zien zijn onder andere een twintigtal vliegtuigen, zoals de Douglas A-4 Skyhawk waarmee het beroemde luchtacrobatiekteam Blue Angels heeft gevlogen en een Douglas DC-3 Monument uit de jaren 40. Tot de historische iconen van het museum behoort een nagebouwde Flyer I, waarmee de gebroeders Wright in 1903 luchtvaartgeschiedenis schreven.

Fietstocht op de South Bay Bicycle Trail

Lengte traject: 35 km, fietsverhuur: Sea Mist Rentals, Santa Monica Pier, tel. 1-310-395-7076, ca. $ 20 per dag, kaart bij het Visitors Center in Santa Monica

Frisse zeelucht, zon, mooie kustplaatsen en met wat geluk walvissen en dolfijnen op korte afstand van het strand: de South Bay Bicycle Trail toont een heel andere kant van megacity Los Angeles. Deze geasfalteerde trail, die in het **Will Rogers State Beach** in Santa Monica begint en voor het grootste deel vlak is, is een van de populairste fietsen skateroute aan de kust.

Het pad slingert, altijd vlak bij het strand, door de kustdorpjes aan de Stille Oceaan en eindigt na 22 mijl (35 km) bij **Torrance County Beach** ten zuiden van Redondo Beach. In de zomer kan het, vooral in de weekends, erg druk zijn. Zeker in Hermosa, Redondo, Manhattan Beach en Venice, waar heel Los Angeles dan strandvertier lijkt te zoeken. Ten zuiden van Venice Beach verlaat het pad de kustlijn, omdat de jachthaven van Marina del Rey in de weg ligt. In de straten van het stadje is de route

South Bay Bicycle Trail

dan helaas niet zo goed aangegeven. Ter hoogte van sommige pieren moet je afstappen en tussen grote drommen voetgangers oversteken.

De enige echt storende factor op de hele route is de internationale luchthaven van Los Angeles, al heeft het drukke vliegverkeer vlak boven je hoofd ook wel weer zijn charme.

Kijk in bochten goed uit voor zand, dat zowel door de zeewind als strandgangers over het fietspad wordt uitgestort.   ▷ blz. 151

Marlowe lost op – tussen Malibu en Santa Monica

Misschien beleef je een maanloze nacht in Santa Monica anders wanneer je veel misdaadverhalen van Raymond Chandler hebt gelezen. Zijn detective Philip Marlowe begeeft zich altijd aan de zelfkant van de samenleving, niet zelden gehuld in de nevel van de rotsige kust van Malibu, waar koplampen spookachtig als dwaallichten over de Pacific Coast Highway bewegen.

Kaart: ▶ E/F 7; kaart 2, C/D 6/7

Info: Esotouric biedt bustours aan naar de plaatsen delict van de boeken van Chandler (www.esotouric.com).

Raymond Chandler (1888-1959) is een van de belangrijkste misdaadschrijvers van de Verenigde Staten. In de schaduw van de American dream liet hij in de meeste van zijn boeken Philip Marlowe opdraven, een eenzame en melancholieke privédetective. De verlegen auteur weerspiegelde zichzelf in zijn beroemde hoofdpersonage, maar leidde met zijn achttien jaar oudere vrouw Cissy een zeer teruggetrokken bestaan.

Drank en writer's block

Marlowes levensfilosofie is mooi samengevat in de volgende zin: 'Ik trok nog een fles scotch open en wachtte.' Zijn kantoor lag op de zesde etage van het Cahuenga Building op Hollywood Boulevard (Raymond Chandler Sq., Hollywood Blvd. en Cahuenga Blvd.) achter een sjofele deur met getextureerd glas. Daar dacht hij na over zijn zaken, altijd met een fles whiskey binnen handbereik.

Chandler werd als kind al geconfronteerd met het alcoholisme van zijn vader. Later greep hij zelf naar de fles, klaarblijkelijk om remmingen en writer's block te overwinnen. Toen hij in 1946 dreigde de deadline van het scenario voor de film The Blue Dahlia te missen, was hij een week lang dronken onder medisch toezicht; zo kreeg hij het script toch nog op tijd af. Door zijn drankzucht was Chandler in 1934 al ontslagen als directeur van een oliemaatschappij.

Philip Marlowe werd op het witte doek gestalte gegeven door onder anderen Robert Mitchum en Humphrey Bogart. Chandler zelf had liever gezien dat Cary Grant de rol had gespeeld, omdat hij het uiterlijk van zijn privédetective beschreef als 'zeer redelijk'. Waarschijnlijk projecteerde Chandler zijn eigen wensbeeld op Marlowe. Billy Wilder, met wie de misdaadauteur in 1943 aan het scenario van Double Indemnity werkte, zei ooit dat hij het uiterlijk had van een schuchtere bankbediende en het dunner wordende haar dat zo typerend is voor alcoholisten.

Plaats delict: Malibu Pier

Wie Chandlers romans kent, weet dat Philip Marlowe regelmatig op pad was langs de Stille Oceaankust. Veel 'bewijsmateriaal' is door de jaren heen verdwenen of bestond slechts in Chandlers fantasie. Dat de voormalige scenarioschrijver op voet van oorlog leefde met de filmstudio's, komt tot uitdrukking in The Little Sister. Malibu, in het boek Lido genoemd, was al in de jaren 30 en 40 een toevluchtsoord voor filmsterren. Voor hun oppervlakkige levensstijl had Chandler niets dan minachting. Hij schreef dan ook met veel spot over blauwe en roze badkuipen, limousines en wat hij 'strandhuismoraal' noemde.

Een 'echte' plaats delict van Chandler is te vinden aan de kust van Malibu. Toen regisseur Howard Hawks in 1946 de film The Big Sleep draaide, naar de gelijknamige roman van Chandler, met Humphrey Bogart en Lauren Bacall in de hoofdrollen, speelde één van de scènes zich af op de Malibu Pier (23.000 Pacific Coast Hwy), die in de roman Lido Pier heet: Hawks zou tijdens het draaien telefonisch contact hebben gezocht met Chandler, om te vragen wie nu eigenlijk de moordenaar was van de chauffeur die met auto en al van de pier was gestort. Het antwoord was typisch Chandler. Hawks kon toch niet van hem verwachten dat hij het plot van een vijf jaar eerder geschreven boek nog uit zijn hoofd kende ... In de roman rijdt hoofdinspecteur Ohls met Marlowe naar de crime scene en parkeert hij zijn auto voor een boog, waarachter 'een lange pier met witte paaltjes' in zee steekt. De boog is echter nergens te vinden, en de pier, gelegen tussen de Malibu Pier Club en het Beachcomber Cafe, ziet er meer uit als een gezellige vakantiebestemming dan een plek waar een vreselijke misdaad is gepleegd.

Op onderzoek met Marlowe

Een stukje verderop buigt de Tuna Canyon richting de bergen af van de Pacific Coast Highway. De bochtige, deels

steile en door bossen omzoomde straat met eenrichtingsverkeer is alleen toegankelijk via de Topanga Canyon Road. Vroeger gebeurden hier veel ongevallen waarbij tal van fietsers berokken waren. In *Farewell, My Lovely* zult u vergeefs zoeken naar de Tuna Canyon, omdat Chandler hem Purissima Canyon heeft genoemd. Marlowe rijdt met zijn opdrachtgever Lindsay Marriott 's nachts door deze kloof, om voor achtduizend dollar een gestolen jadeketting terug te kopen van de dieven.

Waar de privédetective precies bewusteloos wordt geslagen met een ploertendoder en de schedel van zijn passagier wordt ingeslagen, is niet exact vast te stellen. In de canyon voel je 's avonds echter wel de door Chandler beschreven sfeer: krekels tsjilpen, in de lucht snuif je de geur op van de op de rode klei groeiende saliestruiken, terwijl je in de verte het verkeer over de Pacific Coast Highway voorbij ziet denderen.

Onderweg in Bay City

Marlowe had een bijzonder afstandelijke relatie met Bay City. De stad die zich schuilhoudt achter die naam is **Santa Monica**, dat in de jaren 30 een moeras van corruptie, prostitutie en criminaliteit was. De detective zou de stad tegenwoordig niet meer herkennen. Het in 1938 voor de kust liggende casinoschip S. S. Rex (in de boeken van Chandler heette het de Montecito) is verdwenen, net als de watertaxi's die mensen van twijfelachtig allooi naar deze en andere drijvende gokpaleizen brachten. Wat is gebleven, is de **Santa Monica Pier**, die in de boeken van Chandler Pacific Pier heette.

In *Farewell, My Lovely* legt Philip Marlowe een bezoekje af aan de politiechef, die kantoor houdt in **City Hall** (1685 Main St.). Hij beschrijft het stadhuis als 'een armoedig uitziend gebouw voor zo'n bloeiende stad, omgeven door sociaal uitschot uit de tijd van de wereldwijde economische crisis'. Op het dak bevond zich een torentje met een klok, die 'in de goede oude tijd van de pruimtabak werd geluid voor de vrijwillige brandweer'. De klokkentoren is inmiddels verdwenen, en Marlowe zou vast een stuk positiever zijn over het huidige, in 1937 gebouwde, langgerekte stadhuis.

Raymond Chandler kende alle hoeken van Santa Monica; hij en zijn vrouw Cissy resideerden er in 1940 en 1941. Het stel woonde en werkte in een zeer respectabel gebouw in het 400-blok van **San Vicente Boulevard.** Hier aan zijn bureau verzon hij legendarische zinnen als 'Zijn smoking zat zo goed, dat het bijna pijn deed' en 'Hij was net zo onopvallend als een tarantula op een kwarktaart'.

Talloze drinkwaterfonteintjes, toiletten, douches, eetstandjes, restaurants en winkeltjes zorgen ervoor dat het de fietser onderweg aan niets ontbreekt. Er zijn ook meer dan voldoende fietsverhuurbedrijven, die u ook kunnen helpen bij pech onderweg.

Overnachten

Comfortabel – **Best Western Gateway:** 1920 Santa Monica Blvd., tel. 1-310-829-9100, www.gatewayhotel.com, ca. $ 180. Modern hotel met vier etages. Alle 122 kamers hebben airco, kabeltelevisie, een koffiezetapparaat en wifi. Shuttlebusjes naar het strand en naar Third Street.

Basic – **Seaview Hotel:** 1760 Ocean Ave., tel. 1-310-393- 6711, www.seaview hotel.com, 2 pk vanaf $ 130. Het beste aan deze accommodatie zijn de locatie op slechts een paar stappen van de pier en het winkelcentrum, en de prijs. Het nadeel: het hotel is nogal gehorig en de kamers hebben geen airco, maar alleen een ventilator, wat in de hete zomer niet voor iedereen afdoende is.

Voor backpackers – **Hostelling International:** 1436 2nd St., tel. 1-310-393-9913, www.hilosangeles.org, ca. $ 40. Bedden op een slaapzaal, vlak bij het strand. De gerenoveerde herberg heeft ook een café waarin kan worden ontbeten, wifi, een televisiekamer en bagageopslag.

Eten en drinken

Altijd vers, goede wijn – **The Fig:** 101 Wilshire Blvd. tel. 1-310-319-3111, www. figsantamonica.com, dag. 7-14, 17-22 uur, ca. $ 35-50. Een 135 jaar oude vijgenboom in de buurt heeft dit restaurant zijn naam gegeven. Het aanbod is afhankelijk van het seizoen; de chef-

kok gebruik alleen verse, regionale producten.

Goed verzorgd – **Border Grill:** 1445 4th St., tel. 1-310-451-1655, www.border grill.com, ma.-vr. vanaf 11.30, za., zo. vanaf 10 uur, vanaf $ 15. In deze hippe Mexicaansen cantina komen volgens authentieke receptuur bereide chiligerechten uit Midden-Amerika op tafel – waarvan vele bijzonder pittig zijn. Op maandag wordt een vleesloos tweegangenmenu geserveerd voor $ 16. Tijdens happy hour (ma.-vr. 16-19, vr., za. na 21 uur) is het hier altijd druk.

Culinair Caraïbisch – **Port Royal Café:** 1412 Broadway, tel. 1-310-403-1292, ma.-vr. 11-21, za. 11-16 uur, ca. $ 15. Klein Jamaicaans tentje waar u authentieke gerechten van het eiland kunt bestellen. Veel kip, gebraden geitenvlees, in uien en knoflook gekookte spinazie en gebakken banaan.

Hemel voor vegetariërs – **Golden Mean:** 1028 Wilshire Blvd., tel. 1-310-393-6500, www.goldenmeancafe.com, zo.-do. 10-21, vr., za. tot 21.30 uur, $ 8-14. Restaurant dat gebruikmaakt van verse, biologisch gecultiveerde voedingsmiddelen en deze verwerkt in zorgvuldig bereide gerechten. Op de kaart staan salades, soepen, sandwiches en grotere gerechten. Als dessert is de kokosnootcake een aanbeveling.

Winkelen

Mekka van muziekinstrumenten – **McCabe's:** 3101 Pico Blvd., tel. 1-310-828-4497, www.mccabes.com, ma.-do. 10-22, vr., za. 10-18, zo. 12-18 uur. De beste muziekinstrumentenwinkel van Santa Monica heeft zich toegelegd op alle soorten snaarinstrumenten, van gitaren en mandolines tot violen en banjo's, maar ook uitheemse varianten als Griekse bouzouki's, Indiase sitars en Arabische oeds.

Groente en fruit – Farmer's Market: 2640 Main St., zo. 8-13 uur. Boerenmarkt op het parkeerterrein van het victoriaanse California Heritage Museum met fruit, groente en bloemen, allemaal vers van het land.

Actief

Historische architectuur – Santa Monica Conservancy: P. O. Box 653, Santa Monica, CA 90406-0653, tel. 1-310-496-3146, www.smconservancy.org. De organisatie van vrijwilligers organiseert elke zaterdag om 10 uur een twee uur durende wandeling met als thema de 130-jarige architectuurhistorie van Santa Monica. Startpunt is het gebouw van Hostelling International (1436 2nd St., $ 10).

Pierhistorie – Santa Monica Pier Walking Tour: Santa Monica Pier, www.santamonicapier.org, za., zo. 11 en 12 uur, startpunt Pier Shop bij de historische carrousel, gratis. De docenten nemen hun gasten mee op een tijdreis door de spannende, meer dan honderd jaar oude pierhistorie. Bijzonder (en fotogeniek) is het 'End of the Trail'-bord dat het eindpunt markeert van de legendarische Route 66 tussen Chicago en Santa Monica.

Met eigen butler – Perry's Cafe: 2400 Ocean Front Walk, tel. 1-310-452-7609, www.perryscafe.com. Dit restaurant heeft drie vestigingen op het strand van Santa Monica. In alle drie kunt u een butler huren die ervoor zorgt dat het u aan niets ontbreekt – van een ligstoel, een parasol en zonnebrandolie tot snacks en cocktails ($ 65 per dag voor twee personen, consumpties niet inbegrepen).

Op rolletjes – Sea Mist Bike Rentals: 1619 Ocean Front Walk, tel. 1-310-395-7076. Verhuur van fietsen en rollerblades.

Futuristisch – Segway Los Angeles: 1431 Ocean Ave., tel. 1-310-395-1395, www.segway.la. Segwaytours op het fietspad van Santa Monica Beach naar Venice Beach en terug (ca. 2 uur, $ 84).

Volledig ontspannen – Burke-Williams-Spa: 1358 4th St., tel. 1-310-587-3366 of 1-866-239-6635, www.burkewilliamsspa.com. Huid- en nagelverzorging, Zweedse, Japanse en Thaise massages en allerlei andere relaxtherapiën in een chique ambiance.

Uitgaan

Intiem – Harvelle's Blues Club: 3rd Street Promenade, 1432 4th St., tel. 1-310-395-1676, www.harvelles.com, dag. vanaf 20 uur. Intieme club die al sinds de jaren 30 bestaat. Met blues, jazz, rock, funk en burleskshows is dit een hotspot voor nachtbrakers.

Entertainment op niveau – **Catch:** 1910 Ocean Way, in het Casa Del Mar-hotel, tel. 1-310-589-4315, www.hotel casadelmar.com, dag. vanaf 18 uur. Cocktails drinken met uitzicht op zee in een classy bar. Het aanbod martini's is overweldigend, de wijnkaart uitstekend. In het weekend kunt u genieten van live jazz.

Venice Beach *

▶ kaart 2, D 7/8

Ocean Front Walk

Centrum tussen Brooks St. en South Venice Blvd.

De beroemde Ocean Front Walk in Venice Beach is niet zomaar een strandpromenade. Oké, het circa 5 km lange pad loopt zoals elke boulevard tussen het palmenstrand aan de ene kant en een rij winkels, hotels en restaurants aan de andere, maar het heeft een unieke sfeer die je nergens anders in de wereld tegenkomt. Dat komt door de bijzondere mix van vaste bezoekers. Zij maken er een mooie combinatie van openluchtcircus, podium voor exhibitionisten en catwalk voor zanglustige pensionado's, wannabe-entertainers, muzikanten, schilders, amateuracteurs, waarzeggers en andere 'artiesten' van. Dat je in het weekend nauwelijks een onderscheid kunt maken tussen acteurs en flanerende locals, zegt eigenlijk alles en maakt de Ocean Front Walk tot een fantastische belevenis (zie Favoriet blz. 154).

Muscle Beach

Ocean Front Walk tussen 17th en 19th St.

De omstandigheden op de stranden van Vanice Beach zijn ideaal voor sportievelingen. Er zijn volley- en basketbalvelden, tennisbanen, ▷ blz. 156

Langs het kanaal van Venice Beach is het mooi wonen

Favoriet

Openluchtpodium Ocean Front Walk in Venice Beach ▶ kaart 2, D 7

Los Angeles zit niet verlegen om uitzonderlijke, bizarre en curieuze mensen, maar Ocean Front Walk in Venice Beach toont de mentaliteit van de Zuid-Californiërs ongefliterd en in volle glorie. Vooral in het weekend lopen er zulke vreemde snuiters rond – zowel acteurs als toeschouwers – dat je niet weet of je je nu bevindt in een rariteitenkabinet of bij een openluchtcircus, of je nu kijkt naar een podium van exhibitionisten of een catwalk voor ijdeltuiten, of dat je door de gangen van een psychiatrische inrichting loopt (zie blz. 153).

halfpipes voor skateboarders en gladde paden voor fietsers en skeeleraars. Maar nergens komen doe- en kijksport zo bij elkaar als op Muscle Beach. Bodybuilders werken zich op apparaten onder de blote hemel, voor vaak heel wat toeschouwers, in het zweet. Zo wordt de spierenarena onderverdeeld in twee categoriën mens: vriendelijke exhibitionisten aan de ene en toeschouwers aan de andere kant van het hek.

De kanalen van Venice

Tussen Washington Ave. en Venice Blvd. ten oosten van de Pacific Ave.

Toen een rijke sigarettenfabrikant rond de vorige eeuwwisseling begon met het uitgraven van kanalen om zo zijn droom van een Californische lagunenstad naar Italiaans voorbeeld te stichten, was het logisch dat die stad Venice zou moeten heten. Helaas voor hem bleef het bij slechts een paar waterstraten, maar de naam was er. In de jaren 90 trok het stadsbestuur de oorspronkelijke plannen weer uit de kast en werden een paar kanalen de inmiddels gedempt waren in volle glorie hersteld. Tegenwoordig is Venice een charmante woonwijk met houten bruggen en mooie huizen met weelderige voortuinen.

Eten en drinken

People watching – **Sidewalk Café:** 1401 Ocean Front Walk, tel. 1-310-399-5547, www.thesidewalkcafe.com, dag. 8-23 uur, ma.-vr. 16-19 uur happy hour, za., zo. champagnebrunch vanaf 10 uur, vanaf ca. $ 8. Om de bedrijvigheid op Ocean Front Walk ongestoord te volgen, kunt u het beste op het terras van deze tent gaan zitten. De breakdancers, degenslikkers, vuurspuwers en alle superhelden denkbaar trekken vanzelf aan u voorbij.

Zeevruchten – **Restaurant Hama:** 213 Windward Ave., tel. 1-310-396-8783, www.hamasushi.com, dag. 17-23 uur, vanaf $ 8. Als u geen problemen hebt met drukte en lawaai, is dit een goede plek voor sushi en sashimi – de keuze is enorm, de kwaliteit hoog. Daarnaast staan op de kaart soepen, salade's, vegetarische gerechten en vis en zeevruchten. Aan het eind van de dag zingen de koks samen met de laatste gasten *Hotel California*. Happy hour van 17-19 uur en in het footballseizoen tot het laatste fluitsignaal.

Marina del Rey

▶ kaart 2, E 8

Liefhebbers van zeilboten moeten de jachthaven van Marina del Rey, met een kleine vijfduizend jachten, zeker even bezoeken. Maar ook wie minder met boten heeft, zou een rondje moeten lopen om de in 1962 kunstmatig aangelegde haven, waarin elk jaar zo'n honderdduizend watersporters voor anker gaan.

Winkelen

Rond de vuurtoren – **Fisherman's Village:** 13755 Fiji Way. Rond een 20 m hoge vuurtoren gelegen toeristische winkel- en restaurantwijk in de stijl van een vissersdorpje. Behalve shoppen en eten kunt u hier ook een boottocht naar Catalina op de Channel Islands boeken. In het weekend speelt bij mooi weer een bandje op Lighthouse Plaza.

Alles onder één dak – **Villa Marina Marketplace:** 13450 Maxella Ave., www.villamarinamarketplace.com, dag. 10-18 uur. Grootste winkelcentrum van Marina del Rey met circa zeventig winkels en eetgelegenheden en een 24/7 geopende supermarkt met apotheek.

Actief

Door de haven – **sightseeingtour:** 4701 Admiralty Way, www.visitmarinadel rey.com. In het Visitors Bureau vindt u een brochure met zes wandeltochten door het havengebied, die met elkaar verbonden kunnen worden.

South Bay ▶ kaart 4, B 3/4

Onder deze naam staan meerdere *beach communities* in het zuidelijke deel van de Santa Monica Bay bekend, zoals Palos Verdes (tot San Pedro).

Manhattan Beach

Kilometerslange stranden maken van deze 35.000 zielen tellende gemeenschap een van de aantrekkelijkste kustdorpjes van Californië. Het is dan ook geen wonder dat drie van de Beach Boys, die de legendarische *surf sound* in de jaren 60 op de kaart hebben gezet, uit het iets verder naar het oosten gelegen **Hawthorne** komen.

Manhattan Beach is onder insiders bekend als een perfecte surfspot. Hier zou tevens beachvolleybal zijn uitgevonden en er worden dan ook tal van evenementen rond deze sport georganiseerd. Aan het eind van de in 1920 gereedgekomen, 282 m lange pier is een afgerond paviljoen. Het **Roundhouse Aquarium** beschikt onder andere over een haaientank en ondiepe poelen, waarin minder gevaarlijke zeebewoners kunnen worden aangeraakt (www.roundhouseaquarium.org, ma.-vr. 14-17, za., zo. 10-17 uur, in de zomer langer, $ 2-5).

Hermosa Beach

Net als Manhattan Beach staat dit plaatsje zich erop voor het beachvolleyballen tot een internationale sport te hebben verheven. Onder surfers geldt de kust van Hermosa Beach als een topplek. Sinds 2003 worden jaarlijks weer een paar bronzen sterren van surfhelden toegevoegd aan de Surfers Walk of Fame op de pier. Wie zelf wil leren surfen, kan hier cursussen volgen (Campsurf, 2120 Circle Dr., tel. 1-424-237-2994, www.campsurf.com).

Redondo Beach

Ook in Redondo Beach vormt de pier (www.redondopier.com) met zijn vele restaurants, fastfoodtentjes en winkels het middelpunt van het openbare leven. In tegenstelling tot die in andere stadjes bestaat de pier van Redondo Beach echter niet uit één, maar uit vier verschillende, met elkaar verbonden steigers van gewapend beton. Ten noorden van de pier ligt een door twee dammen beschermde haven waarin tal van kleine marina's liggen.

Palos Verdes

Ten zuiden van Redondo Beach ligt de Palos Verdes Peninsula als een door kliffen omzoomde rots in de Stille Oceaan. Op 145.000 inwoners grote **Torrance** na zijn hier alleen kleine dorpjes. Wilt u Palos Verdes goed verkennen, dan kunt u het beste over de langs de rotskust lopende Palos Verdes Drive rijden. Hiervandaan heeft u op veel plekken een schitterend uitzicht op de voor de kust liggende Channel Islands.

Info en evenementen

Informatie

Manhattan Beach Chamber of Commerce: 425 15th St., Manhattan Beach, CA 90266, tel. 1-310-545-5313, www.manhattanbeachchamber.com

Evenementen

International Surf Festival: eind juli, begin augustus tonen ▷ blz. 160

Hermosa Beach is een zeer populaire surfspot

de beste surfers van de wereld hun kunsten in onder andere Manhattan Beach (www.surffestival.org).

Long Beach en San Pedro ▶ kaart 4, C 4

Het aan de baai van San Pedro gelegen Long Beach is met 465.000 inwoners de vijfde grootste stad van Californië en is min of meer vergroeid met San Pedro. De haven van Long Beach is de tweede grootste van de Verenigde Staten (na die van Los Angeles, die er pal naast ligt) en de twintigste in de wereld. In de binnenstad kunt u prima shoppen en eten, maar de gezellige en mondaine Queensway Bay in het havengebied geeft u met zijn marina's, waterpartijen en palmbomen het gevoel op een Caraïbisch eiland te zijn. De aan de waterkant gelegen Shoreline Village heeft zich ontwikkeld tot een publiekstrekker. Het 'dorp' bestaat uit restaurants, ijssalons, souvenirwinkels, boetieks en verhuurstations voor watersportuitrusting (www.shorelinevillage.com, dag. 10-21 uur).

Aquarium of the Pacific

100 Aquarium Way, Long Beach, tel. 1-562-590-3100, www.aquariumof pacific.org, dag. 9-18 uur, $ 30, kinderen 3-11 jaar $ 18

Zo'n 12.500 zeebewoners en tentoonstellingen over de zee bij Zuid-Californië, het noorden van de Stille Oceaan en de tropische riffen in het zuiden ervan geven bezoekers inzicht in de fascinerende maritieme flora en fauna. De publiekstrekker zijn de Shark Lagoon met meer dan honderdvijftig haaien en het prachtige Lorikeet Forest, waarin exotische vogels letterlijk uit uw hand eten.

Los Angeles Maritime Museum

Berth 84, E. 6th St. en Sampson Way, San Pedro, tel. 1-310-548-7618, www.

lamaritimemuseum.org, dag. 10-17 uur, $ 5, kinderen gratis entree

Het in een voormalige veerbootterminal gevestigde museum is gewijd aan de zeevaartgeschiedenis en de marine. De tentoonstelling is bijzonder rijk aan verschillende op schaal nagemaakte scheepsmodellen. Daarnaast draait het hier om nautische kunst en het werk van professionele duikers. Een van de grootste 'objecten' is de brug van een slagschip.

Museum of Latin American Art

628 Alamitos Ave., tel. 1-562-437-1689, www.molaa.org, wo.-zo. 11-17, do. tot 21 uur, $ 10, kinderen tot 12 jaar en zo. toegang gratis

In dit museum is veel te zien dat in de periode na de Tweede Wereldoorlog is gemaakt door Spaans en Portugees sprekende kunstenaars uit Latijns-Amerika en het Caraïbisch gebied. Dit is de grootste collectie van dit soort kunst ter wereld. De permanente tentoonstellingen bestaat uit schilderijen en beeldhouwwerken, daarnaast zijn er tweemaal per jaar tijdelijke exposities met diverse thema's.

Pacific Battleship Center

250 S. Harbor Blvd., San Pedro, tel. 1-877-446-9261, www.pacific battleship.com, dag. 9-17 uur, $ 18

Het slagschip Iowa werd tijdens de Tweede Wereldoorlog zowel in de Atlantische als in de Stille Oceaan ingezet als luchtafweer voor vliegdekschepen. In 1990 ging het schip met pensioen en sinds 2012 is het aan de Waterfront van San Pedro te zien als museumschip.

Queen Mary

1126 Queens Hwy, tel. 1-562-499-1050, www.queenmary.com, dag. 9-17 uur, $ 27, kinderen 5-11 jaar $ 17,50

Toen dit drijvende paleis in 1934 te water werd gelaten, gold het als het snelste en grootste luxeschip op de Noord-Atlantische route. Na 1001 maal tussen Amerika en Europa te hebben gevaren ging de indrukwekkend oceaanreus in 1967 voorgoed voor anker in de haven van Long Beach. Sindsdien is het een hotel en museum.

Naast deze kolos ligt de ontmantelde Russische onderzeeër Scorpion, die tijdens de Koude Oorlog tussen 1973 en 1994 de wereldzeeën bevoer.

Alamitos Bay

De aan de zuidoostelijke stadsrand van Long Beach (E. 2nd St.) gelegen baai is slechts door een smalle doorgang met de Stille Oceaan verbonden. Binnen de baai ligt de wijk Naples, die bestaat uit drie door kanalen van elkaar gescheiden eilandjes.

Net als Old Venice (zie blz. 156) is dit een idyllische woonwijk met mooie, deels enorme huizen met gezellige tuinen en bij elke villa een of meer afgemeerde boten.

De straten rond het Rio Alto-kanaal dragen Italiaanse en Spaanse namen, van Garibaldi Lane en Syracuse Walk tot Siena Drive en Toledo Avenue. Het gebied rond de baai is perfect voor een ontspannen wandeling.

Fietstocht door Long Beach

Lengte: ca. 18 km, fietsverhuur: Wheel Fun Rentals, Shoreline Village Dr., tel. 1-562-951-3857, www.wheelfunrentals.com, $ 12 per uur, kaarten met fietsroutes op www.bikelongbeach.org/maps/

Geen enkele stad in Zuid-Californië heeft er de laatste jaren zo veel aan gedaan om het predikaat 'fietsvriendelijk' te krijgen als Long Beach. Een fietspad vlak bij de kustlijn meandert door het **Shoreline Village** en langs het **Aquarium of the Pacific** (zie blz. 160). Langs het strand slingert het zich naar de groene oase **Bixby Park** en verder door het historische **Belmont Heights** richting **Naples,** dat in de **Alamitos Bay** op drie door kanalen gescheiden, aan het begin van de 19e eeuw opgespoten eilandjes ligt. Deze mooie woonwijk met kapitale villa's en weelderige tuinen heeft een tropische sfeer en biedt prachtige panorama's van de baai.

Terug bij het strand van Long Beach loopt het pad langs de historische **Belmont Plaza Pool,** waar in 1968 en 1976 de Amerikaanse kwalificaties voor de Olympische Spelen plaatsvonden. Het complex zal in de nabije toekomst worden verbouwd. Iets verderop ligt de de

Long Beach, fietstocht

in 1967 geopende **Belmont Pier**, die bijna 500 m in zee steekt. Dit is een goede plek om even bij te komen. Het fietspad loopt verder langs het strand naar het beginpunt.

Overnachten

Naast het metrostation – **Best Western of Long Beach:** 1725 Long Beach Blvd., Long Beach, tel. 1-562-599-5555, www.bwoflongbeach.com, 2 pk vanaf $ 180. Centraal gelegen hotel naast het station van de Metro Blue Line naar Downton Los Angeles. Kamers met gratis wifi, koelkast en magnetron, verwarmd zwembad, ontbijt en gratis parkeren.

Mooie B&B – **Beachrunners' Inn:** 231 Kennebec Ave., Long Beach, tel. 1-562-856-0202, www.beachrunnersinn.com, 2 pk vanaf $ 135. Lieflijke bed and breakfast in een huis uit 1913 op een steenworp afstand van het strand. De vijf gastenkamers hebben alle een eigen badkamer, plafondventilator, televisie en koffiezetapparaat. Het uitgebreide ontbijt is in de prijs inbegrepen.

Eten en drinken

Latijns-Amerikaanse keuken – **Alegria Cocina Latina:** 115 Pine Ave., Long Beach, tel. 1-562-436-3388, www.alegria cocinalatina.com, ma.-do. 11.30-22, vr., za. 17-2, zo. brunch 11.30-22 uur, 3e vr. van de maand lunchbuffet $ 15. Latijns-Amerikaanse flair, en dat ligt niet alleen aan het eten. Op de kaart staan moderne variaties op de authentieke keuken van de regio, met gerechten als vegetarische lasagne, enchiladas met kip en tijgergarnalen in knoflook-cayenne-tequilasaus.

Voor bierliefhebbers – **The Whale & Ale:** 327 W. 7th St, San Pedro, tel. 1-310-832-0363, www.whaleandale.com, ma. 17-21, di.-vr. 11.30-21, za., zo. 13-22 uur, $ 6-12. Geslaagde combinatie van restaurant en pub met een interieur uit de victoriaanse tijd, niet ver van de haven. Naast allerlei Britse en internationale biersoorten staan er op de kaart ook pubgerechten als *bangers & mash* en *shepherd's pie*.

Topsteaks – **555 East Restaurant:** 555 E. Ocean Blvd., Long Beach, CA 90802 tel. 1-562-437-0626, www.555east.com,

Tip

Dagtochtje naar Catalina Island

Vanuit zowel Long Beach als San Pedro kunt u met de Catalina Express naar Catalina Island (tel. 1-800-613-1212, www.catalinaexpress.com, febr.-okt. dag., retour $ 73,50, kinderen 2-12 jaar $ 58, tot 2 jaar $ 5). De overtocht duurt ongeveer 1 uur. Wie haast heeft, neemt de helikopter van de Island Express Helicopter Service (1175 Queen's Hwy, tel. 1-800-228-2566, www.island express.com, retour $ 250 per persoon, vanuit San Pedro $ 300); dan ben je er in een kwartiertje.

Een parkeerplek in de vertrekhaven kost $ 14-17 per dag. Wilt u kosten besparen, kijk dan op www.catalina chamber.com/get-here. Hier staan regelmatig speciale aanbiedingen op met goedkoop vervoer en verblijf. U kunt het eiland verkennen per busje of terreinwagen (www.visitcatalinaisland. com/activities-adventures/land). Voor langere hikes heeft u een (gratis) vergunning nodig (Catalina Island Conservancy, tel. 1-310-510-1445, www. catalinaconservancy.org).

ma.-do. 17.30-22, vr., za. 17-23, zo. 16-22 uur, steaks $ 25-50. Welke steak u hier ook kiest, hij is altijd van topkwaliteit en perfect gebakken. Geen zin in vlees? De zeevruchten zijn net zo goed.

Winkelen

Voor elke smaak – **Crafted:** 110 & 112 E. 22nd St., San Pedro, tel. 1-310-732-1270, www.craftedportla.com, vr.-zo. 11-19 uur. Honderden designers, kunstenaars, ambachtslieden en sieradenmakers verkopen in een grote hal hun producten. U kunt hier terecht voor accessoires, decoraties, speelgoed en originele souvenirs. Uiteraard is er ook gezorgd voor een hapje en een drankje.

Actief

Schudden met die heupen – **Cowboy Country:** 3321 E. South St., tel. 1-562-630-3007, www.cowboycountry.mu, wo., vr., za. 18-2 uur. Wilt u zich laten inwijden in de geheimen van de *square dance* en andere cowboydansen, dan bent u in dit rustieke restaurant met de sfeer van Texas aan het juiste adres. Dansen is volledig gratis.

Uitgaan

Chique uitgaansstraat – **Pine Avenue:** in deze straat, die van noord naar zuid door de binnenstad van Long Beach loopt, stikt het van de smaakvolle restaurants, bars en clubs. Een paar (op dit moment) populaire clubs in de straat zijn Cuban Pete's (245 Pine Ave., www.cubanpeteslongbeach.com), Rhythm Lounge (245 Pine Ave., www.rhythm-lounge.com) en Sevilla Nightclub (140 Pine Ave., www.longbeach.sevillanightclub.com).

Amusement – **The Pike Outlets:** 95 South Pine Ave., Long Beach, tel. 1-562-432-8325, www.ddr.com/properties/A20124, wisselende openingstijden. Bars, pubs, pizzeria's, restaurants, boetieks, een reuzenrad, een amusementscentrum en een bioscoop in een vooral 's avonds populaire entertainmentwijk.

Info en evenementen

Evenementen

Long Beach Jazz Festival: aug. Dit festival trekt al meer dan twintig jaar muzikanten en toeschouwers uit de hele Verenigde Staten (www.long beachjazzfestival.com).

Het Disney-imperium

Het amusementsimperium in Anaheim ligt niet aan de kust, maar is vanuit Long Beach makkelijk te bereiken via de San Diego Freeway, de Garden Grove Freeway en de Santa Ana Freeway. De ware geboorteplaats van Mickey Mouse is het in 1955 in Anaheim geopende Disneyland Park. In dit eerste grote pretpark ter wereld vonden door filmproducent Walt Disney (1859-1941) bedachte tekenfilmfiguren als Donald Duck en Goofy een thuis. Sinsdien is het een enorme trekpleister, vooral voor gezinnen; kinderen van alle leeftijden gaan hier uit hun dak.

Wat ooit bescheiden begon, is inmiddels uitgegroeid tot een complex van 340.000 m² met meer dan zestig attracties, waaronder veel zogenaamde *rides* – ritjes. In 2001 werd het originele park uitgebreid met Disney's California Adventure Park. Dit modernere pretpark kom tegemoet aan de nauwelijks te stillen honger van het publiek naar steeds weer snellere en angstaanjagendere achtbanen.

Disneyland Park ▶ kaart 4, E 3

1313 Harbor Blvd., Anaheim, tel. 1-714-781-4565, disneyland.disney. go.com, 9-22/23/24 uur (check website), goedkoopste dagkaart $ 95, normaal $ 105, hoogseizoen $ 119, dagkaart beide parken vanaf $ 149, kaart voor 2 dagen $ 195 (2 parken $ 235), 3 dagen $ 255 ($ 295) kinderen 3-9 jaar krijgen (een beetje) korting

Het hart van het 'oude' Disneyland-pretpark is *Main Street USA*, een victoriaanse straat met winkeltjes die in het centrum van het parkdeel *Fantasyland* voert naar het kasteel van Doornroosje, *Sleeping Beauty Castle*. Rond dit centrum zijn weer andere 'werelden' gegroepeerd, zoals *Adventureland* met piratengrotten, Tarzans boomhut, een achtbaan en een jungle, waar bezoekers met een boot doorheen kunnen varen. Het thema van *Frontierland* is het Wilde Westen en in *Critter County* ligt onder andere de wildwaterbaan *Splash Mountain*. In het futuristische *Tomorrowland* kunt u in de diepe zee duiken en met een raket de ruimte in.

California Adventure Park

Zie Disneyland Park

Ook dit aan het begin van het millennium geopende park is onderverdeeld in deelparken met elk een eigen thema. In de *Hollywood Pictures Backlot* draait alles om de wereld van de film. Hoogtepunt hiervan is de medio 2017 geopende *Guardians of the Galaxy*, die de populaire, maar verouderde *Tower of Terror* vervangt. Achtbaanliefhebbers moeten voor hun shotje adrenaline naar de *Paradise Pier*. Hier wacht een aantal rollercoasters, zoals de *California Scream*, die een topsnelheid van 90 km/h bereikt, en de *Maliboomer*, die zijn passagiers in twee seconden 60 m recht omhoog katapulteert. Uiteraard zijn er ook minder angstaanjagende attracties voor kinderen.

Knott's Berry Farm ▶ kaart 4, D 3

8039 Beach Blvd., Buena Park, tel. 1-714-220-5200, www.knotts.com, ma.-vr. 10-18, za. 10-22, zo. 10-19 uur, in het hoogseizoen ruimere openingstijden, dagkaart $ 75, kinderen 3-11 jaar en senioren 62+ $ 42, online korting

California Adventure Park biedt adrenalineverhogende *rides* voor alle leeftijden

Dit pretpark begon lang geleden (vóór Disneyland!) met een klein wildweststadje op een boerenerf, maar bestaat tegenwoordig uit zes werelden met klassieke en moderne attracties; de kleintjes kunnen in de carrousel met oldtimers, de tieners in een hele rits highspeedachtbanen.

Soak City Water Park

Zie Knotts Berry Farm, www.soak cityoc.com, dag. 10-19 uur, $ 35, kinderen 3-11 jaar en senioren 62+ $ 25, online korting

Waterpark dat in de zomer voor heerlijke verkoeling zorgt met zwembaden, een golfslagbad en glijbanen.

De kust tussen Los Angeles en Monterey

Hoogtepunten ✳

Santa Barbara: de 100.000 inwoners tellende kustplaats is een van de aantrekkelijkste steden van Californië. Na een aardbeving in de jaren 20 besloot de gemeente de stad te herbouwen in decoratieve Spaans-koloniale stijl, en die stijl zijn de bouwheren door de jaren heen trouw gebleven. Zie blz. 168

Hearst Castle: ja, dit op een heuvel liggende 'paleis' is absoluut een gevalletje grootheidswaanzin, maar indrukwekkend is het huis dat de steenrijke krantenmagnaat William Hearst voor zichzelf liet bouwen in elk geval. Zie blz. 187

Op ontdekkingsreis

Indianenkunst – de Painted Cave bij Santa Barbara: mysterieuze symbolen sieren de wanden van een verborgen grot in een afgelegen canyon in de bergen van Santa Barbara. Ze stammen van de Chumash-indianen, zoveel is duidelijk. Zie blz. 176

Door golven omgeven zeeleeuwenhangout – Point Lobos: met veel geraas breken woest schuimende golven op de kust. De natuurpracht van Point Lobos maakt indruk op elke bezoeker. Zie blz. 184

Monterey
Carmel
Fort Ord National Monument

Point Lobos

Hearst Castle

Pismo Beach

Santa Ynez
Indianenkunst – Painted Cave

Santa Barbara

Los Angeles

Bezienswaardigheden

Mission San Carlos Borroméo: de missie in Carmel is een van de meest sfeervolle bouwkundige overblijfselen van de koloniale tijd. Hier vond de beroemde missionaris Junípero Serra zijn laatste rustplaats. Zie blz. 192

Monterey Bay Aquarium: van zeepaardjes tot een reuzeninktvis; in dit aquarium kunt u flora en fauna zien die normaal gesproken zijn voorbehouden aan diepzeeduikers. Zie blz. 193

Actief onderweg

Architectonische stadswandeling: een interessante blik achter de Andalusisch aandoende architectuurschermen in het centrum van Santa Barbara met een professionele gids. Zie blz. 179

Fort Ord National Monument: op het vroegere militaire terrein voeren wandel- en fietspaden door een landschap dat zijn oorspronkelijke charme heeft weten te behouden. Zie blz. 194

Sfeervol genieten

Stearns Wharf: de pier van Santa Barbara heeft zich opgewerkt van een eenvoudige aanlegsteiger tot een populair vrijetijdscentrum met restaurants, een aquarium en bootverhuurbedrijven. Vooral 's avonds, wanneer de ondergaande zon het strand en de stad in een magisch licht zet, is het hier gezellig. Zie blz. 172

Onstpanningsparadijs Pismo Beach: het lange zandstrand van de stad is een paradijselijke speelplek. Zie blz. 182

Uitgaan

James Joyce: in de Ierse pub in Santa Barbara is een gezellige avond gegarandeerd. In het weekend spelen er bandjes en mag er gedanst worden. Zie blz. 179

Chumash Casino: het in het Santa Ynez Indian Reservation gelegen casino en hotel is een 24/7 geopende hotspot. Zie blz. 179

De Central Coast

Bezien vanaf de noordelijke uitlopers van Los Angeles en Santa Barbara is de Central Coast een landelijke idylle met kleine stadjes en surfstranden. De belangrijkste attracties zijn echter de woeste, romantische kliffen langs de kust van de Stille Oceaan.

Oxnard, Ventura ▶ E 7

De bebouwing aan de buitenwijken van Greater Los Angeles woekert zo ver langs de kust omhoog, dat LA al aanschurkt tegen stadje als Oxnard (203.000 inwoners, www.visitoxnard.com) en **Ventura** (110.000 inwoners, www.visitventura.com). Vooral dat laatste plaatsje is een ideale uitvalsba-

sis voor een boottocht naar de **Channel Islands** (Island Packer Cruises, 1691 Spinnaker Dr., tel. 1-805-642-1393, www.islandpackers.com). Ook de National Park Service heeft hier een kantoor, waar u terecht kunt voor alle informatie over de eilanden en alle ins en outs van een bezoek (Channel Islands National Park, 1901 Spinnaker Dr., tel. 1-805-658-5730, www.nps.gov/chis).

Mission San Buenaventura

213 E. Main St., tel. 1-805-643-4318, www.sanbuenaventuramission.org, museum ma.-vr. 10-17, za. 9-17, zo. 10-16 uur, $ 2, kinderen $ 0,50
Met de stichting van deze missie in 1782 legde de franciscaanse pater Junípero Serra de grondsteen van de later ontstane stad Ventura. Hoe het er in de tijd van Serra aan toe ging in de missieposten van Californië, toont het kleine museum.

De historie van de missieposten is ook het thema in het op een steenworp afstand gelegen **Museum of Ventura County** (100 E. Main St., tel. 1-805-653-0323, www.venturamuseum.org, di.-zo. 11-17 uur, $ 4, senioren $ 3).

Santa Barbara ✳ ▶ D 7

De mooiste stad aan de Amerikaanse Rivièra heeft behalve de prachtige ligging aan de kust en driehonderd dagen zon per jaar nog twee dingen gemeen met de Côte d'Azur: Santa Barbara wordt bijna elk jaar getroffen door bosbranden en is een behoorlijk prijzige plek. Dat laatste is al meteen duidelijk wanneer je het plaatsje in rijdt over State Street, waar palmbomen en dure modeboetieks elkaar afwisselen. Wat ook opvalt is dat het stadsbeeld van Santa

Barbara compleet anders is dan dat van andere middelgrote Californische steden. Zo kijk je hier nergens tegen een anonieme gevel van een wolkenkrabber aan. In tegendeel: het centrum van de stad kenmerkt zich door schoonheid en een bijzondere architectonische eenheid. De bouwstijl doet denken aan de Andalusische; de stijl die tijdens de tijd van de Spaanse kolonisatie de boventoon voerde in Zuid-Californië.

Stadswandeling

Het centrum van Santa Barbara is zo compact, dat u het met gemak te voet kunt verkennen. Parkeer u auto dus en volg de **Red Tile Walking Tour**, die door het twaalf stratenblokken grote gebied voert waarin de meeste bezienswaardigheden liggen. Een gedetailleerde plattegrond van deze wandeling kunt u krijgen in het County Courthouse of downloaden op www.santabarbaracarfree.org/wp-content/uploads/redtile-walking-tour.pdf.

County Courthouse 1

1100 Anacapa St., tel. 1-805-962-6464, www.sbcourthouse.org, El Mirador ma.-vr. 8-16.45, za., zo. 10-16.45 uur, rondleidingen dag. 14, ma.-vr. ook 10.30 uur, gratis entree

Dit in 1929 gebouwde juweel ligt in een park waarin planten uit zes continenten groeien. Op zijn ontelbare exotische struiken en bomen, waaronder meerdere palmensoorten, kan elke botanische tuin waar ook ter wereld jaloers zijn.

Het complex doet denken aan een uit de kluiten gewassen haciënda, die wordt geflankeerd door een 26 m hoge klokkentoren met uitkijkplatform – El Mirador (per lift toegankelijk). Het Courthouse van Santa Barbara wordt gezien als een van de mooiste openbare gebouwen van de Verenigde Staten. Binnenin vallen vooral de schitterende trappenhuizen en vloeren op. Het pronkstuk is de Mural Room op de eerste verdieping, met tot aan de houten balken van het plafond rijkende muurschilderingen.

El Presidio de Santa Barbara 2

123 E. Canon Perdido St., tel. 1-805-965-0093, www.sbthp.org/presidio. htm, dag. 10.30-16.30 uur, $ 5, senioren 62+ $ 4, kinderen tot 16 jaar gratis

Met zijn sneeuwwitte adobemuren en daken met rode pannen zou dit net zo goed een Mexicaans landgoed kunnen zijn. Maar El Presidio ontstond in 1782 als laatste van vier Spaanse forten op Californische bodem en speelde een belangrijke rol bij de verovering van land. In de Casa de la Guerra is een klein museum over de geschiedenis van de Golden State ingericht.

Historical Museum 3

136 E. De La Guerra St., tel. 1-805-966-1601, www.santabarbaramuseum.com, di.-za. 10-17, zo. 12-17 uur, ma. gesloten, toegang gratis

In dit museum wordt de historie van Santa Barbara gedocumenteerd. Van de al tienduizend jaar geleden hier wonende Chumash-indianen tot de meer recente geschiedenis. Tentoonstellingen over het culturele erfgoed van de stad en zijn unieke multiculturele karakter .

El Paseo Nuevo 4

State St. tussen W. Canon Perdido St. en W. Ortega St., www.paseonuevo shopping.com, ma.-vr. 10-21, za. 10-20, zo. 11-19 uur

Charmant winkelcentrum in de stijl van een Zuid-Spaanse wijk met pleinen, fonteinen, kronkelige straatjes, bloembakken, palmbomen en steegjes met

Santa Barbara

kinderkopjes. U vindt hier zo'n tachtig speciaalzaken en restaurants. Bij het complex hoort ook een iets minder idyllische parkeergarage.

Casa de la Guerra 5

15 E. de la Guerra St., tel. 1-805-965-0093, www.sbthp.org/casa-de-la-guerra, za., zo. 12-16 uur, $ 5, senioren 62+ $ 4, kinderen tot 16 jaar gratis

Het tussen 1819 en 1827 gebouwde complex was in de pioniersjaren van Santa Barbara het maatschappelijke, politieke en culturele centrum van de stad. Een aantal kamers is ingericht met origineel meubilair uit die tijd.

Museum of Art 6

1130 State St., tel. 1-805-963-4364, www.sbma.net, di.-zo. 11-17, do. 00k 17-20 uur, toegang gratis

Alleen de Getty Villa (zie blz. 142) in Los Angeles heeft een vergelijkbare schat aan antieke kunst. Het Museum of Art beschikt over Griekse en Romeinse sculpturen, glaskunst en waardevolle voorwerpen uit het Midden-Oosten. Daarnaast is er een Aziatische afdeling met 2600 objecten, Europese schilderijen uit de periode van 1800 tot 1920 en een Amerikaanse collectie met circa vierhonderd werken van kunstenaars als Albert Bierstadt, George Inness, John Singer Sargent, Frederic Remington en William Merritt Chase.

La Arcada 7

1114 State St., www.laarcada santabarbara.com

Zowel vanuit State Street als via Figueroa Street betreedt u La Arcada door een kleine, betegelde passage vol bloemenpracht. In en tussen deze doorgangen vindt u een aantal van de beste restaurants van Santa Barbara, winkels en kunstgaleries. Een van de blikvangers is een kapperszaak die er nog steeds zo uitziet als in grootvaders tijd.

Sculpturen van de Amerikaanse beeldhouwers J. Seward Johnson en George Lundeen en hun Duitse collega Bonifatius Stirnberg maken van La Arcada een openluchtgalerie.

Moreton Bay Fig Tree 8

Hoek Chapala & Montecito St., www.beachcalifornia.com/sbtree.html

De Moreton Bay Fig Tree is een botanische bezienswaardigheid. Er wordt gezegd dat het de grootste vijgenboom *(Ficus macrophylla)* ter wereld is. Als je onder de 50 m brede kroon staat, maakt het niet meer uit of dat klopt of niet: het formaat van de waarschijnlijk in 1876 door een zeeman uit Australië naar Santa Barbara gebrachte boom is hoe dan ook indrukwekkend.

Stearns Wharf 9

219 Stearns Wharf, www.stearnswharf.org

In het verleden was dit een aanlegsteiger voor vracht- en passagiersschepen, in de jaren 30 was het er een komen en gaan van watertaxi's en kleine veerbootjes, die goklustigen naar de voor de kust drijvende casino's brachten. Tegenwoordig is de Stearns Wharf een plek om te vissen, kletsen en flaneren. Wanneer de avond valt, biedt de pier een mooi uitzicht op de stad en de erachter opdoemende bergen. Ook kunt u er genieten van uitstekende visspecialiteiten.

In het Ty Warner **Sea Center** kunt u zonder nat te worden het leven van de Stille Oceaan observeren (tel. 1-805-962-2526, www.stearnswharf.org/SeaCenter,, dag. 10-17 uur, $ 8, kinderen 13-17 jaar $ 7,50).

Maritime Museum 10

113 Harbor Way, #190, tel. 1-805-962-8404, www.sbmm.org, do.-di. 10-17 uur, $ 8, kinderen 6-17 jaar en senioren 62+ $ 5

Het in de haven gelegen museum houdt zich bezig met onderwerpen als de otteren robbenjacht van de Chumash-indianen, de walvisjacht van het begin van de 19e eeuw, offshore-industrie en scheepsmodellen en -wrakken. Daarnaast is er aandacht voor beroepsduikers, bijvoorbeeld voor hun werkzaamheden bij de bouw van olieplatforms. Interessant is ook de documentatie over vuurtorens, moderne bergingstechnieken en het werktuig van de U.S. Coast Guard.

Santa Barbara Zoo 11

500 Ninos Dr., tel. 1-805-962-5339, www.sbzoo.org, dag. 10-17 uur, $ 17, kinderen 2-12 jaar $ 10, parkeerplek $ 7

Naast inheemse Californische soorten huizen hier ook exotische dieren uit de hele wereld. Met een treintje ($ 2) kunt u een eerste indruk krijgen van de dierentuin, waar olifanten, tijgers, leeuwen, gorilla's, alligators, flamingo's, pinguïns en vele reptielensoorten leven. Bezoekers mogen de giraffen en papegaaien zelf voeren.

Andree Clark Bird Refuge 12

1400 E. Cabrillo Blvd., tel. 1-805-564-5418, dag. van zonsopgang tot zonsondergang, toegang gratis

Ten noorden van East Beach ligt een lagune, waaromheen fiets- en wandelpaden liggen. Via informatieborden komt u alles te weten over de hier broedende vogelsoorten en over de trekvogels die hier een tijdje rusten tijdens hun jaarlijkse migratie.

Mission Santa Barbara 13

2201 Laguna St., tel. 1-805-682-4713, www.santabarbaramission.org, dag. 9-17 uur, rondleidingen $ 8

De kerk van de Mission Santa Barbara geldt als een van de mooiste van het land

De vanwege zijn harmonieuze proporties ook wel 'koning der missieposten' genoemde Mission Santa Barbara stamt uit de tijd tussen 1786 en 1820. Aan het begin van de 19e eeuw kreeg het op een heuvel buiten de stad gelegen complex met de imposante kerk de status van hoofdmissiepost van Californië.

Door de met lichte zandsteenblokken gebouwde dubbele torens heeft de kerk iets heel bijzonders – het is dan ook een van de meest gefotografeerde gebouwen van Santa Barbara.

Museum of Natural History 14

2559 Puesta del Sol Rd., tel. 1-805-682-4711, www.sbnature.org, dag. 10-17 uur, $ 8,50, kinderen 13-17 jaar en senioren 65+ $ 7,50

Als u geïnteresseerd bent in de biologie, geografie, geologie, ecologie, archeologie, paleontologie en prehistorische antropologie van Santa Barbara en omstreken, inclusief de Channel Islands, bent u hier aan het goede adres. Een speciale vermelding verdienen de ethnografische stukken, die de indiaanse cultuur van de regio over een tijdsbestek van een half millennium voor het voetlicht brengen.

Santa Barbara Botanic Garden 15

1212 Mission Canyon Rd., tel. 1-805-682-4726, www.sbbg.org, maart-okt. dag. 9-18, anders 9-17 uur, $ 8, kinderen 13-17 jaar $ 6

Veel van de ongeveer 5800 inheemse plantensoorten in de Golden State zijn in deze tuin vertegenwoordigd. Maar liefst een derde van al deze soorten zal de komende vijftig jaar met uitsterven worden bedreigd. Vandaar dat zij in deze botanische tuin met alle zorg worden omringd en geconserveerd. Door de mooi aangelegde landschappen voeren wandelpaden.

Overnachten

Voor actieve gasten – **Harbor House Inn** 1: 104 Bath St., tel. 1-805-962-9745, www.harborhouseinn.com, 2 pk vanaf $ 225. Een blok van het strand in een rustige wijk gelegen hotel. Kamers met wifi en kabeltelevisie. Bij het inchecken krijgt elke gast een mandje met ontbijtbenodigdheden. Gratis leenfietsen.

Zuid-Spaanse charme – **Brisas Del Mar Inn** 2: 223 Castillo St., tel. 1-805-966-2219, www.sbhotels.com, 2 pk vanaf ca. $ 195. Mooie, stijlvolle accommodatie in Spaanse stijl. Comfortabele kamers met lekkere bedden en wifi. Verwarmd zwembad met zonnedek, uitzicht op de Santa Ynez Mountains.

Net dat beetje extra – **Inn at East Beach** 3: 1029 Orilla del Mar, tel. 1-805-965-0546, www.innateastbeach.com, 2 pk vanaf $ 190. Op slechts drie minuten wandelen van het strand gelegen, klein onderkomen. Het interieur laat wat te wensen over, maar dat wordt goedgemaakt door de kitchenette en de bijzonder vriendelijke service.

Netjes – **Marina Beach Motel** 4: 21 Bath St., tel. 1-805-963-9311, www.marinabeachmotel.com, 2 pk 's zomers vanaf $ 165. Licht, gezellig motel in een rustige zijstraat. Alle kamers met koffiezetapparaat en koelkast. Gratis fietsen. In het weekend en op feestdagen is het minimumverblijf twee nachten.

Andalusische flair – **Villa Rosa Inn** 5: 15 Chapala St., tel. 1-805-966-0851, www.villarosainnsb.com, 2 pk vanaf $ 159. Het slechts achttien kamers tellende hotel op enkele passen van het strand ziet eruit als een charmant Andalusisch landhuis, compleet met palmbomen. Ontbijt is in de prijs inbegrepen, net als wijn en kaas in de namiddag.

Onberispelijk – **The Presidio** 6: 11620 State St., tel. 1-805-963-1355, www.presidiosb.com, vanaf $ 159. Aan de hoofdstraat gelegen motel in de buurt van de binnenstad. Rustige, goed verzorgde kamers en zonnig terras. Gratis fietsen, behulpzaam personeel.

Eten en drinken

Seafood – **Enterprise Fish Company 1**: 225 State St., tel. 1-805-962-3313, www.enterprisefishco.com, zo.-do. 11.30-22, vr., za. 11.30-23 uur, $ 12-50. Op de kaart van dit visrestaurant staat zo'n beetje alles wat uit zee komt. Van Australische kreeftenstaarten en Siciliaanse zeevruchtenpasta tot *crab cakes* en zogenaamde Rockefeller-oesters.

Typisch Amerikaans – **Brewhouse 2**: 229 W. Montecito St., tel. 1-805-884-4664, www.sbbrewhouse.com, zo.-do. 11-22, vr., za. 11-22.30 uur, dag. 16-18 uur happy hour. Rustiek restaurant waar u lokale favorieten kunt bestellen als Philly cheese steak ($ 11), caesarsalade ($ 10), filet mignon ($ 27) en spareribs ($ 21).

Mexicaans om verliefd op te worden – **Taquería El Bajío 3**: 129 N. Milpas St., tel. 1-805-884-1828, di.-do. 6-18.30, vr., za. 6-20, zo. 6-17 uur, $ 7-12. Authentieke Mexicaanse keuken van de buitencategorie. De *quesadilla adobada* ($ 8,50) met gehakt, kaas en uien is fantastisch, net als de tomatensoep met garnalen en avocado ($ 11,50).

Vegetarisch – **Green Table 4**: 113 W De La Guerra St., tel. 1-805-618-1233, www.green-table.com, dag. 7.30-15 uur, $ 8-14. Vegetarisch restaurant met gezonde pizza's, lasagne, vegetarische burgers met quinoa en glutenvrije soepen, salades en deserts. Ook heerlijke vruchtensappen en smoothies zonder chemische toevoegingen.

Biologisch – **Backyard Bowls 5**: 331 Motor Way, tel. 1-805-845-5379, www.backyardbowls.com, ma.-vr. 7-17, za., zo. 8-17 uur, vanaf $ 6. De meeste ingrediënten die in de keuken van dit vegetarische restaurant worden gebruikt, zijn biologisch gekweekt. Backyard Bowls is volledig gericht op duurzaamheid, van de inkoop tot de afvalverwerking.

Winkelen

Levendige boerenmarkt – **Farmers' Market 1**: Santa Barbara St. & East Cota St., za. 8.30-12.30 uur. Op de lokale markt verkopen boeren uit de omgeving hun verse waar, zoals groenten, fruit en bloemen. Bandjes zorgen voor entertainment.

Voor antiekliefhebbers – **Brinkerhoff Avenue 2**: de tussen West Ortega en West Cota St. gelegen ▷ blz. 178

Tip

Indiaanse munten als souvenir

Op de hoek van State en Victoria Street in Santa Barbara staat een beeld van de Shoshone-indiaan Sacagawea (circa 1787-1812), de waarschijnlijk beroemdste 'squaw' (vrouwelijk indiaan) uit de Amerikaanse geschiedenis. Ze was een trouwe gids, verkenner en tolk van de baanbrekende expeditie van Lewis en Clark (1804 tot 1806, www.pbs.org/lewisandclark). Met haar onderhandelingskunsten voorkwam ze meer dan eens conflicten tussen expeditieleden en *Native Americans*. Sacagawea is samen met haar zoon Jean Baptiste, die tijdens de expeditie werd geboren, te zien op een gouden dollarmunt waarvan er twaalf in juli 1999 een ruimtereis maakten aan boord van de spaceshuttle Columbia. Begin 2000 werden de muntstukken vrijgeven voor het algemene geldverkeer. De gouden Sacagawea-dollar is ook een populair souvenir van een reis naar Zuid-Californië.

Indianenkunst – de Painted Cave bij Santa Barbara

Geheimzinnige symbolen, menselijke wezens, slangachtige figuren en zonneafbeeldingen in rood, zwart, wit en geel sieren de muren van een verborgen grot in een afgelegen canyon in de bergen van Santa Barbara. Eén ding is in elk geval zeker: ze zijn afkomstig van de Chumash-indianen.

Kaart: ▶ D 6/7

Info: De erg kleine grot is afgesloten door een traliehek. Zonder zaklamp zijn niet veel details te onderscheiden. U kunt de weg naar de grot beter niet op rijden met een camper

(Painted Cave Rd., tel. 1-805-733-3713, www.parks.ca.gov/?page_id=602, geen rondleidingen).

Ten noordwesten van Santa Barbara voert Highway 154 naar de 680 m hoge San Marcos Pass. Zo'n 3,5 km voor de bergpas buigt de smalle Painted Cave Road naar rechts af. De bochtige weg meandert langs bloemenvelden en biedt een schitterend uitzicht op de kust. Hoe dichter je bij de grot komt, hoe smaller de weg wordt – let op tegemoetkomend verkeer en gebruik de passeerstroken. Voor de grot zelf is maar plaats voor twee auto's.

Kunst achter het hek

Door bomen omzoomde traptreden en een pad voeren naar de ingang van de Chumash Painted Cave, die zich op slechts een paar meter van de parkeerpaats bevindt. De eerste indruk is niet bepaald positief; de grot is afgesloten door een hek met tralies. Door een opening, zo groot als een handpalm, kunt u echter naar binnen kijken. In de grot, zo zult u zien, konden maar twee, misschien drie mensen tegelijk staan. Als u een zaklamp en een verrekijker heeft meegenomen, kunt u de op twee plekken geconcentreerde muurschilderingen in rood, zwart en wit onderscheiden en bewonderen. Het zijn overwegend geometrische symbolen, waaronder talloze ronde, van getande stralen voorziene motieven, die naar alle waarschijnlijkheid de zon voorstellen. Andere tekeningen zouden vissen kunnen zijn, weer andere tonen schilden. Mensen en dieren zijn zelden te ontdekken.

Een sluier wordt opgelicht

Sinds de ontdekking van de muurschilderingen zo'n anderhalve eeuw geleden zijn experts bezig met de ontcijfering ervan. Er zijn minuscule monsters genomen van de tekeningen om achter hun leeftijd en samenstelling te komen. Zo heeft men ontdekt dat de indianenkunst stamt uit de 17e eeuw en voornamelijk uit minerale kleurstoffen bestaat. Rood werd gemaakt van het ijzeroxide hematiet, wit van kalk en zwart van houtskool of mangaanoxide. De pigmenten werden vervolgens met water, dierlijk vet of plantensap vermengd, waarna ze met de vingers of met penselen gemaakt van dierenstaarten op de rotswand werden aangebracht. Bij de datering van de kunst hebben de onderzoekers veel gehad aan een tekening die een zonsverduistering voorstelt. Dit natuurfenomeen heeft, zo

is met zekerheid vastgesteld, plaatsgevonden op 24 november 1677.

Grotceremonies

Toen de onder Spaanse vlag varende Portugese ontdekkingsreiziger Juan Rodriguez Cabrillo in 1542 als eerste Europeaan voor anker ging voor de kust van Zuid-Californië, kwam hij in contact met de destijds voornamelijk tussen Malibu en Paso Robles levende Chumash-indianenn. Zowel hij als expeditieleider Portola, die in 1769 dit gebied verkende, berichtte van het indianandorp Syujtun op de plek waar nu Santa Barbara ligt. Cabrillo merkte het vakmanschap van de Chumash op bij het bouwen van schepen, maar sprak niet over eventuele kunstwerken. Wetenschappers vermoeden dat de muurschilderingen het werk zijn van een sjamaan, die met de symbolen en tekens waarschijnlijk probeerde bovennatuurlijke wezens te beïnvloeden.

Bloemenpracht in de buurt van Lompoc

Antique Alley is een aaneenschakeling van antiekwinkels. De meeste zijn geopend di.-zo. 11-17 uur.

Fairtradeproducten – **Arcobaleno Trade 3**: 1101 State St., tel. 1-805-963-2726, dag. 11-19 uur. De winkel verkoopt alleen producten die tot stand zijn gekomen onder eerlijke en duurzame omstandigheden. Het assortiment bestaat uit tassen, cosmetica, mode en accessoires.

Actief

Voor beginners – **Leadbetter Point 1**: ideale plek om te leren surfen langs Cabrillo Boulevard. Gevorderden kunnen zich in de golven storten bij Ricon Point, ten zuidoosten van de stad (Hwy 101, Exit Bates Rd.).

Modern fietsen – **Electric Star Power Bikes 2**: 111 W. Cabrillo Blvd., tel. 1-805-637-3117, www.electricstar.org. Speciaalzaak met een grote keus aan fietsen met elektrische ondersteuning. Ideaal voor wie zich liever niet in het zweet werkt.

Twee tot vier wielen – **Wheel Fun Rentals 3**: 23 East Cabrillo Blvd., tel. 1-805-966-2282, www.wheelfunrentals. com. Verhuur van een breed scala voertuigen, van mountainbikes tot skelters.

Bird watching – **Sands Beach 4**: in Isla Vista, het moerasland ten westen van Santa Barbara, leven talrijke vogelsoorten zoals de zeldzame sneeuwplevier (*Charadrius alexandrinus nivosus*).

Avontuurlijk eilandhoppen – **Truth Aquatics 5**: 301 W. Cabrillo Blvd., tel. 1-805-962-1127, www.truthaquatics.com. Actieve excursies op de Channel Islands, bijvoorbeeld kajakken, snorkelen, duiken of wandelen.

Te land, ter zee – **Land & Sea Tours 6**: tel. 1-805-683-7600, www.out2seesb. com, vertrekpunt: ten oosten van Stearns Wharf, nov.-april 12 en 14, anders 12, 14 en 16 uur, $ 30, kinderen tot 10 jaar $ 15. Tochtjes met een amfibievoertuig; eerst door het stadscentrum, daarna een rondvaart door de haven.

Rondleidingen door het centrum –
Architectural Foundation 7: tel.
1-805-965-6307, www.afsb.org/walking-tours. Elke za. en zo. worden twee verschillende stadswandelingen door de binnenstad aangeboden. Zwaartepunten van beide zijn architectuur en kunst. Op zaterdag is het vertrekpunt De la Guerra Plaza (10 uur), zondags de ingang van de Public Library, 40 E. Anapamu St. (10 uur), $ 10.

Uitgaan

Niet alleen voor pindaliefhebbers –
James Joyce 1: 513 State St., tel. 1-805-962-2688, dag. 10-2 uur. Aan het eind van de avond is de vloer van deze kroeg bezaaid met pindaschillen. In het weekend optredens van dixieland-, jazz- of rockbands.

Rustiek – Cold Spring Tavern 2: 5995
Stagecoach Rd., tel. 1-805-967-0066, www.coldspringtavern.com, ma.-vr. 11-15 en 17-21 uur. Het voormalige postkoetsstation, waarvan het interieur doet denken aan vervlogen tijden, is een typische, bijna stereotiepe Amerikaanse gelegenheid. In het weekend livemuziek.

Voor de liefhebber – Opera Santa Barbara 3: 1214 State St., tel. 1-805-899-2222, www.operasb.com. In het gerenoveerde Granada Theater staan niet alleen opera's en operette's op het programma, maar ook Broadwaystukken en musicals.

Info

Vervoer

De elektrische Downtown & Waterfront Shuttles rijden op en neer over State Street tussen Stearns Wharf en Downtown (tot 18, 's zomers vr., za. tot 21 uur, $ 0,50). Buslijnen 6 en 11 rijden van het centrum naar de Mission en het Museum of Natural History (www.sbmtd. gov). Kaartjes voor een anderhalf durende tocht door Santa Barbara in een historische bus kunt u kopen in het Visitor Center (www.sbtrolley.com, $ 22).

Solvang ▶ D 6

Dat Solvang in 1911 werd opgericht door Deense immigranten, is tot op de dag van vandaag in het stadje te merken. Vakwerkhuizen met daken van stro, steegjes met kinderkopjes, windmolens, heerlijk naar vers brood ruikende bakkerijen en gevels die meer doen denken aan Scandinavië dan aan Californië. Al komt de vijfduizend inwoners tellende gemeenschap wel een beetje kitscherig over. In Solvang Park herinnert een op een stenen sokkel rustende buste aan Hans Christian Andersen (1805-1875). Aan het leven en werk van de Deense dichter en sprookjesschrijver is ook een museum gewijd (1680 Mission Dr., tel. 1-805-688-2052, www.solvangca.com/museum/h1.htm, dag. 10-17 uur).

Mission Santa Inés

1760 Mission Dr., tel. 1-805-688-4815, www.missionsantaines.org, dag. 9-16.30 uur, $ 5
In de missie uit 1804 aan de rand van Solvang zit een klein museum over de geschiedenis van het stadje en de Californische missieposten. In de kerk staat in een nis boven het hoofdaltaar een standbeeld van de heilige Agnes, waarnaar de missie is genoemd. In haar armen draagt ze een wit lam.

Chumash Casino Resort Hotel

3400 E. Hwy 246, Santa Ynez, tel. 1-805-686-0855, www. chumashcasino.com, 24/7 geopend ▷ blz. 182

Favoriet

Om in te bijten: de nachtmarkt van San Luis Obispo ▶ C 5

In het doorgaans zo rustige centrum van San Luis Obispo is het op donderdagavond een en al hectiek. Fruit- en groentekwekers, sieradenmakers en amateurkunstenaars zetten een standje op om hun waar te verkopen op de wekelijkse Farmer's Market. Het gaat hier echter vooral om het heerlijke eten. Na zonsondergang hangen er dichte rookwolken boven de vele eetgelegenheden, waar maaltijden worden verkocht alsof een hongersnood aanstaande is (zie blz. 183).

Het hotelcasino van de Chumash-indi-anen valt een beetje uit de toon in de idyllische Santa Ynez Valley, waar wei-landen en wijnranken het landschap sieren. De goktempel ligt in de in 1901 gestichte Santa Ynez Indian Reser-vation, waar de indianen lange tijd leefden in bittere armoede. Het 24/7 ge-opende casino zorgt ervoor dat de hui-dige generatie (er wonen nog zo'n 250 Chumash in het reservaat) een heel wat beter inkomen heeft.

Pismo Beach ▶ C 6

Het 9000 inwoners grote, aan een 37 km lang strand gelegen kustplaatsje heeft een uitgebreid vrijetijdsaanbod en is een populaire vakantiebestemming voor gezinnen. Je kunt hier zwem-men en zandkastelen bouwen, surfen, paardrijden en golfen, met strandbug-gy's een weg door de duinen zoeken of op de bijna 400 m lange pier kijken of de vissen willen bijten.

Overnachten

Kamperen bij het strand – **Le Sage Ri-viera RV Park:** 319 Hwy 1, Grover Beach, tel. 1-805-489-5506, www.lesageriviera. com. Zet uw camper neer op een steen-worp afstand van het strand.

Winkelen

Voordelig shoppen – **Premium Out-lets:** 333 Five Cities Dr., www.premium outlets.com/outlet/pismo-beach, ma.-za. 10-21, zo. 10-19 uur. Outletcenter met meer dan veertig winkels. U koopt hier mode van merken als Calvin Klein, Nike en Tommy Hilfiger met kortingen tussen de 25 en 65%.

Actief

Vlindershow – **Monarch Butterfly Grove:** Hwy 1 ten zuiden van North Pismo State Beach Campground. Tus-sen november en februari maken in de eucalyptusbossen van Pismo Beach Grove tienduizenden monarchvlin-ders hun opwachting tijdens hun mas-sale trektocht van Mexico naar Canada.

Door de duinen scheuren – **Sun Bug-gies Fun Rentals:** 328 Pier Ave., Oceano, tel. 1-866-728-4443, www.sunbuggy. com/pismo, vanaf $ 48 voor 2 uur. Ten zuiden van Pismo Beach strekt zich het op een na grootste duingebied van Ca-lifornië uit. Met een buggy erdoorheen scheuren is een heerlijke bezigheid.

Tip

Het toppunt van kitsch

De **Madonna Inn** aan de zuidelijke rand van San Luis Obispo móét je ge-zien hebben. De bouwstijl van het ho-tel zou je een mix van victoriaans en Walt Disney kunnen noemen. Bin-nenin is het pas echt feest: een orgie van kitsch, de slechte smaak klotst te-gen de plinten op. Het interieur van de ruim honderd individueel inge-richte kamers is al net zo idioot. Wilt u logeren in een kamer die doet den-ken aan een grot, of liever in een soort bruidstaart? 's Nachts 'op safari gaan' in de jungle of toch liever relaxen in een kamer die thuishoort in Hawaï? De binnenhuisarchitect mocht hier al zijn fantasieën uitleven, zoveel is dui-delijk. Zelfs het herentoilet is niet ont-snapt aan de gekte; de urinoirs zijn wijd opengesperde haaienbekken (100 Madonna Rd., tel. 1-805-543-3000, www.madonnainn.com, 2 pk vanaf $ 190, tijdig reserveren).

Door de koude luchtstromen is het vaak nevelig aan de kust, zoals hier in Morro Bay

Info

Pismo Beach Conference & Visitors Bureau: 760 Mattie Rd., Pismo Beach, CA 93449, tel. 1-805-773-4657, www. classiccalifornia.com en www.pismo beach.org.

San Luis Obispo ▶ C 5

Met 45.000 inwoners is San Luis Obispo een van de grotere steden aan de Central Coast. De plaats ligt zo'n 20 km van de Stille Oceaan in het achterland.

Mission San Luis Obispo de Tolosa

Chorro & Monterey St., tel. 1-805-781-8220, www.missionsanluisobispo. org, dag. 9-17 uur, museum $ 5
De basis voor San Luis Obispo werd in 1772 gelegd door Spaanse franciscanen met de stichting van de missiepost. Toen het plaatsje zo'n honderd jaar later werd aangesloten op het spoornetwerk, begon het zich tot een moderne stad te ontwikkelen. Voor de kerk strekt zich de door veel bomen overschaduwde Mission Plaza uit, met een fontein die is versierd met bronzen sculpturen van een meisje en een grizzlybeer. In de mooie tuin van de missie, tegenwoordig een parochie, heerst een beschouwelijke sfeer.

San Luis Obispo County Historical Museum

696 Monterey St., tel. 1-805-543-0638, www.historycenterslo.org, dag. 10-16 uur
Museum met talrijke historische voorwerpen van de vroeger in deze regio levende Chumash- en Salinan-indianen.

Morro Bay ▶ B 5

Het onmiskenbare symbool van het stadje is de piramidevormige Morro Rock in de Estero Bay, een van zeven lang geleden uitgedoofde vulkanen. De 175 m hoge berg diende ooit als steengroeve, totdat er een ▷ blz. 187

Door golven omgeven zeeleeuwen-hangout – Point Lobos

Met veel geraas breken woest schuimende golven op de kust. Grotten
en baaitjes zijn stille getuigen van
de meedogenloze aanvallen van de
Stille Oceaan. Tussen al dit natuur-
geweld bekijken slaperige robben de
eerste zwemlessen van hun baby's.
De natuurpracht van Point Lobos
maakt indruk op elke bezoeker, niet
alleen op fervente natuurliefhebbers.
Bovendien zijn hier aanwijzingen
te vinden dat er al vele eeuwen geleden mensen woonden op het rotsige
schiereiland.

Kaart: ▶ A/B 4

Info: Hwy 1, 3 mijl ten zuiden van
Carmel, tel. 1-831-624-4909, www.
pointlobos.org, 8 uur tot zonsondergang, $ 10

Californiërs beweren dat schrijver Robert Louis Stevenson, die in 1879 naar
Monterey kwam, in Point Lobos de inspiratie kreeg voor het schrijven van
zijn wereldberoemde roman *Schateiland*.
Of dit nu waar is of niet, doet er niet zo
toe, dit kleine stukje Stille Oceaankust

is hoe dan ook een natuurlijke oase met een overweldigende schoonheid. Door het gebied slingert een tiental wandelpaden, en met een beetje geduld en geluk ziet u hier zeeotters en zeeleeuwen, en tussen december en mei ook grijze walvissen tijdens hun migratie.

Herinneringen aan Moby Dick

Niet ver van de **parkingang** (1) staat de **Whalers Cove** (2). In deze inham staan in een bosje een schots en scheef houten hutje, een verroeste ijzeren ketel en bleke skeletten van gevangen walvissen. Hier was tot 1879 een door Portugese vissers uit de Azoren gesticht walvisstation. In de zogenaamde Whalers Cabin werd een klein museum ingericht. Dit maakt het leven en het ambacht van de walvisjagers inzichtelijk aan de hand van hun uitrusting en het gereedschap waarmee ze de dieren verwerkten.

Walvisvangst was in de 19e eeuw de belangrijkste economische factor aan de kust tussen Big Sur en Carmel. Hoewel de vangst in handen was van Portugezen, waren vooral Chinese vissers gespecialiseerd in de vangts van abalone-zeeslakken (ook wel zeeoren genoemd). Deze in de kustgebieden op rotsen levende zeevruchten zijn in het Verre Oosten al sinds jaar en dag een delicatesse. In Whalers Cove stond tot 1928 ook een conservenfabriek voor de verwerking van de zeeoren, die in zeer grote, bijna ronde schalen groeien. Deze zijn eveneens te zien in de Whalers Cabin.

De vroegste bewoners

Vanuit de Whalers Cove voert de 2 km lange Granite Point Trail in noordelijke richting naar **Granite Point** (3). Vanuit dit in een door wilde bloemen begroeid landschap gelegen uitkijkpunt is bij goed weer de missiepost van Carmel te zien. De aansluitende, 1 km lange Moss Cove Trail eindigt in de verste hoek van het beschermde natuurgebied, **Ichxenta Point** (4). Hier stond al drieduizend jaar geleden een dorp van de prehistorische Ohlone-indianen. Deze *Native Americans* verbleven hier in het voorjaar en de zomer omdat er aan de kust en het achterland met zijn bossen en rivieren altijd voldoende voedsel te verkrijgen was. In Point Lobos werden resten van een kleine twintig van zulke dorpjes gevonden. In de buurt ervan kwame onderzoekers ook overblijfselen van kampvuren, afvalhopen en molenstenen tegen. Met die laatste werden graan en noten verwerkt.

Zeeleeuwenretraite

Waarschijnlijk waren de Ohlone-indianen de eerste oerbewoners van dit gebied waarmee de Spanjaarden in contact kwamen nadat Sebastian Vizcaino (1548- 1625) in 1602 met zijn schip voor anker was gegaan in de baai van Carmel. Toen in 1770 de tweede Spaanse kolonie ontstond in Monterey, werd de veestapel van de missiepost te grazen gelaten in de weilanden van Point Lobos. Dit stukje kust kreeg toen de naam Punta de los Lobos Marinos, die het in een Engelse vertaling nog steeds draagt. De naam slaat op de blaffende zeeleeuwen (lobos marinos), die op de nu Sea Lions Rock geheten rots liggen. Vanaf **Sea Lion Point** (5) kunt u ze zien en horen, net als tweehonderdvijftig jaar geleden.

Point Lobos als Hollywooddecor

Het schilderachtige, woeste landschap bleef niet onopgemerkt bij de filmmakers uit Hollywood. Bij Point Lobos werden tussen 1914 en 1940 circa dertig speelfilms gedraaid. Voor de stomme film 1929 *Evangeline* werd bij **Headland Cove** (6) een volledig dorp gebouwd, dat in een van de scènes volledig in vlammen opging – en tegelijkertijd de vegetatie in het hele gebied vernietigde.

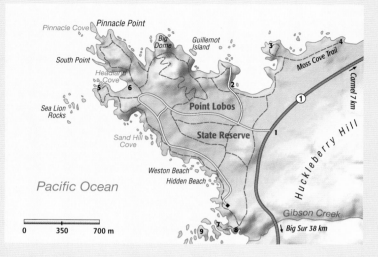

De staat Californië was ook toen al gevoelig voor zaken aangaande milieubescherming, die door de beroemde natuurkundige John Muir (1838-1914) aan het licht waren gebracht – dankzij de door hem aangewakkerde discussie werd in 1890 in Yosemite het eerste Californische nationale park opgericht. In Point Lobos, sinds 1933 een beschermd natuurgebied, werd op een gegeven moment flink geprotesteerd tegen verdere filmprojecten. In 1946 werd na langdurige discussies toestemming gegeven om de film *Desire Me* met Robert Mitchum op te nemen. Wel moest een garantie worden gegeven dat het landschap op generlei wijze zou worden aangetast. Tot eind jaren 80 werden nog elf films opgenomen in Point Lobos, waaronder de comedy's *Blind Date* met Bruce Willis en Kim Basinger en *Turner & Hooch* met Tom Hanks, beide uit 1989.

Waar in het uiterste zuiden van het beschermde natuurgebied de weg eindigt, begint de circa 1,5 km (heen en terug) lange **Bird Island Trail**. Via dit prachtige wandelpad loopt u langs de diep ingesneden, jadegroene **China Cove** (7). Op het zandstrand van deze inham komen in het voorjaar robben om hun nageslacht ter wereld te brengen. De trap in de baai is in de weken dat dit gebeurt afgesloten, zodat de dieren niet worden gestoord.

Slechts een paar passen verderop voert een ander trappetje naar de schilderachtige **Gibson Beach** (8), waar in verband met het koude water alleen echte diehards langer dan tien seconden zullen durven zwemmen. Het pad voert omhoog door weiden vol wilde bloemen over een brede richel, waar u een blik kunt werpen op het schitterende **Bird Island** (9). Op het eiland broeden in het voorjaar en de zomer honderden aalscholvers, terwijl zeeotters aan de voet van de kliffen stoeien in het kelpwoud.

reservaat voor slechtvalken werd ingesteld. In de vissershaven, een van de belangrijkste aan de Californische kust, kunt u diepzeevissers aan het werk zien.

Overnachten

Comfortabel – **Inn at Morro Bay:** 60 State Park Rd., tel. 1-805-772-5651, www. innatmorrobay.com, 2 pk vanaf $ 140, met zeezicht vanaf $ 169, wifi $ 10. Hotel aan zee, 98 kamers, zwembad en restaurant. De kamers hebben alle een televisie en telefoon. In de spa kunt u terecht voor therapieën en massages.

Eten en drinken

Goed begin van de dag – **Dorn's Breaker Cafe:** 801 Market St., tel. 1-805-772-4415, www.dornscafe.com, 7-23 uur, vanaf ca. $ 6. Eiergerechten in allerlei variaties, wafels en pancakes met vruchten, chocoladesaus of spek zorgen ervoor dat u de dag aankunt. In het weekend wordt een uitgebreide brunch geserveerd. Een begrip in de ochtend!

Hearst Castle ✳ ▶ B 5

Hwy 1 in San Simeon (parkeerplaats bij het Visitor Center, vandaar verder met tourbussen, het complex is niet met eigen vervoer te bereiken), tel. 1-800-444-4445, www.hearstcastle. org, dag. 6 circa twee uur durende rondleidingen, $ 25, kinderen 6-12 jaar $ 12, Evening Tour (alleen in voor- en najaar) $ 36, kinderen 6-12 jaar $ 18

Met 165 kamers (alleen al 56 slaapkamers), 61 badkamers, 41 open haarden, twee zwembaden en de grootste privédierentuin ter wereld is dit voormalige woonhuis van de schatrijke mediamagnaat William Randolph Hearst het toppunt van luxe en extravagantie. De inrichting van het op een heuvel hoog boven de kust gelegen ▷ blz. 190

Het aan de zeegod Neptunus gewijde zwembad van Hearst Castle

De legendarische kust van Big Sur

complex heeft veel tijd en enorme sommen geld gekost. De bouwheer, die leidde aan een ongekende verzamelwoede, trok op zoek naar meubels, kunst en andere spullen naar alle hoeken van de wereld.

Op het hoogste punt van de heuvel troont het door twee torens uitgerust hoofdgebouw, La Casa Grande. Aan de voet hiervan liggen drie gastenbungalows. Een goede indruk van het luxueuze leven van de eigenaar en zijn gasten krijgt u ook bij het door antieke sculpturen omgeven Neptunus-zwembad van wit en turquoise marmer.

Overnachten

Zowel in San Simeon als in het naburige stadje Cambria zijn talloze hotels, motels, restaurants en café's (zie www.sansimeonchamber.org en www.cambriachamber.org).

Rustiek-romantisch – The Cabin: 2828 Margate Ave., Cambria, tel. 1-805-927-3887, www.homeaway.com/vacationrental/p305157, 2 pk $ 125-150. Chalet in blokhuisstijl op een steenworp afstand van Moonstone Beach. Het huisje is van alle gemakken voorzien, zoals een televisie en een kleine, maar volledig uitgeruste keuken. De ideale plek voor een romantisch uitje.

De fotogenieke Bixby Bridge

De tussen 1931 en 1932 gebouwde, met 86 m hoogste boogbrug met slechts één boog ter wereld is een van de meest gefotografeerde gedeeltes van Big Sur. Dat de 231 m lange constructie midden in het woeste kustgebied een bouwtechnisch meesterwerk is, wordt vooral inzichtelijk bij Hurricane Point aan de zuidkant van de brug.

Piedras Blancas ▶ B 5

8 mijl ten noorden van San Simeon aan Hwy 1, www.elephantseal.org, gratis entree/parkeren
Vanaf de parkeerplaats naast de highway bereikt u al snel de vaak erg drukke zeeolifantenkolonie van Piedras Blancas. De dieren zochten eind 1990 dit strandje uit om hun jongen te baren. Informatieborden lichten de bezoekers in over het gedrag van de dieren en het onstaan van de kolonie.

Big Sur ▶ B 4/5

Nergens aan de Californische Stille Oceaankust komen land en zee op zo'n woest-romantische wijze bij elkaar als in Big Sur. De 150 km lange sectie tussen San Simeon en Carmel heeft een legendarische reputatie. De als een achtbaan slingerende Highway 1 volgt de kustlijn zo straks dat u tijdens het rijden regelmatig wordt getrakteerd op adembenemende uitzichten op ruige kliffen, verborgen baaitjes, woeste rotspartijen en het turquoois water van de zee. Let op: na bosbranden, aardverschuivingen en stormen in 2016 en begin 2017 kunnen delen van Big Sur en Highway 1 afgesloten zijn. Vraag naar de actuele omstandigheden voor uw vertrekt.

Julia Pfeiffer Burns State Park

Mile Marker 35.8 op Hwy 1, ca. 37 mijl ten zuiden van Carmel, tel. 1-831-667-2315, www.parks.ca.gov/? page_id=578, $ 10
De belangrijkste attractie van dit State Park is de McWay-waterval, die van een 25 m hoge klif op het strand van een kleine baai stort. Het strand zelf is niet toegankelijk, maar u kunt het idyllische plaatje bekijken vanaf een boven de kust lopende, circa 1 km (heen en weer) lange trail.

Point Sur Lighthouse

0,25 mijl ter noorden van de Point Sur Naval Facility, rondleidingen (3 uur) te voet, reserveren is niet mogelijk, u moet gewoon komen opdagen bij het hek, informatie over tijden via www.pointsur.org

Het leven van de drie wachters van deze in 1889 in bedrijf genomen, nogal afgelegen vuurtoren, moet behoorlijk eenzaam zijn geweest. Ze kwamen alleen elkaar tegen bij het wisselen van dienst. De vuurtoren leidt schepen nog steeds langs de gevaarlijke kust van Big Sur, maar doet dat nu wel geheel automatisch. Wilt u het op vulkanisch gesteente gelegen complex bezoeken, dan moet u zich aansluiten bij een rondleiding. Tijdens de inspannende, drie uur durende tocht krijgt u behalve de 12 m hoge toren ook een paar bijgebouwen te zien.

Point Lobos State Reserve ▶ A/B 4

Zie Op ontdekkingstocht blz. 184

Eten en drinken

Topplek – **Rocky Point Restaurant:** 36700 Hwy 1 tussen Big Sur en Carmel, tel. 1-831-624-2933, www.rockypoint restaurant.com, dag. 9-22 uur. Vanuit het restaurant heeft u een geweldig uitzicht over de Stille Oceaan. Salades, soepen en grotere gerechten als de Amerikaanse klassieker primerib ($ 39), fish & chips ($ 23) en de Steak Sinatra (ribeye, $ 49). Ook de nagerechten zijn niet te versmaden.

Relaxplek met uitzicht – **Café Kevah:** Hwy 1, Big Sur, tel. 1-831-667-2345, www.nepenthebigsur.com, maart-begin jan. Bij het beroemde restaurant Nepenthe horend café, dat prachtig

Mission San Carlos Borroméo is de laatste rustplek van missiegrondlegger Junípero Serra

ligt in een door bougainvillea en jasmijn overdekte tuin met uitzicht op de Stille Oceaankust. Dit romantische toevluchtsoord bedient al meer dan zestig jaar gasten die de ultieme roadtrip over Highway 1 door Big Sur ondernemen. Tot de culinaire klassiekers behoort de Famous Ambrosiaburger ($ 17,50).

Carmel ▶ A/B 3

Vroeger was dit plaatsje een toevluchtsoord voor welgestelde vrijbuiters, tegenwoordig een *upscale* kustplaats met huizen die zijn geïnspireerd op de Engelse cottage-stijl en Europese Alpenchalets. Architectonische experimenten zijn verboden in het conservatieve Carmel, net als straatverlichting in de woonwijken, kunststof planten in de voortuin en zelfs zichtbare huisnummers – alles om het klassieke, chique straatbeeld te cultiveren. Toprestaurants, modeboetieks, kunstgaleries en exclusieve wijnwinkels maken duidelijk dat de bewoners van het stadje – en het gros van de bezoekers – heel wat te besteden hebben. Internationale bekendheid kreeg Carmel toen Clint Eastwood er in 1986 burgemeester werd. De acteur vond één ambtstermijn van twee jaar genoeg, maar woont nog steeds in de buurt en is eigenaar van hotel-restaurant Mission Ranch (zie rechts).

Mission San Carlos Borroméo

3080 Rio Rd., tel. 1-831-624-1271, www.carmelmission.org, dag. 9.30-19 uur, $ 6,50, kinderen 5-17 jaar en senioren 62+ $ 4

De in 1771 door de franciscaner pater Junípero Serra gestichte missiepost was in de tijd van de Spaanse overheerseing het middelpunt van het Californische missiesysteem. Het complex met stenen basiliek, prachtige tuinen vol exotische planten en een bemoste fontein

ziet eruit alsof er sinds de begindagen niet veel is veranderd. In het museum kunt u het spartaanse woonvertrek zien van Junípero Serra, van wie een beeld staat in een bijgebouw van de kerk.

Overnachten

Stijlvol en comfortabel – **Cypress Inn:** 7th Ave. & Lincoln St., tel. 1-831-624-3871, www.cypress-inn.com, 2 pk vanaf $ 280. Met 44 mooie kamers uitgerust hotel in Spaanse stijl, dat duurzaamheid hoog in het vaandel heeft staan. De beroemde zangeres en actrice Doris Day is mede-eigenaar van de romantische accommodatie.

Oase van rust – **Carmel Fireplace Inn:** San Carlos St. tussen 4th & 5th St., tel. 1-831-624-4862, www.fireplace inncarmel.com, in het hoogseizoen 2 pk vanaf $ 145, cottages vanaf $ 255. Charmante B&B. Alle kamers hebben een koelkast, open haard en gratis wifi. Behalve kamers in het hoofdgebouw zijn er ook ruime, eigentijds ingerichte cottages.

Eten en drinken

Bij Clint Eastwood te gast – **Mission Ranch:** 26270 Dolores St., tel. 1-831-624-6436, www.missionranchcarmel.com, dag. vanaf 17 uur, zo. vanaf 10 uur jazzbrunch, diner vanaf $ 30. Hotel-restaurant met pianobar in een meer dan honderdvijftig jaar oude boerderij aan de rand van de stad. Typisch Amerikaanse kaart met steaks, spareribs en *pork chops*. In de eetzaal staat een haard uit de Eastwood-western *Unforgiven*.

Kaas en wijn – **Cheese Shop:** Carmel Plaza, tel. 1-831-625-2272, www.the cheeseshopinc.com, ma.- za. 10-18, zo. 11-17.30 uur, vanaf $ 9. Als u van plan bent te gaan picknicken, is deze wijnen kaashandel een goede plek om de mand te vullen. Ook klein terras om wat te proeven.

Voor de kleine trek – **Bruno's Market & Deli:** Sixth Ave. & Junipero Ave., tel. 1-831-624-3821, www.brunosmarket. com, dag. 7-20 uur, vanaf $ 6. Grote keuze uitstekende sandwiches, ook om naar eigen smaak samen te stellen. De haantjes, spareribs en worsten van de grill zijn eveneens heerlijk.

Actief

Voor wijnliefhebbers – **Wine Walk by-the-Sea:** Carmel is een van de Californische wijnbouwgebieden. In het centrum van het stadje kunnen liefhebbers een Wine Walk ondernemen, die voert naar veertien wijnkelders en proeflokalen. Bij het Carmel Visitor Center (zie hieronder) kunt u voor $ 65 een Wine Walk Passport kopen. Hiermee kunt u bij negen ervan proeven.

Info

Carmel Visitor Center: San Carlos St. tussen 5th & 6th St., tel. 1-831-624-2522, www.carmelchamber.org.

Monterey ▶ B 3

De naam van dit kustplaatsje zal voor eeuwig verbonden blijven met die van auteur John Steinbeck, wiens in de jaren 40 geschreven roman *Cannery Row* (Nederlandse vertaling: *Een blik in Cannery Row*) een literair monument voor de stad is. Van de daarin beschreven conservenfabrieken, loodsen, vissersboten en arbeiderswijken is niet veel meer over. De patinagroene buste van Steinbeck op Cannery Row kijkt tegenwoordig uit op moderne visrestaurants,

Tip

17 mijl droomkust

Tussen Carmel en Monterey ligt het in zee uitstekende schiereiland Monterey Peninsula. Hier kunt u doorheen rijden via de **17 Mile Drive** ($ 10 tol), een schitterende weg door dennen- en wierookcederbossen en langs kliffen en golfbanen. Op de geasfalteerde route komt u langs meer dan twintig uitkijkpunten met klinkende namen als Spanish Bay, Ghost Bay en The Restless Sea. De bekendste ervan is The Lone Cypress, waar de wortels van een eenzame montereycipres al ruim 250 jaar in een rots in zee grijpen (interactieve kaart op www.californiabeaches.com/map/17-mile-drive).

grote hotels en talloze gebouwen die kunstmatig 'oud' zijn gemaakt om ze te doen denken aan de tijd van de sardienenvisserij. In werkelijkheid staan ze echter allemaal in het teken van de huidige inkomstenbron van Monterey, het toerisme.

Monterey Bay Aquarium

886 Cannery Row, tel. 1-831-648-4800, www.montereybayaquarium.org, mei-sept. 9.30-18, okt.-april 10-17, 's zomers dag., zo. tot 20 uur, zeeottershow dag. 10.30, 13.30, 15.30 uur, $ 50, senioren 65+ $ 40, kinderen 3-12 jaar $ 30

Geen enkel aquarium in het westen van de VS heeft zo'n reputatie verworven als dat van Monterey, dat met steeds nieuwe ideeën en exposities publiek blijft trekken. Een van de meer recente publiekstrekkers is de zeepaardjestentoonstelling. Daarnaast kunt u hier enorme glazen tanks vol exotische vissen zien, ravottende zeeotters, reuzeninktvissen en talloze zeevogels. Duikers

Tip

In de voetsporen van John Steinbeck

Een zoektocht naar sporen van John Steinbeck voert naar de stad **Salinas** ten oosten van Monterey. De geboorteplaats van de auteur staat bekend als 'the Salad Bowl of the World', de saladebak van de wereld, omdat er zoveel rauwkost wordt gekweekt en verhandeld. Steinbecks victoriaanse geboortehuis (132 Central Ave., tel. 1-831-424-2735, www.steinbeckhouse. com) is in tegenstelling tot wat je zou verwachten geen museum, maar een lunchrestaurant. Een bezoekje aan het National Steinbeck Center (1 Main St., tel. 1-831-775-4721, www.steinbeck.org, winter di.-za., zomer dag. 10-17 uur, $ 15, kinderen 3-17 jaar $ 8, senioren 62+ $ 8,95) is meer de moeite waard. Hier worden het leven en werk van de Nobelprijswinnaar van 1962 geëerd.

(5 Custom House Plaza, tel. 1-831-372-2608, www.dali17.com, dag. 10-17 uur, $ 20, kinderen 6-17 jaar $ 10, senioren 65+ $ 16).

Fort Ord National Monument

Via Hwy 101, exit 326C, of Hwy 68, exit 20, meer informatie en routekaart www.blm.gov

Het voormalige militaire terrein in het achterland van Monterey Bay is een van de laatste natuurgebieden op het Monterey-schiereiland. Wandel- en fietspaden met een totale lengte van 140 km doorkruisen het uit grasland, bossages en eikenwouden bestaande reservaat. Natuurliefhebbers kunnen hier vijfendertig zeldzame plant- en diersoorten vinden. Fietsen kunnen worden gehuurd in Monterey (zie blz. 195).

Overnachten

Pure verwennerij – **Jabberwock:** 598 Laine St., tel. 1-831-372-4777, www. jabberwockinn.com, 2 pk vanaf $ 189. In *craftsmanstijl* gebouwde bed and breakfast met uitzicht op de Monterey Bay. Alle zeven kamers zijn elegant en gezellig ingericht. Een uitgebreid ontbijt en afternoontea zijn in de prijs inbegrepen.

Betaalbaar – **Stage Coach Lodge:** 1111 10th St., tel. 1-831-373-3632, www.mon tereystagecoachlodge.com, 2 pk vanaf $ 110. Nette kamers en een goede prijs-kwaliteitverhouding. Circa 15 minuten lopen van Fisherman's Wharf.

Eten en drinken

Smaakvol – **Chart House:** 444 Cannery Row, tel. 1-831-372-3362, www. chart-house.com, ma.-do. 17-21.30, vr. 17-22, za. 16-22 uur, vanaf $ 18. Vis en zeevruchten, steaks, soepen en salades:

laten zich elke dag om 11.30 en 16 uur in de tank met heen en weer bewegende algenbossen zakken om vissen uit hun hand te laten eten.

Monterey State Historic Park

20 Custom House Plaza, tel. 1-831-649-7118, www.parks.ca.gov/?page_ id=575, wisselende openingstijden, $ 5, alle rondleidingen zijn gratis

In de jaren 70 van de 18e eeuw was Monterey een van de eerste Spaanse nederzettingen aan de westkust en zetelde het militair bestuur er. Onder Mexicaanse heerschappij (1821-48) was de plaats zelfs de hoofdstad van Californië. Uit deze tijd stammen de gebouwen die deel uitmaken van het historische State Park. In het kunstmuseum Dali 17 zijn meer dan vijfhonderd werken van de Spaanse surrealist Salvador Dalí te zien

In het John Steinbeck Center in Salinas staan het leven en werk van de schrijver centraal

de goede keuken en de locatie aan zee hebben dit een populaire tent gemaakt.
Vis en seafood – **Fishhopper:** 700 Cannery Row, tel. 1-831-372-8543, www.fish hopper.com/monterey, dag. vanaf 10.30 uur, clam chowder vanaf $ 7,95, fish & chips $ 20. Prima, zij het wat toeristisch restaurant op palen. Steaks en seafood met uitzicht over de baai.

Actief

Fietsverhuur – **Bay Bikes:** 585 Cannery Row, tel. 1-831-655-2453, www.bay bikes.com. Informatie over fietstochten www.seemonterey.com/things-to-do/attractions/bike-rides.
Peddelen op de Stille Oceaan – **Monterey Bay Kayaks:** 693 Del Monte Ave., tel. 1-831-373-5357 of 1-800-649-5357, www. montereybaykayaks.com. Grote keuze aan huurkajaks, ecotours met gids en groepsexcursies. Ook een goed adres voor informatie.

Uitgaan

Live – **Cibo Ristorante Italiano:** 301 Alvarado St., tel. 1-831-649-8151, www.cibo. com. zo., di.-do 7-22 uur jazz, vr., za. 22-1.30 uur dans, happy hour dag. 16-19 uur.
Voor bierfans – **Peter B's Brew Pub:** 2 Portola Plaza, Portola Hotel & Spa, tel. 1-831-649-2699, www.portolahotel.com, zo.-do. 11-23, vr., za. 11-1 uur. Minibrouwerij die tien soorten bier produceert.

Info en evenementen

Informatie

Lake El Estero Visitors Center: 401 Camino El Estero, Monterey, CA 93940, tel. 1-800-555-6290.

Evenementen

Monterey Jazz Festival: september. Legendarisch festival met meer dan vijfhonderd artiesten, vele van wereldfaam (www.montereyjazzfestival.org).

De Sierra Nevada

Hoogtepunten ✳

Yosemite National Park: een fantastisch hooggebergte en een uniek dal met watervallen hebben van Yosemite het beroemdste nationale park van Californië gemaakt. Tegelijkertijd is dit de 'etalage' van de Sierra Nevada. Zie blz. 198

Owens Valley: op de oostelijke flank daalt de Sierra Nevada steil af naar het kurkdroge Great Basin. Tussen het hooggebergte en de woestijn ligt de Owens Valley, een schilderachtig landschap met talrijke bezienswaardigheden Zie. blz. 207

Op ontdekkingsreis

Oog in oog met de woudreuzen – Sequoia National Park: ten tijde van Alexander de Grote waren deze bomen al enorm; toen het Romeinse Rijk ineenstortte, waren het al honderden jaren oude Methusalems. En tegenwoordig leven ze nog steeds, in Sequoia National Park. Zie blz. 214

Tussen de giganten in Sequoia National Park

Bezienswaardigheden

Yosemite Museum: het museum houdt zich aan de hand van tentoonstellingen en een gereconstrueerd dorp bezig met de cultuur van de Miwok- en Paiute-indianen, die tot de komst van de eerste ontdekkingsreizigers het dal bewonden. Zie blz. 198

Laws Railroad Museum bij Bishop: de spoorlijn die werd gebruikt tussen 1883 en 1959 was van vitaal belang voor de mijnbouw in de regio. De sluiting van de mijnen bezegelde tevens het lot van het spoortracé. Zie blz. 207

Actief onderweg

Wandeling op de John Muir Trail: een wandeltocht van twee dagen voert u door de betoverende schoonheid van de Californische bergwereld. Zie blz. 200

Mammoth Lakes: het gerenommeerde wintersportcentrum trekt in de zomer veel hikers, die bijvoorbeeld naar Crystal Lake lopen. Zie blz. 205

Sfeervol genieten

Erick Schat's Bakkery: over typisch Amerikaans brood heeft nog nooit iemand de loftrompet geblazen. De reputatie van deze plattelandsbakkerij (met twee k's) in Owens Valley, die heerlijk, Europees brood maakt, is des te groter. Zie blz. 208

Alabama Hills: het tussen het gehucht Lone Pine en Whitney Portal gelegen gebied is met zijn uniek gevormde en door weer en wind geperforeerde rotsen een natuurlandschap dat in trek is bij bezoekers. Zie blz. 209

Uitgaan

Paiute Palace Casino: de afgelegen Owens Valley is bepaald geen hippe hotspot. De enige attractie voor nachtbrakers is het vierentwintig uur per dag geopende casino van de Paiute-indianen ten noorden van Bishop. Zie blz. 209

Het hoogalpiene Californië

De 700 km lange en 120 km brede, van noord naar zuid lopende Sierra Nevada is het grootste gebergte op Californische bodem. De kale cijfers doen echter geen recht aan de schoonheid van het berglandschap, waarvan het hoogste punt, Mount Whitney, met 4416 m de hoogste berg is van de Contiguous USA – de Verenigde Staten zonder Alaska en Hawaïï. Overweldigende natuurschoonheid en goed ontsloten gebieden hebben van de Sierra Nevada een van de toeristische hoogtepunten van het westen van de Verenigde Staten gemaakt.

Yosemite National Park ☀ ▶ D/E 1/2

'De mooiste plek op aarde' noemde de Amerikaanse president Theodore Roosevelt Yosemite Park na een bezoek in 1903. Sindsdien hebben natuurkundigen en toeristen waarschijnlijk elk superlatief gebruikt dat maar in het woordenboek staat om de midden in de Sierra Nevada gelegen bergoase te beschrijven. In het hart van het nationale park ligt Yosemite Valley, dat in de ijstijd door gletsjers werd uitgeslepen. Het onmiskenbare symbool van het park is de 2695 m hoge Half Dome, die er van een afstandje uitziet als een reusachtige, in tweeën gespleten rotskegel uit grijs graniet.

Yosemite Valley

De langgerekte, door watervallen en steile kliffen omlijste **Yosemite Valley** 1 maakt met de twee toeristendorpen Yosemite Village en Half Dome Village het infrastructurele centrum uit van het 3081 km² grote nationale park. Hier bevinden zich accommodaties, restaurants, kampeerterreinen en het visitor center met het ranger station, waar u terechtkunt voor informatie.

Het **Yosemite Museum** behandelt de culturele historie van de vroeger in het dal levende indianenstammen, de Miwok en Paiute, sinds halverwege de 19e eeuw. In de zomer tonen *Native Americans* traditioneel handwerk. Achter het museum kunt u zich in een gerecon-

INFO

Informatie

Yosemite National Park: P. O. Box 577, CA 95389, tel. 1-209-372-0200, www. nps.gov/yose, $ 20 per auto.
Sequoia & Kings Canyon National Parks: 47050 Generals Hwy, Three Rivers, CA 93271, tel. 1-559-565-3341, www.nps.gov/seki, $ 30 per auto.
Sierra Mountain Center: 200 S. Main St., Bishop, CA 93514, tel. 1-760-873-8526, www.sierramountaincenter.com. Bergbeklimmerscentrum van de Sierra Nevada.

Vervoer

De Sierra Nevada is via een uitstekend onderhouden wegennetwerk te bereiken vanuit zowel de Central Valley als de Owens Valley. Wie de afstand tussen de twee dalen wil overbruggen in de winter, moet de zuidelijke route via Bakersfield nemen; de Tioga Pass Road is van november tot juni gesloten. Yosemite National Park, Sequoia National Park en Kings Canyon Nationaal Park zijn echter ook in de wintermaanden gewoon toegankelijk.

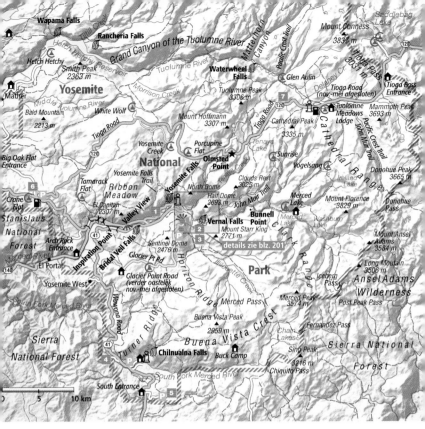

Yosemite National Park

strueerd dorp een voorstelling maken van hoe de indianen destijds leefden.

De via drie rotspartijen het dal in stortende **Yosemite Falls**, met een hoogteverschil van in totaal 739 m, zijn via een korte wandelroute te bereiken. Aan de noordkant van het dal is de 2307 m hoge granieten monoliet **El Capitan** niet te missen. Deze grootste vrijstaande rots ter wereld, die bijna loodrecht de hemel in reikt, is onweerstaanbaar voor bergbeklimmers. In **Half Dome Village** kunt u overnachten in hutten en vaste, in de winter ver-

warmde tenten. In verband met beren moeten voedsel en cosmetica(!) worden opgeborgen in veilige 'beercontainers' (zelf een hangslot meenemen!). Voor de inwendige mens zorgen vijf uitspanningen, van een pizzabakker en een koffietentje tot een ijssalon en een buffetrestaurant.

Het zuiden van het park

Op de weg in het zuiden van het park moet u beslist even doorsteken naar de hoog boven het Yosemitedal gelegen **Glacier Point 2**. Dit fantastische uitkijkpunt ligt aan het einde van Glacier Point Road en biedt een adembenemend wijds uitzicht over de Half Dome en de Vernon en Nevada Falls in de hoge Sierra. Net zo indrukwekkend is het uitzicht vanaf de in de buurt gelegen **Washburn Point** 3 (Zie Favoriet blz. 203).

Als u kiest voor de bochtige weg via **Wawona** 4 (hotel met golfterrein en het Pioniermuseum) is uw eindpunt meestal **Mariposa Grove** 5, een van de drie sequoiabossen in Yosemite. Hier, niet ver van de zuidelijke toegangspoort van het park, bevindt zich een woud dat het tijdperk van de houtkap heeft weten te overleven (gesloten tot zomer 2017). Tot de meest imposante bomen behoort de 2700 jaar oude 'Grizzly Giant'. Nadat hij zijn kruin verloor in een storm is hij nog 'maar' 64 m hoog, maar zijn omtrek is bijna 30 m.

Vlakbij staat de California Tunnel Tree, een historische getuige van zinloze natuurverwoesting. De stam van de boom werd in 1895 uitgehold om er een toeristische attractie van te maken – iets wat tegenwoordig taboe is.

Het noorden van het park

Voorbij **Tuolomne Grove** 6, met reusachtige mammoetbomen en een aantal bergmeren, begint de **Tioga Pass Road**. Deze alleen tussen juni en begin november begaanbare panoramische slingerweg voert naar het 3030 m hoge 'dak' van de Sierra, om daarna weer af te dalen naar Mono Lake. Onderweg naar het hoogste punt komt u langs de 2600 m hoog gelegen **Tuolomne Meadows** 7, het grootste subalpiene weidegebied van het gebergte, dat in de zomer bedekt is met wilde bloemen. Dit gebied is een van de mooiste plekken om te wandelen in het nationale park. In het natuurlandschap met zijn vele beekjes maakt u grote kans wild tegen te komen.

Wandeling op de John Muir Trail

Traject: heen en weer 43 km, duur: 2 dagen, beste wandelperiode: juli tot oktober, www.johnmuirtrail.org

De langeafstandswandelroute (340 km) begint in het beroemde Yosemite National Park en voert zigzaggend door de Sierra Nevada. Alleen al in het nationale park strekt de Muir Trail zich uit over een lengte van 60 km. Het startpunt van een wandeling van twee dagen of een beklimming van de Half Dome is **Happy Isles** aan een van de uiteindes van Yosemite Valley, waar ook een halte van de shuttlebussen is.

Het pad leidt tot een aftakking naar de **Vernal Falls,** vanwaar u naar de watervallen kunt. De **Nevada Falls** worden bereikt na 5 km. Dit zijn de waterrijkste en hoogste watervallen van de trail. Vanaf de brug die over het water is gespannen, heeft u het beste uitzicht.

Langs de Merced River lopend, komt u in **Little Yosemite Valley** op een hoogte van 2476 m en bereikt u na 12 km de **Half Dome Junction** die leidt naar de 2682 m hoge **Half Dome.** Diens top ligt nog eens 4 km verder. Naar het symbool van Yosemite, dat niet direct aan de Muir Trail ligt, voert een door kabels gezekerde weg. Houd tijdens het hoogseizoen overigens rekening met een onvervalst spitsuur. Goed getrainde hikers doen over deze 26 km lange wandeling 10-12 uur. Is u conditie niet zo geweldig, dan moet u deze uitdagende route, die een hoogteverschil overbrugt van 1463 m, absoluut aan u voorbij laten gaan (vergunning $ 8 per persoon).

Wie de afslag naar de Half Dome niet neemt, komt via de Muir Trail in het gebied van de **High Sierra**, dat overwegend bestaat uit naaldbossen. Steeds weer komt tussen de boomtoppen de Half Dome in zicht. De route

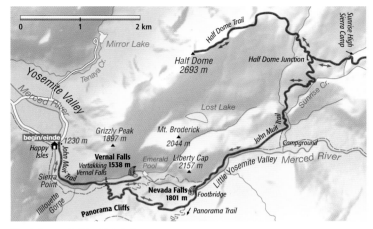

Wandeling op de John Muir Trail

volgt voorturend de **Sunrise Creek** tot de eerste overnachtingsmogelijkheid, het **Sunrise High Sierra Camp** (**21,2 km**). Hier zijn negen cabins met in totaal ruim dertig bedden. Vanwege de grote populariteit worden de slaapplaatsen verloot in september/oktober van het voorgaande jaar. De terugweg verloopt over dezelfde route.

Wilt u de John Muir Trail lopen, dan moet u een zogenaamde Wilderniss Permit aanvragen bij de National Park Service of de US Forest Service ($ 10 per persoon, reserveren is aan te raden). Bij een langere wandeling bent u verplicht een beercontainer bij u te dragen (huur is mogelijk), zodat u voedsel kunt opslaan buiten het bereik van de beesten. De trail komt door prachtige natuurgebieden als de Ansel Adams Wilderness, de John Muir Wilderness en het Sequoia & Kings Canyon National Park. De John Muir Trail eindigt op de 4417 m hoge Mount Whitney, het hoogste punt van de *Contiguous USA* – de VS uitgezonderd Alaska en Hawaï.

Overnachten

Alle accommodaties in het park vallen onder hetzelfde beheer. Ze zijn te bekijken en boeken op www.travelyosemite.com/lodging.

Rustieke luxe – **Majestic Yosemite Hotel:** Yosemite Village, 2 pk vanaf $ 480. In 1927 uit natuursteen gebouwd luxehotel met 123 kamers en suites. Daarnaast zijn er 24 cottages op een schaduwrijk terrein onder bomen in de hoteltuin.

In het hart van het park – **Yosemite Valley Lodge:** Yosemite Village, 2 pk in de zomer vanaf $ 160, in het naseizoen kunt u buiten de weekends al voor zo'n $ 115 terecht. 230 ruime kamers, verwarmd zwembad, restaurant, *food court* en wifi.

Tent of hut – **campings:** reserveren via www.recreation.gov of tel. 1-877-444-6777. In de hoge Sierra zijn vijf alleen te voet of te paard bereikbare High Sierra Camps. Kijk voor meer informatie op www.travelyosemite.com/lodging/high-sierra-camps. ▷ blz. 204

Favoriet

Uitzicht om van te dromen

De prachtige natuurwonderen van de Sierra Nevada, zoals het beroemde Yosemite National Park, zijn de populairste toeristische bestemmingen van Californië. Het ontbreekt dit bergparadijs bepaald niet aan indrukwekkende uitkijkpunten. Een van de mooiste is **Washburn Point** 3 op Glacier Point Road, de weg die hoog boven Yosemite Valley een steile helling op voert. Vanaf het uitkijkpunt zie je het adembenemende panorama van de High Sierra, de Half Dome en de watervallen – alsof je naar een ansichtkaart kijkt (zie blz. 200).

Actief

In het zadel door de Sierra – **Big Trees Stable Valley Stable:** in Wawona in het zuiden van het park, tel. 1-209-375-6502, www.travelyosemite.com/things-to-do/horseback-mule-riding. Tochten van twee uur door de naaste omgeving. Professionele begeleiding, minimum-leeftijd 7 jaar.

Bergbeklimmen – **Yosemite Mountaineering School:** tel. 1-209-372-8344, www.travelyosemite.com/things-to-do/yosemite-mountaineering-school-guide-service. Klimschool voor beginners en gevorderden. Expedities met gids, tevens verhuur uitrusting.

Mono Lake ▶ E 1

Mono Lake onstond ongeveer een miljoen jaar geleden en is zodoende een van de oudste meren van Noord-Amerika. Het ligt op een kleine 2000 m hoogte en strekt zich in pastelblauwe kleurschakeringen uit over een oppervlakte van 180 km. Omdat het water driemaal zo zout is als dat van de Stille Oceaan kan in Mono Lake niets leven. Althans, dat schreef Mark Twain in zijn reisverhaal *Roughing It*. De waarheid is dat het hoge zoutgehalte de ideale leefomstandigheden schept voor kleine garnalen en algen, maar ook voor de aan de oever van het meer levende zoutwatervliegen, *alkali flies*. De belangrijkste bezienswaardigheid van het meer zijn de zogenaamde *tufas*. Deze metershoge, bizarre kalkformaties rijzen als bleke termietenheuvels op uit het water. Ze werden gevormd in de tijd dat het water hier nog veel hoger stond. Vanuit bronnen in de bodem drong toen calciumrijk zoetwater het zoute meer binnen, waar het zich met carbonaat verbond tot calciumcarbonaat. Hieruit bestaan de voornamelijk aan de zuidkant van het meer staande tufas. De zoutpilaren met de Sierra Nevada erachter zorgen voor een haast buitenaardse sfeer, die afhankelijk van het seizoen en het weer snel van aanzicht kan veranderen.

Actief

Bevroren watervallen – **ijsklimmen:** dec.-mrt. in Lee Vining Canyon (ca. 4 mijl ten westen van Lee Vining aan Poole Power Plant Rd.) bevinden zich de lang-

Buitenaards − de bizarre kalkformaties van Mono Lake

ste en steilste routes voor ijsklimmers in heel Californië. De Amerikaanse *extreme climber* Yvon Chouinard zou hier in de jaren 70 speciale uitrusting hebben ontwikkeld waardoor ijsklimmen een cultstatus heeft weten te verkrijgen.

Info

Mono Lake Committee: Hwy 395 & 3rd St., P. O. Box 29, Lee Vining, CA 93541, tel. 1-760-647-6595, www.monolake.

org. Uitstekend uitgerust centrum met informatie over alle aspecten van Mono Lake.

Mammoth Lakes ▶ E 2

Deze plaats aan de oostelijke flank van de Sierra Nevada heeft zijn aantrekingskracht voornamelijk te danken aan zijn uitstekende wintersportfaciliteiten − het seizoen duurt van november tot mei. In de warmere seizoenen doet Mammoth Lakes zijn naam eer aan met prachtige bergmeren en wordt de regio overspoeld door natuurliefhebbers. Fietsers en wandelaars kunnen met een kabelbaan bij de Main Lodge naar de 3368 m hoge **Mammoth Mountain** ($ 24, kinderen 13-18 jaar en senioren 65+ $ 19). Vanuit het bergstation lopen diverse fietsroutes naar het dal, dat ook met een 8 km lang wandelpad te bereiken is.

Wandeling naar Crystal Lake

Traject: heen en weer 4,2 km, duur: ca. 2-3 uur, juni-nov., deels zeer steil

De omgeving van Mammoth Lakes in de oostelijke Sierra Nevada schittert niet alleen door een indrukwekkend berglandschap, maar ook met tal van idyllische bergmeren niet ver van de stad. Een van de mooiste hiervan is het staalblauwe, tussen beboste heuvelruggen ingebedde Crystal Lake op een hoogte van 2940 m. Een goed onderhouden wandelroute begint bij de **parkeerplaats** in de buurt van het kampeerterrein bij Lake George. Het voert in westelijke richting eerst rustig bergop door een naaldwoud, waarin je hier en daar een verdwaald vakantiehuisje tegenkomt. Na een steil stukje opent zich het prachtige panorama op Lake George en het Mammoth Lakes Basin. Bij de vertakking naar **Mammoth Crest** ligt met 2969 m het hoogste punt van de wandeling. De trail voert dan ongeveer 500 m omlaag tot het **Crystal Lake** (2932 m). Het blauwe juweel is prachtig, maar toch wordt de aandacht opgeslokt door het panorama, waarvan u op bijna het hele traject kunt genieten. De terugweg voert over hetzelfde pad.

Wandeling naar Crystal Lake

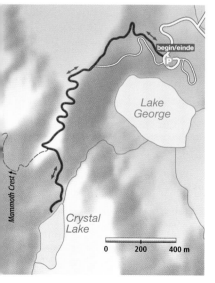

Overnachten

In de winter, grofweg tussen eind oktober en half april, moet u rekening houden met hoge prijzen. U kunt besparen met hotelarrangementen (bijvoorbeeld inclusief stoeltjeslift). De motels in het 67 km verderop gelegen Bishop zijn stukken voordeliger.

Camping

Op niet-privaat, door het Bureau of Land Management beheerd terrein bij Mammoth Lake mag u tot twee weken gratis kamperen.

Actief

Fietsverhuur – **Footloose Sports:** 3043 Main St., tel. 1-760-934-2400, www.foot loosesports.com, dag. 8-19 uur. In de winter ook wintersportuitrusting.

Info

Mammoth Lakes Welcome Center: 2510 Main St., tel. 1-760-924-5500. Op www.visitmammoth.com/special-offers komt u alles te weten over de seizoensaanbiedingen van de hotels en restaurants.

Owens Valley ✳ ▶ F 2/3

Ten zuiden van Mammoth Lakes verlaat Highway 395 het 2000 m hoog gelegen plateau. De weg slingert vanaf Sherwin Summit naar de in de zomer bloedhete, meer dan 800 m lager gelegen Owens Valley. In de eerste helft van de 20e eeuw woedde in dit afgelegen boerendal een ware oorlog tussen lokale boeren en vertegenwoordigers van de stad Los Angeles, die door deels niet al te frisse praktijken de waterrechten hadden bemachtigd. Maar tegenwoordig is het idyllische dal een uiterst vredige plek, waar aan de westkant de hoogste toppen van de Sierra de lucht in steken als een onoverkomelijke granieten muur.

Bishop ▶ F 2

Het 4000 inwoners tellende centrum van Owens Valley is voor veel reizigers een pleisterplaats tijdens een Californische roadtrip; er zijn tal van goede overnachtingsmogelijkheden en prima restaurants. Daarnaast is Bishop een ideaal uitgangspunt voor uitstapjes in de omgeving, bijvoorbeeld over Highway 168 naar de door majestueuze pieken omlijste meren **South Lake** en **Lake Sabrina** of naar de in de afgelegen White Mountains gelegen **Ancient Bristlecone Pine Forest** met de oudste bomen ter wereld. Dichterbij, in het gehucht Laws, 4,5 mijl ten noord-oosten van Bishop, staat het **Laws Railroad Museum** met een gerestaureerd treinstation uit 1883, stoomlocomotieven, antieke wagons en een historisch dorp (Hwy 6, tel. 1-760-873-5950, www.lawsmuseum.org, dag. 10-16 uur, entree naar eigen goeddunken).

Overnachten

Met zwembad – **Creekside Inn:** 725 N. Main St., tel. 1-760-872-3044 of 1-800-273-3550, www.bishopcreeksideinn.com, 2 pk vanaf $ 140. Huiselijk ingericht hotel met kamers en suites met airco, tuin, wifi, verwarmd zwembad, spa en ontbijtbuffet.

Gezellig en gastvrij – **Joseph House Inn:** 376 W. Yaney St., tel. 1-760-872-3389, www.josephhouseinn.com, zomer vanaf $ 153, winter vanaf $ 143. Gezellige B&B in een groene oase met erg vriendelijke eigenaren. Alle kamers hebben een eigen badkamer en toilet.

Camping met eigen golfbaan – **Brown's Town Campground:** 219 Wye Rd., tel. 1-760-873-8522, www.browns campgrounds.com. Deels schaduwrijk grasveld met plekken voor tenten en campers; elektriciteit, kabeltelevisie, warme douches, wasmachines, een café en een 18-holes golfbaan.

Eten en drinken

Alles van tortilla's tot chili – **Amigos Mexican Restaurant:** 285 N. Main St., tel. 1-760-872-2189, dag. 11-21 uur, ca. $ 10-15. In de keuken van dit kleine restaurant wordt naar hartelust geïmproviseerd, omdat wordt gewerkt met de ingrediënten die op dat moment 'toevallig' verkrijgbaar zijn. Desalniettemin kan bij Amigos alles besteld worden wat de Mexicaanse keuken te bieden heeft.

Alleen deze weg, de Generals Highway, voert naar Kings Canyon National Park

Ongecompliceerd en goed – **Jack's Restaurant & Bakery:** 437 N. Main St., tel. 1-760-872-7971, dag. 6-21 uur, ca. $ 4-12. De keuken van dit restaurant heeft een reputatie opgebouwd met rijkelijk gevulde omeletten, zoals de Texas Chili & Cheddar. De wafels, hamburgers en nagerechten zijn echter ook niet te versmaden.

Winkelen

On-Amerikaanse broodhemel – **Erick Schat's Bakkery:** 763 N. Main St., tel. 1-760-873-7156, www.erickschatsbakery. com, dag. vanaf 8 uur, vanaf ca. $ 6. Café met bakkerij en souvenirwinkel. Behalve zoetigheid als gebak, cake en koekjes staan er ook meer dan twintig

Actief

Uitvalsbasis voor het bergland – **Parchers Resort:** 5001 S. Lake Rd., www.parchersresort.net, Hwy 168 en South Lake Rd. Dit 21 mijl ten zuidwesten van Bishop gelegen resort is een ideale uitvalsbasis voor trektochten door een van de mooiste meer- en berglandschappen van de oostelijke Sierra Nevada. U kunt er ook terecht voor alle mogelijke informatie over wandelingen met gids, paardrijdtochten en kajakexcursies.

Uitgaan

Wie een gokje wil wagen – **Paiute Palace Casino:** 2742 N. Sierra Hwy, (Hwy 395), tel. 1-760-873-4150, www.paiutepalace.com, 24/7 geopend. Het indianencasino heeft voornamelijk speelautomaten, maar ook tafelspelen als blackjack. Bij het complex horen ook restaurant TuKaNovie (zo.-do. 7-22, vr., za. tot 24 uur) en het goedkoopste benzinestation in de wijde omgeving.

Alabama Hills en Mt. Whitney ▶ F 3

Midden in het stadje Lone Pine buigt de Whitney Portal Road naar het westen af van Highway 395. Deze weg leidt rechtstreeks naar de hoogste top van de Sierra Nevada, de 4416 m hoge Mount Whitney. Onderweg doorkruist u zo'n 3 mijl buiten Lone Pine de **Alabama Hills**, waar tijdens de jaren 50 en 60 meer dan tweehonderd B-westerns werden gedraaid. Rijdend over de onverharde, maar goed begaanbare Movie Road, een doolhof waarin bizarre rotsformaties worden afgewisseld door goudbruine ronde heuvels, kun je je goed voorstellen waarom de Hollywoodproducenten voor dit decor kozen. ▷ blz. 212

soorten brood op de menukaart. De beroemdste daarvan is het al sinds 1938 verkochte Original Sheepherder Bread, dat volgens de overlevering voor het eerst werd gebakken door in de omgeving hoedende Baskische schaapsherders die het brood van thuis misten. Het heeft een knapperige korst en is vanbinnen heerlijk zacht.

Favoriet

De perfecte spookstad ▶ E 1

Ooit, in de tweede helft van de 19e eeuw, waren de leefomstandigheden in **Bodie** erbarmelijk. Aan hygiene en medische zorg deed men niet, de woningen waren haastig in elkaar geflanst. Er ging geen week voorbij zonder moord, doodslag of op z'n minst een beroving. Inmiddels heeft het historische mijnwerkersstadje zich getransformeerd tot een van meest bezienswaardige spookstadjes van het Amerikaanse westen. Bezoekers flaneren door een niet van echt te onderscheiden westerndecor met saloons met klapdeurtjes en gesloten mijnen. Ze genieten van de sfeer in de pittoreske *ghost town*, die, zo lijkt het, door de beschaafde wereld is vergeten, zomaar aan zijn lot overgelaten onder de Californische zon.

Na circa 20 km eindigt de Whitney Portal Road zo dicht bij de voet van **Mount Whitney** dat de top niet meer te zien is. Verschillende kampeerterreinen liggen verspreid in de dennenbossen. Wie daar overnacht, moet etenswaren opbergen in speciale bakken, omdat dit gebied vaak wordt bezocht door beren. Ook in auto's mogen in geen geval eetbare waren achterblijven. De top van Mount Whitney is te bereiken via een 18 km lange wandelroute (vergunning verplicht, zie onder).

Info

Eastern Sierra InterAgency Visitor Center: Hwy 395 & 136, Lone Pine, CA 93545, tel. 1-760-876-6200, www.fs.usda. gov/recarea/inyo/recarea/?recid=20698. **Wilderness Permit Office:** 351 Pacu Lane, Suite 200, Bishop, CA 93514, tel. 1-760-873-2400, www.fs.usda.gov/detail/inyo/passes-permits/recreation/?cid=stelprdb5150055. Vergunningen voor het beklimmen van Mt. Whitney moeten tussen 1 februari en 15 maart worden aangevraagd ($ 6), eind maart wordt geloot voor de beschikbare *permits* à $ 15.

Sequoia National Park

▶ E/F 3/4

Sequoia National Park in de High Sierra is een van de laatste plekken waar de enorme mammoetbomen het tijdperk van de ongebreidelde houtkap hebben overleefd (zie Op ontdekkingsreis blz. 214). Het park vormt een aantrekkelijk duo met het in het noorden aansluitende Kings Canyon National Park (zie blz. 213). Kings Canyon trekt door zijn afgelegenheid echter veel minder bezoekers dan het makkelijker bereikbare Sequoia Park.

De meestgebruikte parkingang is de Ash Mountain Entrance ten oosten van Visalia in de Central Valley, waar de Generals Highway begint. Op het 25 km lange stuk tot aan het Giant Forest Village zijn 142 haarspeldbochten. Op 1400 m hoogte verandert het landschap met het begin van de hoogopgaande bossen. Langs de kant van de weg duiken de eerste symbolen van het nationale park op – gigantische mammoetbomen (*Sequoiadendron giganteum*) waarvan de bast rood oplicht in de schemering van het bos.

Crystal Cave

Crystal Cave Rd., entreebewijzen alleen in het Foothills of Lodgepole Visitor Center, tel. 1-559-565-4251, www.visitsequoia.com/crystal-cave. aspx, tourdetails op www.explore crystalcave.com/important-info. html, $ 18, kinderen 5-12 jaar $ 8, senioren 62+ $ 16

Komende vanaf de Generals Highway bereikt u op de geasfalteerde Crystal Cave Road (niet geschikt voor grote campers) dit onderaards sprookjesrijk, waar het altijd 9°C is. De grotten zijn niet op eigen houtje te betreden, maar wel via 45 minuten lange rondleidingen over verlichte paden. Het landschap met marmeren stalactieten en stalagmieten is fascinerend.

Moro Rock

Crescent Meadows Rd., 3 km ten zuiden van het Giant Forest Village

Dat dit park meer te bieden heeft dan alleen reuzenbomen bewijst naast de Crystal Caves ook de 100 m hoge kale granietkoepel Moro Rock. Naar deze in de ijstijd door gletsjers gladgepolijste rots voeren vierhonderd in het steen uitgehouwen trappen, deels gezekerd met een reling. De moeite van het beklimmen ervan wordt beloond door en grandioos uitzicht rondom.

Tokopah Falls

Het beginpunt van een korte, niet al te inspannende wandeling naar deze watervallen is de Marble Fork Bridge bij de Lodgepole Campground. Na zo'n 2,5 km lopen langs de Marble Fork, een zijrivier van de Kaweah River, bereikt u de over hellend graniet vallende, 366 m hoge watervallen. De Tokopah Falls zijn het mooist in de vroege zomer, wanneer smeltende sneeuw op de High Sierra zorgt voor voldoende water. De in deze omgeving levende marmotten lijken al hun angst voor mensen verloren te hebben.

Overnachten

Comfort midden in het park – **Wuksachi Village Lodge:** Wuksachi Village, zo'n 2 mijl ten westen van Lodgepole Village, tel. 1-866-807-3598, www.visitsequoia.com, vanaf $ 240. Deze op een hoogte van 1980 m gelegen lodge is het hele jaar geopend. De ruim honderd kamers hebben alle een badkamer, telefoon, televisie en koffiezetapparaat. Bij de accommodatie hoort ook een restaurant.
Geen fratsen – **John Muir Lodge:** Grant Grove Village, tel. 1-866-522-6966, www.sequoia-kingscanyon.com/reservations.html, in de zomer vanaf $ 200, in de winter voordeliger. Rustieke lodge met zeer sfeervolle lobby waar u heerlijk rond de open haard kunt zitten. De 36 kamers zijn eenvoudig ingericht. Ze beschikken alle over een eigen badkamer, telefoon en koffiezetapparaat, maar u zult het zonder televisie moeten doen.
In de tent of camper – **Campgrounds:** in Sequoia National Park liggen veertien kampeerterreinen. De grootste en best uitgeruste is de Lodgepole Campground (langs de Generals Highway, met supermarkt, snackbar, douches

en een Visitor Center, reserveringen via www.nps.gov/seki/planyourvisit/lodgepole.htm, voor andere campings www.nps.gov/seki/planyourvisit/campgrounds.htm). De meeste plekken worden vergeven via het *first come, first served*-principe – wie het eerst komt, het eerst maalt.

Info

Naast de Ash Mountain Entrance in het zuiden is er nog een tweede parkingang ten oosten van Fresno aan Highway 180. In het park zult u vergeefs naar benzinestations zoeken. Zorg dus van tevoren voor voldoende brandstof. Mobiele telefoons werken in de meeste delen van het park niet.
Shuttle Service: van eind mei tot begin sept. Pendelbus tussen Visalia en het nationale park (tel. 1-877-287-4453, www.sequoiashuttle.com, retour $ 15).

Kings Canyon National Park ▶ E/F 3

Ten noorden van Grant Grove voert de Kings Canyon Scenic Byway (Highway 180) via een wijde boog naar Kings Canyon National Park. Dit park wordt maar weinig bezocht, mede omdat men over dezelfde weg heen en terug moet. Deze voert langs de oever van de South Fork Kings River langs overhangende rotsen. Rond het dal rijzen de granieten wanden van de Sierra Nevada meer dan 1500 m hoog op.

Het eindpunt van deze enige autoroute door het gebied is Cedar Grove Village, met een bezoekerscentrum, meerdere kampeerterreinen, een restaurant, winkels en het enige hotel van het park, de Cedar Grove Lodge (mei-okt., tel. 1-866-807-3598, www.visitsequoia.com/Cedar-Grove-Lodge.aspx).

Oog in oog met de woudreuzen – Sequoia National Park

Ten tijde van Alexander de Grote waren deze bomen al enorm; toen het Romeinse Rijk ineenstortte, waren het al honderden jaren oude Methusalems. En tegenwoordig leven ze nog steeds, in Sequoia National Park – inmiddels reusachtige en unieke natuurmonumenten, die worden vereerd als nationale heiligdommen. De beroemdste ervan dragen menselijke namen die met veel respect worden uitgesproken.

Kaart: ▶ E 3

Info: het hele jaar geopend, $ 30 per auto. Bent u van plan meer parken te bezoeken, dan kunt u beter de America the Beautiful-pas kopen ($ 80 per jaar, www.nps.gov/planyourvisit/passes.htm).

Giant Forest Museum: Hwy 198, 16 mijl ten noorden van het Foothills Visitor Center bij de zuidwestelijke parkingang, dag. 9-16 uur, gratis.

In het **Giant Forest** krijg je het gevoel te zijn gekrompen tot dwergformaat. Om je heen strekt zich een dennenbos uit. In de schaduw ervan zie je bruine vlekjes, die bij nadere inspectie mammoetbomen blijken te zijn, gigantische sequoia's die met 'benen' van meer dan

30 m doorsnee in de aarde staan en hun kruinen ver boven je in de hemel verstoppen. Hobbyfotografen klooien met hun camera's omdat de reuzen nauwelijks in de zoeker passen. Overal wrijven mensen over hun nek, pijnlijk als die is geworden door het naar achteren leunen. Maar wie heeft nu ooit zo'n boom gezien? Zo'n kolos die dezelfde houtopbrengst heeft als een naaldbos van een halve hectare en die zich qua leeftijd kan meten met steden als Rome.

Meer informatie over de woudreuzen is te vinden in het **Giant Forest Museum**. In deze schatkamer zijn onder andere zaden van de bomen te zien, zo groot als havermoutvlokken. Wat hieruit kan ontstaan, is te zien aan de **Sentinel Tree** voor het gebouw, die zo zwaar is als twee volgeladen jumbojets.

Wie is de grootste?

Vanaf de parkeerplaats loop je in zo'n twintig minuten naar de koning van de mammoetbomen, **General Sherman Tree**. Met 84 m is dit bij lange na niet de hoogste boom ter wereld (dat is de 115,5 m hoge Hyperion in het Redwood National Park), maar met een volume van 1470 m³ is het de onbetwiste recordhouder – het grootste levende wezen ter wereld. Je kunt niet anders dan je blik met open mond van de stam, die een omtrek heeft van 31,3 m, via 2 meter brede takken naar de top laten glijden.

Houten geschiedenis

Bij de Sherman Tree begint de ruim 3 km lange **Congress Trail**. Aan dit pad lijken bomen(groepen) als de President Tree, de General Lee Tree, de Senate Groupe, de House Groupe en de McKinley Tree zich te verzamelen voor een reuzenvergadering.

De Chief Sequoyah Tree herinnert eraan dat deze boomsoort zijn naam te danken heeft aan Cherokee-chief Se-quoia (1776-1843). De hoofdman vond een eigen schrift uit heeft zodoende een flinke culturele bijdrage geleverd.

Tot aan het begin van deze eeuw was de **Washington Tree** de tweede grootste boom in het park. De gigant overleefde in tweeduizend jaar honderden verwoestende bosbranden, maar kon in 2003 niet op tegen een bliksemschicht. Deze kostte hem een deel van zijn kroon, waarna een storm hem twee jaar later fataal werd.

De **General Grant Tree** wordt elke winter tot nationale kerstboom uitgeroepen. Die eer heeft hij te danken aan het feit dat hij met een volume van 1360 m³ de tweede grootste boom op ter wereld is. Hij werd in 1867 vernoemd naar Ulysses S. Grant, generaal van de Unie in de Amerikaanse Burgeroorlog, en president van de Verenigde Staten van 1869 tot 1877.

Hoe houthakkers vroeger te werk gingen met zulke enorme exemplaren, toont het desolate **Big Stump-gebied** langs Highway 180. Om de 1350 jaar oude Mark Twain Tree die daar ooit stond te vellen en tot plankjes te verzagen, had een team *lumberjacks* in 1891 maar liefst dertien dagen nodig.

Tussen Los Angeles en San Diego

Hoogtepunt ✳

Laguna Beach: het bij Orange County horende stadje ligt aan een van de mooiste stukken van de Zuid-Californische kust. Aan de voet van diep uitgesneden klippen bevinden zich baaien die ideaal zijn voor een strandvakantie. Behalve om zijn prachtige ligging staat Laguna Beach ook bekend om zijn kunst en kunstnijverheid. Tijdens het in de zomer gehouden Festival of Arts & Pageant of the Masters beelden in kostuums gehulde mannen, vrouwen en kinderen zo natuurgetrouw mogelijk beroemde schilderijen uit. Zie blz. 221

Op ontdekkingsreis

Weg van de missieposten – El Camino Real: in brons gegoten staat Junípero Serra voor talloze historische missieposten in Californië. De uit Mallorca stammende franciscaner pater speelde een belangrijke rol bij de opbouw van het missiesysteem in de 18e eeuw. Langs de Camino Real staat een flink aantal van 'zijn' missies. Zie blz. 226

Bezienswaardigheden

Orange County Museum of Art: in het museum in Newport Beach wordt werk getoond van hedendaagse kunstenaars, voornamelijk uit de VS. Onder hen bekende namen als Richard Diebenkorn en Ed Ruscha. Zie blz. 219

Birch Aquarium in La Jolla: het aquarium toont het zeeleven in de Stille Oceaan. Bezoekers kunnen zich onder andere laten informeren over walvisgezang, koraalriffen en het leven in getijdenpoelen. Zie blz. 233

Actief onderweg

Walvissen observeren: in Newport Beach heeft u de mogelijkheid zich aan te sluiten bij een *whale watching tour*, waarbij u deze enorme zoogdieren van dichtbij kunt observeren. Zie blz. 221

Wandelen bij Lake Calavera: het meer ligt ten oosten van Carlsbad in een betoverend landschap. De wandeling eromheen is prachtig. Zie blz. 232

Sfeervol genieten

Crescent Bay Point Park: vanuit het in het noordelijke puntje van Laguna Beach gelegen park hebt u een adembenemend uitzicht op de grandiose kliffen. Zie blz. 221

Flower Fields of Carlsbad: in het voorjaar verandert de heuvel ten oosten van de stad in één grote, bonte bloemenzee. Het seizoen duurt normaal gesproken van begin maart tot half mei. Zie blz. 229

Uitgaan

Oceanside Pier: de ondergaande zon zet deze romantische flaneerpier vaak in een schitterend licht. Zie blz. 224

Prospect Bar in La Jolla: de Californische Rivièra is nu niet bepaald een paradijs voor nachtbrakers. Maar in deze club krijgen feestgangers alle gelegenheid zich uit te leven met gelijkgestemden. Zie blz. 235

Orange en North County

Het deel van de Grote Oceaankust tussen de zuidelijke uitlopers van Greater Los Angeles en San Diego heeft met recht het imago een zon-, strand- en surfparadijs te zijn. Dit stukje Zuid-Californië is de vleesgeworden Amerikaanse droom. Boven schitterende stranden kleven chique villa's als zwaluwnesten aan de grillige kliffen – over de rijkdom van hun eigenaren mag geen misverstand bestaan. Ook de enorme jachten die in de diverse havens voor anker liggen, zijn glimmende getuigen van extreme overvloed.

INFO

Informatie
Newport Beach Visitor Center: Fashion Island, 401 Newport Center Dr., Newport Beach, CA 92660, tel. 1-855-563-9767, www.visitnewport-beach.com.
Laguna Beach Visitors Center: 381 Forest Ave., Laguna Beach, CA 92651, tel. 1-949-497-9229, www.visitlaguna beach.com.

Vervoer
Wie met de auto onderweg is, moet beslist naar het zuiden rijden via de Pacific Coast Highway (Hwy 1). Deze ideale roadtrip-weg voert door alle kuststadjes. De Amtrak-lijn Pacific Surfliner bedient de kuststadjes tussen LA en San Diego, maar laat die in Orange County links liggen (www.amtrak.com). Bussen van de Orange County Transportation Authority (OCTA, tel. 1-714-560-6282, www.octa.net) rijden naar Newport Beach, Laguna Beach, Balboa Island en Corona del Mar.

Orange County ▶ F/G 8

Dat de American dream in vervulling is gegaan voor de dik drie miljoen inwoners van Orange County, is duidelijk. De county, met een bijna 40 km lange, prachtige kustlijn, heeft het hoogste inkomen per hoofd van de bevolking en de hoogste onroerendgoedprijzen van Californië. Hoe men omgaat met die rijkdom is – gechargeerd, maar met een kern van waarheid – te zien in vooral bij jongeren populaire televisieserie *The O.C.*, die zich afspeelt in de wereld van de mooie, rijke mensen in Newport Beach.

Huntington Beach ▶ F 8

Lopend door het centrum van dit kuststadje zou je kunnen denken dat Huntington Beach slechts een vlekje op de kaart is, een gehucht aan de Californische Rivièra. De stad is echter behoorlijk uitgedijd richting binnenland en telt inmiddels zo'n 200.000 inwoners. Het middelpunt van de 15 km lange kuststrook is de met 560 m langste betonnen **pier** van de Verenigde Staten (dag. 5-24 uur).

Nog meer dan om deze pier staat Huntington Beach echter bekend om de surfsport, die hier zou zijn 'uitgevonden'. Wedstrijden en kampioenschappen als de U.S. Open of Surfing in augustus (www.usopenofsurfing.com) onderstrepen het aanzien van de stad als surfmekka. Datzelfde geldt voor het **International Surfing Museum**, waar surfplanken, foto's en allerlei memorabilia te zien zijn, maar ook surffilms en surfmuziek (411 Olive Ave., tel. 1-714-960-3483, www.surfingmuseum.org, di.-zo. 12-17, $ 2).

De stad eert zijn beroemdste surfers in de **Surfers' Hall of Fame**, waar de voetstappen van tientallen atleten in beton zijn gegoten – met als belangrijkste attractie het monument voor de Hawaïaanse surfpionier Duke Kahanamoku. In de bijbehorende winkel is alles te koop wat met surfen te maken heeft.

Eten en drinken

Met zeezicht – **Fred's Mexican Café:** 300 Pacific Coast Hwy, tel. 1-714-374-8226, www.fredsmexicancafe.com, dag. 11-2 uur, $ 10-25. Restaurant met relaxte sfeer in Mexicaans-Caraïbische stijl niet ver van de pier. Goede Mexicaanse gerechten en heerlijke margarita's op citroen- of aarbeienbasis.

Typische diner – **Ruby's:** 1 Huntington Beach Pier, tel. 1-714-969-7829, www.rubys.com/locations/huntingtonbeach, zo.-do. 7-21, vr., za. 7-22 uur, vanaf $ 7. Restaurant in jarenveertigstijl aan het einde van de pier. Op de menukaart staan geen bijzondere culinaire ervaringen, maar typisch Amerikaanse dinergerechten – van een ontbijt waar je de hele dag vol van zit tot heerlijk sappige hamburgers.

Actief

Watersportcentrum – **OEX Sunset Beach:** 16910 Pacific Coast Hwy, tel. 1-562-592-0800, www.oexsunsetbeach.com. Verhuur van watersportuitrusting: van kano's en kajaks tot opblaasbare rubberbootjes en waterfietsen.

Langs de kust fietsen – **Surf City Cyclery:** 7470 Edinger Ave., www.surfcitycyclery.com. Huur een tweewieler en fiets lekker over de 13 km lange Huntington Beach Trail van Sunset Beach langs de kust.

Newport Beach ▶ F/G 8

Behalve door zijn kleinstedelijke sfeer wordt Newport Beacht gekarakteriseerd door een dynamisch zakenleven, een gemiddeld inkomen dat driemaal zo hoog is als het nationale en een schitterende ligging aan de kust.

Het Balboa Peninsula beschermt de eigenlijke kust en een aantal kunstmatig opgespoten eilandjes als een soort arm tegen de oceaan. Het schiereiland zelf heeft vooral aan de westkant prachtige zandstranden en met de Balboa Pier een populair, in de Stille Oceaan stekend flaneergebied.

Ertegenover bevinden zich een kermis en het Balboa Pavilion, een mooie, victoriaanse veerterminal, vanwaar schepen naar Santa Catalina Island vertrekken en walvisobservatietochten beginnen (zie onder).

De sinds 1919 varende Balboa Ferry zet auto's en passagiers over naar Balboa Island (naast het reuzenrad, zo.-do. 6.30-24, vr., za. 6.30-2 uur, auto incl. bestuurder $ 2, $ 1 per extra passagier, ook $ 1 per voetganger, www.balboaislandferry.com) en bespaart ze zo een 8 km lange omweg.

Orange County Museum of Art

850 San Clemente Dr., tel. 1-949-759-1122, www.ocma.net, wo.-zo. 11-17, vr. tot 20 uur, $ 12, senioren 65+ $ 10, kinderen tot 12 jaar en elke vr. gratis entree

Het museum biedt hedendaagse kunstenaars, voornamelijk uit de Verenigde Staten, de kans hun werk te presenteren aan een breder publiek.

Een aantal van de vele grote namen van wie in het Orange County Museum of Art werk te zien is, is Richard Diebenkorn, John Baldessari, Ed Ruscha en Helen Lundeberg, in de jaren 30 een van de pioniers van het Amerikaanse post-surrealisme.

Groot podium voor dramatisch natuurtheater – de pier in Huntington Beach

Overnachten

Romantische strandhutjes – Crystal Cove State Park: 8471 North Coast Hwy, tel. 1-949-494-3539, www.crystal covebeachcottages.org/html, vanaf $ 175. Ten zuiden van Newport Beach bevindt zich een mooi strand met leuke cottages. De sfeer en inrichting is vintage jaren 40 en 50, het uitzicht op de oceaan onbetaalbaar.

Winkelen

Alles bij elkaar – Fashion Island: 401 Newport Center Dr., www.shopfashion island.com, ma.-vr. 10-21, za. 10-19, zo. 11-18 uur. Winkelcentrum in de stijl van een mediterraan dorp. Circa tweehonderd winkels en een aantal warenhuizen, een bioscoop, cafés en maar liefst veertig restaurants – van sushi tot pizza en alles ertussenin.

Info en evenementen

Evenementen

Newport Beach Film Festival: april. Filmfestival met presentaties en gasten uit de hele wereld (www.newport beachfilmfest.com).

Christmas Boat Parade: december. Meer dan een miljoen bezoekers komen elk jaar af op deze optocht door Newport Harbor, waarbij schepen versierd zijn met kerstverlichting (kijk voor de route op www.christmasboatparade. com).

Laguna Beach ☀ ▶ G 8

Idyllische baaitjes met zandstranden, woestromantische klifen met exotische vegetatie en een levendig centrum maken Laguna Beach tot een van de parels aan de Californische Rivièra. Bijna nergens dringt een vergelijk met de Côte d'Azur zich zo op als in dit stadje, waar u vanuit **Heisler Park** (aan de Pacific Coast Hwy) of het kleine **Crescent Bay Point Park** (Crescent Bay Dr.) kunt uitkijken over de adembenemende kust. Het plaatsje heeft daarnaast een belangrijke kunstscene, die vooral tot leven komt tijdens het **Festival of Arts & Pageant of the Masters**, wanneer in kostuums gehulde mannen, vrouwen en kinderen zo natuurgetrouw mogelijk beroemde schilderijen uitbeelden (optredens tijdens het festival in juli/ augustus elke avond 20.30-22 uur, www. foapom.com).

Laguna Art Museum

307 Cliff Dr., tel. 1-949-494-8971, www.lagunaartmuseum.org, do.-di. 11-17 uur, $ 7, senioren $ 5, kinderen tot 12 jaar en 1e do. van de maand 17-21 uur gratis entree
In de permanente tentoonstelling zijn schilderijen van Californische kunste-

Actief

Walvissen bekijken – **Newport Landing Whale Watching:** tel. 1-949-675-0551, www.newportwhales.com. **Newport Beach Tours:** tel. 1-212-852-4822, www.newportbeachtours.net. De boottochten zijn vooral de moeite waard tussen januari en eind maart, wanneer de jaarlijkse migratie van de walvissen plaatsvindt.

naars te zien. De collectie bestaat uit circa 3500 werken, waaronder veel Californische landschappen, gemaakt in de periode tussen de vroege 19e eeuw en zo'n vijftig jaar geleden.

Overnachten

Romantische luxe – **Casa Laguna Inn & Spa:** 2510 S. Coast Hwy, tel. 1-949-494-2996, www.casalaguna.com, 2 pk vanaf $ 220. Ecovriendelijke bed and breakfast in historische missiestijl te midden van een prachtige tuin. Tien luxe uitgeruste kamers, verwarmd zwembad, wellness en heerlijk ontbijt. Een verblijf hier zal u altijd bijblijven.
Prima motel – **Laguna Beach Lodge:** 30806 S. Coast Hwy, tel. 1-949-499-2227, www.lagunabeachlodge.com, 2 pk vanaf $ 100 incl. klein ontbijt. Accommodatie met 43 comfortabel uitgeruste kamers met airco een king- of twee queensize bedden, magnetron, koelkast, kabeltelevisie, telefoon en gratis wifi. Sommige kamers hebben naast een douche ook een badkuip.

Eten en drinken

Goede kwaliteit – **Lumberyard:** 384 Forest Ave., tel. 1-949-715-3900, www.lblumberyard.com, ma.-wo. 11.30-22, za., zo. 11-23 uur, voorgerechten $ 6-17, hoofdgerechten $ 12-33. Sandwiches, pasta, steaks, vis, zeevruchten en vegetarische gerechten, allemaal van een prima kwaliteit.
Voor wijnliefhebbers – **Laguna Canyon Winery:** 2133 Laguna Canyon Rd., tel. 1-949-715-9463, www.lagunacanyon winery.com, di.-zo. 11-18 uur. Hier kunt u wijn proeven uit de belangrijkste wijnregio's van de westkust, namelijk Californië, Washington en Oregon.

Info en evenementen

Evenementen

Sawdust Art Festival: juni-sept. Het grootste kunstfeest van de stad bestaat uit een aantal opeenvolgende exposities en evenementen met als thema lokale kunst en kunstnijverheid (kijk voor meer informatie op www.sawdust artfestival.org).

Ten zuiden van
Laguna Beach ▶ G 8

Dana Point

Ten zuiden van Laguna Beach voert de Pacific Coast Highway naar Dana Point. Het 40.000 inwoners tellend kuststadje heeft zijn bekendheid te danken aan zijn schilderachtige klifkust, maar ook aan de jachthaven die aan het be-gin van de jaren 70 werd gebouwd. Bij het **Ocean Institute** liggen twee nage-bouwde historische zeilschepen voor anker, de Pilgrim en de Spirit of Dana Point. Beide schepen zijn te bezichti-gen (24200 Dana Point Harbor Dr., tel. 1-949-496-2274, www.ocean-institute. org, ma.-vr. 10-16, za., zo. 10-15 uur, ma.-vr. $ 5, za., zo. $ 10, kinderen 2-12 jaar en senioren 55+ $ 7,50).

Agaven geven het strand van Laguna Beach een exotische sfeer

San Juan Capistrano

Het 36.000 inwoners tellende stadje ligt niet direct aan de kust, maar in het heuvelachtige achterland. Talrijke historische gebouwen, zoals het voormalige treinstation uit 1894, **Capistrano Depot** (26701 Verdugo St., tegenwoordig restaurant Trevor's at the Tracks) en een dertigtal deels uit adobe gebouwde huizen in het **Los Rios District** (www.sanjuancapistrano.net/los_rios) herinneren aan vervlogen tijden.

De **Mission San Juan Capistrano** was in 1775 de zevende missiepost aan de Camino Real (zie Op ontdekkingsreis blz. 226). De kerk kwam echter pas gereed in 1806 en werd zes jaar later en in 1918 zwaar beschadigd door aardbevingen. Van het originele gebouw is zodoende niet veel meer over dan een ruïne. Andere delen van de missiepost werden herbouwd of gerestaureerd. De missie staat bekend om de zwaluwen die hier vroeger elke 19 maart uit Argentinië aankwamen en op 23 oktober weer vertrokken. Tegenwoordig zijn de vogels er het hele jaar te zien (26801 Ortega Hwy, tel. 1-949-234-1300, www.missionsjc.com, dag. 9-17 uur, $ 9, kinderen 4-11 jaar $ 6, senioren 60+ $ 8, entree inclusief autotour).

Info

San Juan Capistrano Chamber of Commerce: 31421 La Matanza St., San Juan Capistrano, CA 92675, tel. 1-949-493-4700, www.sanjuanchamber.com.

North County

De zogenaamde North County strekt zich uit van Oceanside tot voorbij La Jolla net ten noorden van San Diego en is een charmant deel van de Zuid-Californische kust.

Oceanside ▶ G 9

Bij zonsondergang is de langste houten pier aan de Amerikaanse westkust een regelrechte flaneerboulevard. Na een 600 m lange wandeling over de plankieren bereikt u aan het einde ervan **Ruby's Diner** – meer een snackbar in jarenvijftigstijl dan een restaurant. In het laatste licht van de dag kunt u hiervandaan kijken naar surfers die de aanzwellende golven (proberen te) trotseren (1 Oceanside Pier, tel. 1-760-433-7829, www.rubys.com/locations/oceanside, zo.-do. 7-21, vr., za. 7-22 uur, hoofdgerecht vanaf $ 14).

San Luis Rey de Francia

4050 Mission Ave., tel. 1-760-757-3651, www.sanluisrey.org, ma.-vr. 9.30-17, za., zo. 10-17 uur, $ 7, kinderen 6-18 jaar $ 3, senioren 65+ $ 5

Met dit complex bezit Oceanside een van de mooiste historische missieposten van Californië. De missie werd in 1798 als achttiende station aan de Camino Real van pater Fermin Lasuen opgericht en vernoemd naar Lodewijk IX (1226-1270), koning van Frankrijk en patroonheilige van de franciscaner orde (zie ook Op ontdekkingstocht blz. 226).

Op geen enkele andere missiepost leefden zo veel indianen als in in San Luis – tot wel drieduizend. In den jaren 50 werden hier talloze Zorro-films opgenomen.

Escondido ▶ H 9

Op zo'n 20 km van de kust ligt in een heuvelachtig wijnbouwgebied het stadje Escondido. In de omgeving ervan zijn talrijke wijnhuizen te bezoeken, waar u kunt proeven en kopen, zoals **Belle Marie Winery** (26.312 Mesa Rock Rd., tel. 1-760-796-7557, www.

Aapjes kijken in het San Diego Zoo Safari Park

bellemarie.com, dag. 11-17 uur, proeverij met zes wijnen $ 10) en **Orfila Vineyards** (13.455 San Pasqual Rd., tel. 1-760-738-6500, www.orfila.com, dag. 10-19 uur, rondleiding en proeverij met zes wijnen $ 10).

San Diego Zoo Safari Park

15500 San Pasqual Valley Rd., tel. 1-760-747-8702, www.sdzsafaripark. org, hoogseizoen dag. 9-18 uur, anders vroegere sluitingstijd, $ 50, kinderen 3-11 jaar $ 40, parkeren $ 10
De bekendste attractie bij Escondido is de safari-dependance van de beroemde San Diego Zoo. Hier zitten de dieren niet zoals gebruikelijk achter hekken en in hokken, maar lopen de giraffen, neushoorns, okapi's, antilopen, gazellen, buffels, olifanten en gnoes door het open terrein. U kunt hier slenteren over de Kilimanjaro Safari Walk, leeuwen bewonderen in het Lion Camp of een sandwich eten op het Samburu Terrace in Nairobi Village – alles in Oost-Afrikaanse sfeer.

Een van de meest bijzondere attracties is een tentovernachting in de buurt van de wilde dieren – niet alleen voor kinderen een spannend avontuur (informatie tel. 1-619-718-3000 of 1-800-407-9534).

Carlsbad ▶ G 9

Carlsbad heeft een minerale bron waarvan het water een vergelijkbare chemische samenstelling bleek te hebben als dat van het Tsjechische kuuroord Karlsbad, vandaar de plaatsnaam. Hoewel er nog steeds water aan de oppervlakte komt, is er van de ooit grote bedrijvigheid op kuurgebied nog ▷ blz. 229

Weg van de missieposten – El Camino Real

In brons gegoten staat Junípero Serra voor talrijke historische missieposten in Californië. De van het eiland Mallorca afkomstige franciscaner pater speelde een grote rol bij de totstandkoming van het missiesysteem in de Golden State. Op de Camino Real staat een aantal door hem gestichte missies. Ze geven als stenen getuigen informatie over het tijdperk van de Spaanse kolonisatie, toen tussen 1769 en 1823 in totaal 21 missieposten ontstonden.

Info: alle missieposten aan de Camino Real (California's Historic Mission Trail) zijn voor het publiek toegankelijk (www.missionscalifornia.com).

El Camino Real, zo heette de bijna duizend kilometer lange weg die de 21 Spaanse missieposten tussen San Diego in het zuiden en Sonoma Valley in het noorden met elkaar verbond. Behalve San Juan Capistrano (zie blz. 224) en San Luis Rey de Francia (zie blz. 224) zijn in Zuid-Californië nog twee complexen op deze 'Koningsweg' een bezoekje waard. In juli 1769 stichtte Junípero Serra met **San Diego de Alcalá** (zie blz. 244) de eerste missiepost op Californische bodem. Dit werd de basis van wat nu San Diego is.

Een expeditie onder leiding van Gaspar de Portolá stootte destijds in opdracht van de Spaanse koning Karel III door van Nieuw-Spanje (later Mexico) naar Californië. De expeditie moest, met het oog op de Russische aanwezigheid in het noorden van Californië, het zuiden veiligstellen voor Spanje.

De evangelisatie van de indianen was slechts een middel om dit doel te bereiken. De inheemse stammen hadden zo zwaar te lijden onder slavernij, dwangarbeid en door de Spanjaarden geïntroduceerde ziektes, dat ze op diverse missieposten in opstand kwamen tegen hun onmenselijke behandeling.

Koning der missieposten

Een grootheid stijgt boven alle andere missies uit: die van **Santa Barbara**. Deze draagt trots de bijnaam Koning der Californische missieposten, omdat de kerk met twee torens een architectonisch buitenbeentje is ten opzichte van de andere missiekerken. Bovendien is de missie op zo'n mooie plek gelegen, dat het lijkt alsof het moderne onroerendgoedcredo 'location, location, location' toen al opgeld deed.

De huidige kerk met zijn imposante gevel ontstond na de grote aardbeving van 1812, de tweede toren werd toegevoegd in 1833. In datzelfde jaar verhuisde Californiës hoofd-franciscaner Narciso Duran het hoofdkwartier van het missiesysteem naar Santa Barbara, wat de nederzetting tot de belangrijkste van Californië maakte. Net als andere missieposten is ook die van Santa Barbara nog altijd in gebruik als actieve parochie.

Te gast bij de US Army

Naast San Diego was Serra verantwoordelijk voor acht andere missieposten. **San Antonio de Padua** was in 1771 de derde. De missie is vooral zo aantrekkelijk omdat hij afgelegen ligt in het heuvellandschap in Monterey County. De kerk met bakstenen gevel en klokkentoren ziet er na een renovatie weer net zo uit als toen het origineel in 1813 werd gebouwd. In een klein museum zijn historische en sacrale voorwerpen tentoongesteld (5 mijl ten westen van Jolon, tel. 1-831-385-4478, www. missionsanantonio.net, dag. 10-16, juni-sept. 8.30-18 uur, $ 5). Aangezien de missiepost midden op het terrein van het militaire opleidings- en trainingscentrum Fort Hunter Ligget ligt, moet u zich op de toegangsweg kunnen legitimeren.

Het meest in het oog springende gebouw van het fort is de in 1929 in Spaanse koloniale stijl gebouwde Hacienda. Dit was vroeger een reusachtige, bij Hearst Castle horende ranch, die bij gelegenheid werd gebruikt als feestlocatie voor beroemdheden als Jean Harlow, Errol Flynn en Will Rogers. In 1940

verkocht Hearst het terrein aan de Verenigde Staten. In het charmante complex kunnen gasten slapen in twaalf totaal verschillende kamers (www.liggett.army.mil/sites/lodging/lodging.html, tel. 1-831-263-3040, 2 pk $ 56-95). In de missiepost zelf moeten gasten genoegen nemen met een van de 31 spartaans ingerichte kamers ($ 60) of het geluk hebben dat de ene comfortabele suite nog beschikbaar is ($ 195)

Sensationele teleurstelling

Als u zich onder de bezoekers begeeft van de in 1797 gestichte **Mission San Juan Bautista** in het gelijknamige plaatsje ten noorden van Salinas, zult u regelmatig 'Hitchcock' en 'Vertigo' opvangen. The Master of Suspense draaide in 1958 een van de sleutelscènes van de thriller in het gebouw. Hoe sfeervol de historische missie ook is, filmfans zullen teleurgesteld zijn; de kerktoren waar Kim Novak zich aan het eind van *Vertigo* vanaf stort, bestaat helemaal niet, maar werd met special effects in het complex geprojecteerd.

Een historische juweel

Junípero Serra, die in totaal 34 jaar van zijn leven heeft doorgebracht in Mexico en Californië, stierf in 1784 op zeventigjarige leeftijd in de in 1771 gestichte **Mission San Carlos Borroméo** in Carmel. Een gevel met een zuilenportaal en een klokkentoren in Moorse stijl maken de basiliek tot een van de mooiste in het land. Net zo mooi is de door een kruisgang omgeven binnenplaats met fonteinen en bloemperken (foto zie blz. 10).

In een bijgebouw van de kerk staat een door drie monniksculpturen geflankeerd sarcofaag met daarin een liggende Serra. Zijn stoffelijk overschot zou zich echter bevinden onder het hoofdaltaar.

Beeld van een liggende Junípero Serra in de missiepost in Carmel

maar één spa over. Wel kunt u aan zowel de noord- als de zuidkant van de kleine stad zwemmen in grote lagunen.

Legoland California

1 Legoland Dr., tel. 1-877-376-5346, www.legoland.com, do.-ma., juli/aug. 10-20 uur, buiten het hoogseizoen vroegere sluitingstijd, dagkaart online $ 90, kinderen 3-12 jaar en senioren 60+ $ 84

Bezoekers kunnen kiezen uit meer dan vijftig attracties, shows en bezienswaardigheden. Zo kunt u per schip door een rivier vol piratengespuis, het uit legostenen gebouwde Miniland USA bekijken of in de huid van een middeleeuwse ridder kruipen. Dat Lego in dit park een hoofdrol speelt, spreekt voor zich.

Flower Fields of Carlsbad

5704 Paseo del Norte, tel. 1-760-431-0352, www.theflowerfields.com, begin maart-half mei, dag. 9-18 uur, $ 14, kinderen 3-10 jaar $ 7, senioren 60+ $ 11

De heuvels ten oosten van Carlsbad veranderen elk voorjaar in een enorme bloemenzee met een oppervlakte van meer dan 20 ha. De bloeitijd duurt tussen de zes en acht weken en in die tijd bezoeken elk jaar zo'n honderdvijftigduizend mensen de heerlijk ruikende kleurenpracht. Slechts een klein deel van de bloemen wordt verkocht, want de productie richt zich hier voornamelijk op bloembollen, waarvan er elk jaar zo'n acht miljoen worden geëxporteerd over de hele wereld.

Museum of Making Music

5790 Armada Dr., tel. 1-760-438-5996, www.museumofmakingmusic.org, di.-zo. 10-17 uur, $ 10, kinderen 6-18 jaar en senioren 60+ $ 7

Honderden instrumenten en beeld- en geluidsopnamen documenteren de meer dan honderdjarige geschiedenis van populaire muziek in de Verenigde Staten. Daarnaast heeft het museum interessante wisseltentoonstellingen over zowel populaire als klassieke muziek. Het museum bevindt zich in een kantoorcomplex en is vanbuiten dan ook nauwelijks te herkennen. Van de straat voor het gebouw heeft u een goed uitzicht op de Flower Fields of Carlsbad (zie hiervoor).

Overnachten

Op het strand – **Pelican Cove Inn:** 320 Walnut Ave., tel. 1-760-434-5995, www.pelican-cove.com, 2 pk vanaf $ 110. Alle tien kamers zijn genoemd naar bekende Californische stranden en hebben een eigen badkamer, heerlijke bedden, televisie en gashaard.

Behaaglijk comfort – **Ramada Inn:** 751 Macadamia Dr., tel. 1-760-438-2285, www.ramadacarlsbad.com, 2 pk vanaf $ 90. In dit gerenoveerde, vlak bij de interstate gelegen hotel heeft u de keuze uit suites en deluxe- en standaardkamers. Alle hebben ze in elk geval wifi, televisie en een kluisje. Bij de accommodatie hoort een verwarmd zwembad, het ontbijt is bij de prijs inbegrepen.

Eenvoudig – **Motel 6 Downtown:** 1006 Carlsbad Village Dr., tel. 1-760-434-7135, www.motel6.com, 2 pk vanaf $ 55. Budgetmotel met kamers die alleen met het hoogstnodige zijn uitgerust.

Eten en drinken

Exotisch tintje – **Caribbean Place:** 809 W Mermod St., tel. 1-575-200-1275, ma.-vr. 11-19, za. 10.30-19, zo. 10.30-15 uur, hoofdgerechten $ 12-30. U zit in dit eenvoudige restaurant tussen schilderijen van chilipepers – letterlijk een teken aan de wand van wat uit de keuken komt. De tropische ▷ blz. 232

Favoriet

Gratis robbenshow ▶ G 9

De Coast Walk in La Jolla werd aangelegd als panoramaweg; vanaf de steile
kliffen boven de branding kijkt u uit
over de blauwe Stille Oceaan. Naast het
mooie uitzicht heeft het pad nog een
attractie: de zogenaamde Children's
Pool. Waar vroeger families met kinderen veilig konden zwemmen achter
een beschermende golfbreker, heeft
zich een veelkoppige robbenkolonie
gevestigd. De beesten liggen op het
strand te zonnebaden en laten zich van
dichtbij bewonderen.

Caraïbische gerechten zijn voor een deel dan ook bijzonder pittig.

Gezonde keuken – **The Naked Cafe:** 300 Carlsbad Village Dr., tel. 1-760-720-7866, www.thenakedcafe.com, dag. 7.30-14.30 uur, $ 6-12. De prioriteit ligt in dit restaurant op gezonde, eerlijke ingrediënten. Alles is hier dan ook biologisch en fairtrade.

Winkelen

Prijzenslag – **Carlsbad Premium Outlets:** 5620 Paseo Del Norte, www.premiumoutlets.com/outlet/carlsbad, ma.-za. 10-21, zo. 10-19 uur. Grote outletmall met talrijke restaurants.

Actief

Rondje om het meer – **Lake Calavera Hiking Trail:** om het 7 mijl ten oos-ten van Carlsbad gelegen kunstmatige Lake Calavera lopen meerdere korte trails. Een van de toegangswegen naar het gebied bevindt zich bij de kruising van Carlsbad Village Drive en College Boulevard.De paden zijn grotendeels vlak en eenvoudig te belopen (www.alltrails.com/trail/us/california/lake-calavera).

Info

Carlsbad Area Convention & Visitors Bureau: 400 Carlsbad Village Dr., Carlsbad, CA 92008, tel. 1-800-227-5722, www.visitcarlsbad.com.

Del Mar ▶ G 9

Het aan een lang strand gelegen stadje is in Californië vooral bekend bij paardensportliefhebbers. De in hartje zomer gehouden paardenrenweken in de in 1937 door Bing Crosby gestichte Del Mar Thoroughbred Club zijn niet alleen een sportief, maar ook een sociaal evenement.

Vooral de openingsdag op de paardenrenbaan is bijzonder: op 'Hat Day' draagt iedereen een hoed. En net als bij de beroemde races op het Engelse Ascot passeren hier heel wat bijzondere, om niet te zeggen extravagante creaties de revue. De hoedenparade is dan ook minstens zo belangrijk als de eigenlijke races (2260 Jimmy Durante Blvd., tel. 1-858-755-1141, www.dmtc.com).

La Jolla ▶ G 9

De naam van deze stad is ontleend aan het Spaanse La Hoya (de grot). In de woeste klifkust zijn immers talrijke, door de branding uitgeholde grotten en getijdenpoelen te vinden (zie Op

---

Tip

Dan maar de lucht in

Het plaatsje **Del Mar** heeft zich ontwikkeld tot een centrum van hete-luchtballonvaarten. Wie deze zorgeloze, maar prijzige (vanaf $175 per persoon) manier van reizen een keer wil meemaken, vindt in het dorp maar liefst drie aanbieders:

Skysurfer Balloon Co.: 2658 Del Mar Heights Rd., tel. 1-858-481-6800, www.sandiegohotairballoons.com.

California Dreamin' Balloon Tours: 33 133 Vista Del Monte Dr., Temecula, CA 92591, tel. 1-951-699-0601, 1-800-373-3359, www.californiadreamin.com.

Sky's the Limit: tel. 1-760-602-0295, www.sandiegoballoonrides.com, diverse vertrekpunten.

ontdekkingsreis blz. 246), waarin bij eb water en zeebewoners achterblijven. Zijn reputatie als miljonairsdorp heeft La Jolla te danken aan zijn duidelijk welgestelde inwoners, die wonen in vaak prachtige villa's.

Thrillerauteur Raymond Chandler (zie blz. 148) spendeerde hier de laatste jaren van zijn leven. Hij kon (lees: wilde) ook in zijn laatste woonplaats zijn vileine vinnigheid niet uitschakelen. La Jolla was, zo was hij van mening, een mooie plek voor bejaarden en hun ouders.

Sinds de tijd van Chandler is La Jolla veranderd in een stijlvolle badplaats met mooie, moderne winkels, galeries, boetieks, restaurants en hotels. Gebleven zijn de kronkelige straten. Het schaakbordpatroon van zo veel andere Amerikaanse steden ontbeeekt hier. Dat heeft een positieve uitwerking op de gezelligheid van het plaatsje, maar als bijwerking dat veel rasechte Amerikanen er de weg snel kwijtraken.

Museum of Contemporary Art

700 Prospect St., tel. 1-858-454-3541, www.mcasd.org, do.-di. 11-17 uur, $ 10, senioren 60+ $ 5, jongeren tot 25 jaar en 3e do. van de maand 17-19 uur gratis entree

In dit filiaal van het Museum of Contemporary Art van San Diego zijn in tijdelijke tentoonstellingen schilderijen, foto's en multimediale installaties te zien. Vanuit de beeldentuin kijkt u uit over de oceaan.

Birch Aquarium

2300 Expedition Way, tel. 1-858-534-3474, www.aquarium.ucsd.edu, dag. 9-17 uur, voedertijd di., do. 12.30, za. 14, zo. 10.30 uur, $ 18,50, kinderen tot 18 jaar $ 14, senioren 60+ $ 15,50

Het aquarium is onderdeel van het Scripps Institution of Oceanography van de University of California. Het houdt zich bezig met het zeeleven in de noordelijke, koude regio's van de Stille Oceaan, maar ook met dat in de warmere delen in het zuiden. Bezoekers kunnen zich middels allerlei, deels interactieve exposities laten informeren over walvisgezang, paringsrituelen van zeedieren, het koraalrif en het leven in getijdenpoelen.

Sunny Jim Cave

1325 Coast Blvd., tel. 1-858-459-0746, www.cavestore.com, dag. 9-17 uur, $ 5, kinderen tot 16 jaar $ 3

Aan de klifkust liggen zeven grotere, door de branding uitgeholde grotten. Sommige ervan zijn alleen per kajak te bereiken, andere alleen te voet. 145 traptreden voeren van een souvenirwinkel naar een aan het begin van de 20e eeuw door mensenhanden gegraven tunnel in de verlichte Sunny Jim Cave. Hier kunt u een idee krijgen van de brute kracht van de donderende golven, die de grot in een tijdsbestek van 200.000 jaar in het 75 miljoen jaar oude zandsteen hebben gevormd.

Salk Institute for Biological Studies

10010 N. Torrey Pines Rd., tel. 1-858-453-4100, toestel 1287, www.salk.edu, architectuurrondleiding ma.-vr. 12 uur, reserveren verplicht

Het wetenschappelijk instituut werd in 1960 opgericht door Jonas Salk, die in de jaren 50 een vaccin tegen polio had ontwikkeld. Het door architect Louis I. Kahn (1901-1974) ontworpen gebouw is tijdens een gratis rondleiding te bekijken.

Torrey Pines State Reserve

12 600 N. Torrey Pines Rd., tel. 1-858-755-2063, www.torreypine.org, dag. 8 uur tot zonsondergang, Visitor Center 9-18 uur, $ 10, senioren 62+ $ 9

De kust van La Jolla heeft de ideale omstandigheden voor een tochtje met kajak of kano

Op deze door natuurmonumenten beschermde kuststrook groeit de Torrey Pine (*Pinus torreyana*), een pijnboomsoort die verder alleen maar voorkomt op Santa Rosa, een van de Channel Islands. De tot 15 m hoge, knoestige bomen behoren tot de zeldzaamste boomsoorten ter wereld. Door het kustpark lopen goed aangegeven wandelpaden langs bizar geërodeerde canyons en steile kliffen. Kamperen is in het park verboden.

Overnachten

Accommodaties in La Jolla zijn per definitie duur. Voordeliger motels vindt u in de zogenaamde Hotel Circle aan Interstate 8 in San Diego.

Heerlijk zwembad – **Holiday Inn Express La Jolla:** 6705 La Jolla Blvd., tel. 1-858-454-7101, www.hiexpress.com, 2 pk vanaf $ 150. Alle 57 kamers en suites hebben een kitchenette met magnetron, koffiezetapparaat en koelkast. Het

Eten en drinken

Vers uit zee – **El Pescador Fish Market:** 634 Pearl St., tel. 1-858-456-2526, www. elpescadorfishmarket.com, dag. 11-21 uur, $ 7-17. Vis en zeevruchten van de grill of uit de pan, soepen, verse salades en sandwiches. Een populair en betaalbaar restaurant.

Typisch brouwerijrestaurant – **Karl Strauss Brewery:** 1044 Wall St., tel. 1-858-551-2739, www.karlstrauss.com/ visit/la-jolla, dag. 11-22, vanaf ca. $ 14. Zoals je zou verwachten van een brouwerijrestaurant komen hier geen culinaire hoogstandjes op tafel, maar stevige vis- en gevogeltegerechten. Uiteraard drinkt u daar een huisgebrouwen biertje bij.

Vers gevangen – **Crab Catcher:** 1298 Prospect St., tel. 1-858-454-9587, www. crabcatcher.com, dag. vanaf 11.30 uur, vanaf $ 14. Goed visrestaurant.

Uitgaan

Chic en hip – **Prospect Bar:** 1025 Prospect St., tel. 1-858-454-8092, dag. vanaf 21 uur. Restaurant met nachtclub waar de locals graag uitgaan. Zonder nette kleding val je alleen op negatieve wijze op. Op het terras mag (nog) worden gerookt.

Voor de late trek – **The Spot:** 1005 Prospect St., tel. 1-858-459–0800, www.the spotonline.com, ma.-do. 11-1, vr., za. 11-2, zo. 10-1 uur. Ideale tent voor mensen die 's avonds laat honger krijgen. Prima steaks, pizza's en visgerechten als gegrilde zwaardvis. De keuken is in het weekend geopend tot middernacht.

Coole tent – **Cusp:** 7955 La Jolla Shores Dr., tel. 1-858-551–3620, www.cusp restaurant.com. Chique tent op de elfde verdieping van Hotel La Jolla. Fantastisch uitzicht, in het weekend livemuziek. Happy hour dagelijks 16-19 uur.

in het centrum van La Jolla gelegen hotel heeft een heerlijk zwembad in een tropische tuin met veel schaduw van palmbomen. Gratis wifi, *laundry service*.

Erg betaalbaar – **La Jolla Beach Travelodge:** 6750 La Jolla Blvd., tel. 1-858-454-0716 of 1-800-454-4361, www. lajollatravelodge.com, 2 pk ca. $ 100 inclusief ontbijt. Motel op slechts een straat van de kust en ongeveer 2 km van het centrum van La Jolla. Wifi is in de prijs inbegrepen.

San Diego

Hoogtepunt ✳

San Diego: de miljoenenstad met het fantastische klimaat biedt voldoende recreatieve activiteiten en (culturele) bezienswaardigheden voor een leuke citytrip. De stad zou nauwelijks mooier kunnen liggen – aan de verkoelende Stille Oceaan, en toch maar twee uur rijden van de hete woestijn. Zie blz. 238

Op ontdekkingsreis

Showtime bij eb – tide pools aan de kust van San Diego: zodra de zee zich bij eb heeft teruggetrokken van de kuststrook, zwermen gepassioneerde getijdenpoeljagers over het strand. Je herkent ze aan hun gebogen rug en op het water gerichte blik. Ze speuren in de achtergebleven poeltjes zout water naar mosselen, zee-egels en krabben. Zie blz. 246

Getijdenpoelen aan de kust van San Diego

San Diego

Bezienswaardigheden

Museum of Contemporary Art: museum voor liefhebbers van hedendaagse kunst. Verschillende media en genres vanaf 1950, van schilderijen en sculpturen tot fotografie en film- en video-installaties.  Zie blz. 242

Museumkwartier El Prado: aan deze mooie boulevard in Balboa Park liggen niet alleen interessante musea, maar ook talrijke weelderige tuinen en architectonische hoogstandjes in Spaanse barokstijl. Zie blz. 243

Actief onderweg

Mission Bay Park: het half uit water, half uit land bestaande Country Park heeft diverse recreatieve mogelijkheden en is bij de locals zodoende erg populair als vrijetijdsbestemming. Zie blz. 250

Sfeervol genieten

Ocean Beach: in het weekend heerst bij de pier een kermissfeer. Half San Diego gaat naar het strand en de omliggende restaurants en cafés draaien op volle toeren. Zie blz. 252

Cabrillo National Monument: op het zuidelijke puntje van het Point Loma-schiereiland staat een monument ter ere van zeevaarder Rodríguez Cabrillo. Vanaf dit uitkijkpunt is heel San Diego te zien. Zie blz. 253

Uitgaan

Gaslamp Quarter: met zijn restaurants, theaters, clubs, winkels, boetieks en galeries is de historische stadskern een ideale uitgaanswijk, die prima te voet te ontdekken is. Zie blz. 238

Omnia: wie graag danst, is in deze club op een dakterras aan het juiste adres. Zie blz. 249

Minimaal driehonderd dagen zon per jaar, een gemiddelde temperatuur van 21°C, 100 km fijn zandstrand aan de Stille Oceaan, exotische vegetatie met een ongelooflijke variatie – zelfs in het rijk met natuurschoon toebedeelde Californië is San Diego een unicum. Ook in de 'koude' maanden kun je hier prima rondlopen in een T-shirt en korte broek. Voor winterse omstandigheden hoef je in elk geval niet bang te zijn – in de laatste 125 jaar heeft San Diego slechts vijfmaal noemenswaardige sneeuwval geregistreerd.

De 1,3 miljoen inwoners tellende metropool is daarnaast aantrekkelijk vanwege zijn levendige grotestadssfeer en toeristische attracties als de San Diego Zoo en de historische missiepost.

Downtown

Gaslamp Quarter 1

2nd tot 6th Ave. tussen Broadway in het noorden en W. Harbor Dr. in het zuiden, www.gaslamp.org, plattegrond op www.sandiego.org/discover/gaslamp-quarter.aspx

Wie het historische stadscentrum in de jaren 80 heeft bezocht, zal zich bij een hernieuwde kennismaking verwonderd in de ogen wrijven. Het victoriaanse Gaslamp Quarter heeft sindsdien een behoorlijke metamorfose ondergaan. Toprestaurants, chique modeboetiks en kunstgaleries, ouderwetse, door gas aangedreven straatlantaarns, gevels met retro-neonverlichting – 'The Gaslamp' is een hippe uitgaans-

INFO

Kaart: ▶ G/H 9

Informatie

San Diego International Visitor Information Center: 1140 N. Harbor Drive, beim B Street Cruise Ship Terminal, tel. 1-619-236-1212, www.sandiegovisitorcenter.com..
Balboa Park Visitor Center: 1549 El Prado, tel. 1-619-239-0512, www.balboapark.org. Met de Multi-Day Explorer zijn in zeven dag veertien musea te bezichtigen, $ 55, kinderen 3-12 jaar $ 29. De One-Day Explorer is één dag geldig en biedt toegang tot vijf zelf uit te kiezen musea ($ 45, kinderen 3-12 jaar $ 26).
Go San Diego Card: met deze kaart krijgt u gereduceerde toegang tot 48 attracties in de stad: 1 dag $ 79, 2 dagen $ 110, 3 dagen $ 169, 7 dagen $ 229 (www.sandiego.com/go-san-diego-card.

Vervoer

Vanaf **San Diego International Airport** (3665 N. Harbor Dr., tel. 1-619-400-2404, www.san.org) rijdt bus 992 in een kwartier naar de binnenstad ($ 2,25). **Taxi's** (tel. 1-619-444-4444) hebben een starttarief van $ 2,40, elke mijl daarna kost $ 2,60. De Pacific Surfliner van **Amtrak** verbindt San Diego met Los Angeles, Santa Barbara en San Luis Obispo (1050 Kettner Blvd., tel. 1-800-USA-RAIL, www.amtrak.com). **Greyhound Terminal** (1313 National Ave., tel. 1-619-515-1100, www.greyhound.com.). De Blue-, Orange- en Green-lijnen van **MTS** verbinden Downtown met anderen wijken.

wijk die pas na zonsondergang echt tot leven komt.

Westfield Horton Plaza 2

324 Horton Plaza, www.westfield. com/hortonplaza, ma.-vr. 10-21, za. 10-20, zo. 11-18 uur, restaurants ruimere openingstijden, als u iets koopt of eet, kunt u hier drie uur gratis parkeren

Westfield Horton Plaza is niet alleen het origineelste winkelcentrum van San Diego, maar gaf bij zijn opening in 1985 ook het startschot voor de revitalisering van het historische stadscentrum. Op zes in elkaar overlopende verdiepingen, deels in de open lucht, bevinden zich meer dan honderdveertig speciaalzaken, boetieks, restaurants en fastfoodtentjes.

William Heath Davis House 3

410 Island Ave., tel. 1-619-233-4692, www.gaslampquarter.org, rondleidingen di.-za. 10-16.30, zo. 9-15.30 uur, $ 10, studenten $ 5, senioren 65+ $ 8, kinderen tot 8 jaar gratis

Het in het omstreeks 1850 gebouwde huis gelegen Gaslamp Quarter Historical Foundation onderhoudt een klein museum over de geschiedenis van de stad en geeft rondleidingen door de binnenstad. Hierbij komt u alles te weten over de ontwikkeling van San Diego van vissershaven tot metropool.

Petco Park 4

100 Park Blvd., tel. 1-619-795-5011, www.sandiegopadres.com, rondleidingen zo.-vr. 10.30, 12.30, za. 10.30, 12.30, 14.30 uur vanaf de kruising van Tony Gwynn Blvd. en 7th Ave./K St., $ 15, kinderen tot 12 jaar $ 10, senioren 60+ $ 10

Petco Park is het thuisstadion van honkbalteam San Diego Padres, dat in de Western Division van de MLB speelt. De arena, waar 42.000 toeschouwers in

Tip

Mexicaanse openluchtgalerie

Chicano Park 5, aan de zuidoostkant van de stad, ontstond in de jaren 70, toen de Barrio Logan onder invloed van Latijns-Amerikaanse immigranten steeds verder transformeerde tot een Latino-wijk. Sindsdien verschenen op de betonnen pijlers van de boven het park lopende Interstate 5 steeds meer muurschilderingen, alle in de stijl van het werk van de beroemde Mexicaanse kunstenaar Diego Rivera. Veel van de kunstwerken in Chicano Park zijn politiek en maatschappijkritisch getint. Sommige hebben een religieus, mythisch of folkloristisch thema, andere verwijzen naar historische gebeurtenissen. Op de schilderingen na is het park overigens geen bezienswaardigheid (2000 Logan Ave., aan de I-5 ter hoogte van de oprit naar de Coronado Bridge, www.chicano-park.org).

passen, werd in 2004 geopend met een concert van de Rolling Stones.

Waterfront

San Diego is onlosmakelijk verbonden met de zee en onmiskenbaar gevormd door de Stille Oceaan. Dat is nergens duidelijker merkbaar dan in de haven en aan de Waterfront langs de San Diego Bay.

San Diego Convention Center 6

111 W. Harbor Dr., tel. 1-619-525-5000, www.sdccc.org

Het massieve, naar een ontwerp van de Canadese architect Arthur Erickson gebouwde complex direct aan de San Diego Bay bestaat uit tientallen

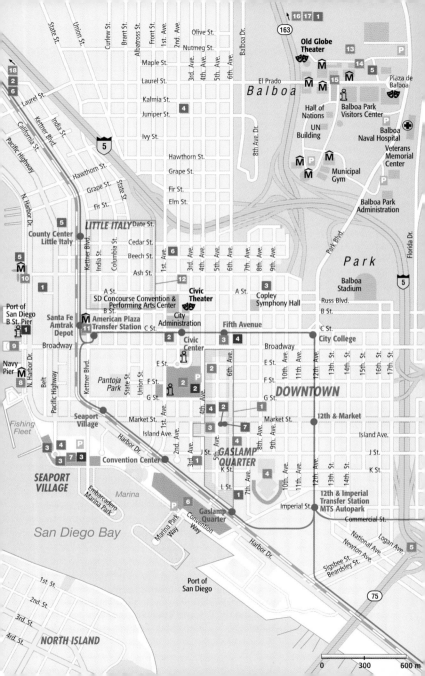

San Diego

Bezienswaardigheden
1 Gaslamp Quarter
2 Westfield Horton Plaza
3 William Heath Davis House
4 Petco Park
5 Chicano Park
6 San Diego Convention Center
7 Seaport Village
8 The USS Midway Museum
9 Broadway Pier
10 Maritime Museum of San Diego
11 Museum of Contemporary Art
12 Little Italy
13 San Diego Zoo
14 Spanish Village Art Center
15 Museumsmeile El Prado
16 Hillcrest
17 San Diego de Alcalá
18 Old Town
19 - 29 zie blz. 253

Overnachten
1 Omni
2 Bristol
3 Best Western Cabrillo Garden Inn
4 Keating House
5 Pacific Inn
6 Motel 6 Downtown
7 Hosteling International
8 - 12 zie blz. 253

Eten en drinken
1 Ruth's Chris Steak House
2 Blue Point
3 Harbor House
4 La Fiesta
5 Anthony's Fish Grotto
6 - 10 zie blz. 253

Winkelen
1 Fashion Valley Shopping Center
2 Bazaar del Mundo
3 Seaport Village

4 Tile Shop
5 Spanish Village Art Center
6 Four Winds Trading Co.
7 - 11 zie blz. 253

Actief
1 Hornblower Cruises
2 Gaslamp Segway Tours
3 SEAL Amphibious Tour
4 SD Bike Shop
5 - 8 zie blz. 253

Uitgaan
1 Dick's Last Resort
2 Onyx Room
3 House of Blues
4 Omnia
5 - 7 zie blz. 253

congress- en tentoonstellingsruimten, twee balzalen en een parkeergarage met plek voor meer dan vijfduizend voertuigen. Op het dak staan 'zeilen' van glasvezel en teflon, als eerbetoon aan de zeevaarthistorie van de stad.

Seaport Village 7
849 W. Harbor Dr., tel. 1-619-235-4014, www.seaportvillage.com, dag. 10-21 uur, restaurants ruimere openingstijden, als u iets koopt of consumeert, kunt u 2 uur gratis parkeren
Het op een oud vissersplaatsje geïnspireerde, aan het water gelegen 'dorp' bestaat hoofdzakelijk uit winkels, boetieks en restaurants, waartussen het bij goed weer (bijna altijd dus) heerlijk flaneren is – met uitzicht op zee. In het weekend zorgen straatmuzikanten en -artiesten voor entertainment. Kinderen zijn niet weg te slaan bij de caroussel uit 1895.

The USS Midway Museum 8
910 N. Harbor Dr., tel. 1-619-544-9600, www.midway.org, dag. 10-17 uur, $ 20, kinderen 13-17 jaar $ 15
Dit vliegdekschip was 47 jaar actief – voor het laatst in de Perzische Golf tijdens operatie Desert Storm (1991). Tegenwoordig ligt de drijvende gigant als museumschip voor anker in de haven van San Diego. Te zien zijn onder andere een dertigtal gevechtsvliegtuigen.

Broadway Pier 9
N. Harbor Dr. en Broadway, Coronado Ferry, enkeltje $ 4,75, kinderen tot 3 jaar gratis

Veel schepen die San Diego aandoen, meren aan langs deze pier. Daarnaast vertrekt hier de Coronado Ferry, die voetgangers in vijftien minuten overzet naar het schiereiland Coronado aan de overkant van de baai.

Maritime Museum of San Diego 10

1492 N. Harbor Dr., tel. 1-619-234-9153, www.sdmaritime.com, dag. 9-20, 's zomers tot 21 uur, $ 18, kinderen 13-17 jaar $ 14

Het pronkstuk onder de historische schepen in dit museum is de Star of India, in 1863 een van de eerste zeilschepen met een stalen romp. Het schip overleefde niet alleen diverse stormen, maar ook een muiterij. Een andere oldtimer is de Berkeley, een stoomveer dat vanaf 1898 zestig jaar lang op en neer voer in de San Francisco Bay. Aan de meer recente zeevaarthistorie refereert de USS Dolphin, de laatste door dieselmotoren aangedreven onderzeeër van de US Navy, die in 1968 van stapel ging en in 2007 buiten dienst werd gesteld.

Museum of Contemporary Art 11

1100 en 1001 Kettner Blvd. tussen Broadway & B St., tel. 1-858-454-3541, www.mcasd.org, do.-di. 11-17, 3e do. van de maand tot 19 uur, $ 10, senioren 60+ $ 5, kinderen/jongeren tot 25 jaar gratis entree

Dit museum voor hedendaagse kunst toont zijn collectie in twee gebouwen. Een voormalig pakhuis van het Santa Fe-treinstation, in 1915 gebouwd voor de Panama-California Exposition, en een aangrenzende nieuwbouw, het David C. Copley Building. De permanente tentoonstelling laat werk sinds 1950 uit verschillende genres en op diverse media zien. Van schilderijen en beeldhouwwerken tot fotografie en video- en filminstallaties.

Little Italy 12

India St. tussen Ash & Laurel St., www.littleitalysd.com

In de Italiaanse wijk aan de noordwestgrens van Downtown was decennialang niets te beleven. Maar sinds een tijdje is het een levendig stadsdeel met een dertigtal restaurants en cafés. Langs India Street is het pizzeria, ristorante en trattoria wat de klok slaat; rond etenstijd is het hier dan ook gezellig druk, vooral in het weekend.

Balboa Park

Het 560 ha grote Balboa Park heeft heel wat te bieden: exotische tuinen, de wereldberoemde dierentuin en gerenommeerde musea en theaters. In het hart van het park zijn mooie gebouwen in Spaanse revivalstijl te zien, die in 1915 voor de Panama-California Exposition werden gebouwd.

San Diego Zoo 13

2920 Zoo Dr., tel. 1-619-231-1515, www.sandiegozoo.org, dag. 9-17 uur, in de zomer ruimere openingstijden, $ 50, kinderen 3-11 jaar $ 40

De prachtig aangelegde dierentuin heeft een uitstekende reputatie. Op een meer dan 400.000 m² groot terrein zijn zo'n achthonderd deels zeldzame diersoorten te zien.

De zoo heeft daarnaast een bejubeld fokprogramma voor bedreigde diersoorten. U kunt met een bus door het park rijden, maar te voet ziet u uiteraard veel meer en kunt u zelf het tempo bepalen.

Tot de populairste 'attracties' van de ruim drie miljoen jaarlijkse bezoekers behoren de uit China afkomstige panda's en hun buren, de rode panda's (katberen), de ijsberen, de koala's en de olifanten, die bij de meeste kinderen topfavoriet zijn.

Architectonisch juweel – het San Diego Museum of Man

Spanish Village Art Center 14

1770 Village Pl., tel. 1-619-239-0137, www.spanishvillageart.com, dag. 11-16 uur, gratis entree

In dit kunstenaarsdorp, ten zuiden van de San Diego Zoo, zitten rond een plein met bonte tegels tientallen galeries en studio's. In en voor de deels mooi gedecoreerde huisjes kunt u meekijken over de schouders van schilders, beeldhouwers, pottenbakkers, zilversmeden, mandenmakers, glaskunstenaars, fotografen en grafici.

Museumkwartier El Prado 15

El Prado tussen de Cabrillo Bridge en Plaza de Balboa

Het hart van het enorme Balboa Park is El Prado, een prachtige boulevard waar in schitterende gebouwen tal van mu-

sea gevestigd zitten. Aan de westkant dient de 60 m hoge, rijkelijk versierde California Tower als wegwijzer naar het **San Diego Museum of Man**, dat zich bezighoudt met archeologie, kunst en cultuur uit verschillende delen van de wereld (1350 El Prado, tel. 1-619-239-2001, www.museumofman.org, dag. 10-17 uur, $ 13, kinderen 13-17 jaar $ 8, ook de toren is toegankelijk, $ 22,50).

Aan de andere kant van de Alcazar Garden vol exotische planten ligt het **Mingei International Museum** met kunst- en volkskunst uit alle delen van de wereld (1439 El Prado, tel. 1-619-239-0003, www.mingei.org, di.-zo. 10-17 uur, $ 10).

Het oudste kunstmuseum van de stad, het **San Diego Museum of Art**, bezit een onschatbare collectie Europese kunstwerken en kunst uit Azië en Latijns-Amerika (1450 El Prado, tel. 1-619-232-7931, www.sdmart.org, ma.-di., do.-za. 10-17, zo. 12-17 uur, $ 10).

Werken van Rembrandt, Rubens, Fragonard, Albert Bierstadt, Bruegel en John Singleton Copley maken van het **Timken Museum of Art** een bijzondere schatkamer (1500 El Prado, tel. 1-619-239-5548, www.timkenmuseum. org, di.-za. 10-16.30, zo. 12-16.30 uur, gratis).

Voor het **Botanical Building** ligt een vijver vol waterlelies en meteen ernaast de **Casa del Prado**, een weelderig gedecoreerd, paleisachtig gebouw in Spaanse barokstijl. Het tegenoverliggende **History Center** toont de historie van de stad aan de hand van documenten, plattegronden, tekeningen en historische foto's (1649 El Prado, tel. 1-619-232-6203, www.sandiegohistory. org, dag. 10-17 uur, in het hoogseizoen do. tot 21 uur, $ 6). In hetzelfde gebouw zetelt het **Museum of Photographic Arts** (tel. 1-619-238-7559, www.mopa. org, dag. 10-17 uur, in het hoogseizoen do. tot 21 uur, $ 10).

El Prado eindigt bij de fontein op Plaza de Balboa, dat in het noorden wordt geflankeerd door het **San Diego Natural History Museum** met natuurhistorische exposities (tel. 1-619-232-3821, www.sdnhm.org, dag. 10-17 uur, $ 17) en in het zuiden door het **Reuben H. Fleet Space Theater & Science Center** met een 'Omnimax'-theater, planetarium en voorwerpen uit de ruimtevaart en astronomie (1875 El Prado, tel. 1-619-238-1233, www.rhfleet. org, dag. vanaf 10 uur, $ 16, kinderen 3-12 jaar en senioren 65+ $ 9,75).

In het zuidwesten van het park bevindt zich ook nog een beroemd instituut, het **San Diego Air & Space Museum**, een van de bestbezochte musea van San Diego. Bezoekers worden vooral aangetrokken door de comman-

domodule van de Apollo 9-maanmissie die er te zien is (President's Way, tel. 1-619-234-8291, www.sandiegoair andspace.org, dag. 10-16.30 uur, vanaf 12 jaar $ 19,50, kinderen 3-11 jaar $ 10,50, senioren 62+ $ 16,50, meerprijs voor tijdelijke exposities).

Hillcrest 16

Uptown San Diego, ruim gezien rond University Ave. en 6th Ave.
Dit stadsdeel nodigt met zijn lommerrijke straten, art-decogebouwen en kleinstedelijke flair uit tot een wandeling. De vele clubs zorgen ervoor dat het hier ook 's avonds gezellig is. Alleen al aan Fifth Avenue liggen meer dan honderd restaurants, clubs en cafés. Tijdens het jaarlijkse CityFest in hartje zomer veranderen de straten in één grote openluchtmarkt, waar alles verkocht wordt wat het hart en de maag begeren.

San Diego de Alcalá 17

10 818 San Diego Mission Rd., tel. 1-619-281-8449, www.missionsan diego.com, dag. 9-16.30 uur, $ 3
De basiliek uit 1813 doet tegenwoordig dienst als parochiekerk. In het koor bevindt zich de laatste rustplaats van Father Luis Jayme, de eerste christelijke martelaar van Californië. De pater werd in 1775 omgebracht door Kumeyaay-indianen. In een klein museum verhaalt een tentoonstelling over de verovering van Californië en de bijna-uitroeiing van de indianen.

Old Town 18

Ten zuiden van de kruising van Interstates 5 en 8, www.oldtownsan diegoguide.com, www.parks.ca.gov/? page_id=663
In Old Town regeert de commercie, zoveel is duidelijk; souvenirshops en Mexicaanse restaurants dringen de historie van de stad steeds verder naar de

achtergrond. Toch is deze toeristische attractie nog steeds een bezoekje waard. Veel zaken zijn mooi ingericht en bieden deels authentiek Mexicaans eten. De eigenlijke kern is het rond Plaza de las Armas gelegen, monumentale Old Town San Diego State Historic Park. Hier kunt u een goed beeld krijgen van hoe San Diego eruit heeft gezien in de eerste jaren van de stad, tussen 1821 en 1872. Tot de historische gebouwen behoren de eerste school van Californië, een smederij, de eerste krantenredactie, een paardenstal en de om een binnentuin gelegen Casa de Estudillo.

Overnachten

Alles wat je nodig hebt – Omni [1]: 675 L St., tel. 1-619-231-6664, www. omnisandiegohotel.com, 2 pk ca. $ 250. Viersterrenhotel tussen de historische Gaslamp Quarter en het Convention Center met meer dan vijfhonderd kamers voor veeleisende gasten. Uitstekend vis- en zeevruchtenrestaurant, koffiebar, fitnesscenter met spa, buitenbad en terras.

Modieus en modern – Bristol [2]: 1055 First Ave., tel. 1-619-232-6141, www.the bristolsandiego.com, 2 pk vanaf $ 145. Boetiekhotel met 102 kamers en suites, alle met heerlijke bedden, koffiezetapparaat, flatscreen en gratis wifi.

Goede ligging – Best Western Cabrillo Garden Inn [3]: 840 A St., tel. 1-619-234-8477, www.bestwestern.com, 2 pk vanaf $ 140. Gunstig gelegen hotel met dertig comfortabele kamers met satelliettelevisie, gratis wifi en koffie- en theefacilititen. Ontbijt is inclusief, parkeren kost $ 10.

Vervlogen tijden – Keating House [4]: 2331 Second Ave., tel. 1-619-239-8585, www.keatinghouse.com, 2 pk vanaf $ 130. Vaak geprezen B&B op een meer dan honderd jaar oud landgoed. Ne-

gen kamers in het victoriaanse hoofdgebouw en een aangrenzende cottage. Gratis wifi.

Voor een beperkt budget – Pacific Inn Hotel & Suites [5]: 1655 Pacific Hwy, tel. 1-619-232-6391, www.pacificinnsd.com, 2 pk vanaf $ 80. Eenvoudig onderkomen met zwembad en terras tussen binnenstad en vliegveld.

Eenvoudig – Motel 6 Downtown [6]: 1546 2nd Ave., tel. 1-619-236-9292, www. motel6.com, 2 pk vanaf $ 70. Eenvoudig ketenmotel met gratis 'koffie' in de ochtend en wifi voor een paar dollar per dag .

Op de slaapzaal – Hosteling International [7]: 521 Market St., tel. 1-619-525-1531, www.sandiegohostels.org, bed op een slaapzaal vanaf $ 30, 2 pk vanaf $ 90. Slaapzalen voor vier tot tien personen met stapelbedden. Beddengoed en handdoeken zijn bij de prijs inbegrepen.

Eten en drinken

Voor vleesfans – Ruth's Chris Steak House [1]: 1355 N. Harbor Dr., tel. 1-619-233-1422, www.ruthschris.com, ma.-vr. 17-22, za., zo. 16.30-22 uur, vanaf ca. $ 25. De uitstekende steaks worden vergezeld door even goede voor-, bij- en nagerechten. Tijdens de lunch wordt wat lichtere kost geserveerd.

Uit de zee en van het land – Blue Point [2]: 565 5th Ave., tel. 1-619-233-6623, www.cohnrestaurants.com, dag. vanaf 17 uur, vanaf ca. $ 25. Restaurant met nautisch thema en levendige sfeer. Op de kaart staan vis en zeevruchten, maar ook heerlijke steaks, lamsvlees en gevleugelte. Voor de liefhebbers is er een oesterbar.

Dinner with a view – Harbor House [3]: 831 W. Harbor Dr., Seaport Village, tel. 1-619-232-1141, www.harborhousesd. com, dag. 11-23 uur, ▷ blz. 248

Showtime bij eb – tide pools aan de kust van San Diego

Zodra de zee zich bij eb heeft teruggetrokken van de kuststrook, zwermen gepassioneerde getijdenpoeljagers over het strand. Je herkent ze aan hun gebogen rug en op het water gerichte blik. Ze speuren in de achtergebleven poeltjes zout water naar mosselen, zee-egels en krabben; met een beetje geluk vinden ze zelfs een zeester of anemoon. De maritieme show duurt slechts tot de volgende vloed, maar herhaalt zich weer bij laagwater.

Plattegrond: zie blz. 253

Beginpunt: Ocean Beach Pier in Ocean Beach

Planning: op www.nps.gov/cabr/learn/nature/visiting-the-tidepools.htm kunt u zien wanneer het eb is.

Ocean Beach, 13.15 uur. De zeespiegel is bij **Ocean Beach Pier** 24 op z'n laagst. De houten plankieren zijn een tribune geworden, die uitzicht biedt op de ernaast gelegen getijdenpoelen. Uit zee steken ondiepe richels, waar in poeltjes, spleten en holtes water is achtergebleven. In die poeltjes kunnen kleine zeebewoners overleven tot de volgende vloed ze weer bevrijdt uit hun tijdelijke gevangenschap.

Toeschouwers klauteren over de droge rotsen, families verzamelen zich om de *tide pools*, waarin van alles valt te ontdekken. Vaders geven hun kinderen aanschouwelijk onderwijs in zeebiologie, hobbyfotografen hopen op het perfecte shot van kleine inktvissen, gespikkelde lompvissen of heremietkreeften, die het niet meer gered hebben terug in de open zee te drijven.

In de poeltjes is altijd wel iets interessants te ontdekken. Het is alsof de Stille Oceaan ons ermee wil leren respect te ontwikkelen voor marien leven. Ook natuurbeschermers dragen hun steentje bij; zij letten er steekproefsgewijs op dat bij de getijdenpoelen geen verzamelwoede uitbreekt.

De Point Loma Pools

Locals weten precies op welke plekken de zee een openluchtaquarium wordt. De **Ocean Beach Pier** is slechts een van de vele baaien in Greater San Diego. Niet overal langs de circa 120 km lange kust van de agglomeratie zijn de omstandigheden even gunstig; de tide pools zijn te vinden op een deel van slechts zo'n 17 km.

Ten zuiden van Ocean Beach strekt het langgerekte Point Loma Peninsula zich uit, dat als een gebogen vinger de ingang naar de San Diego Bay beschermt. Aan het zuidelijke puntje van het schiereiland staat het **Cabrillo National Monument** 26 (zie blz. 253), een uitkijkpunt vanwaar je een schitterend uitzicht op de stad hebt. De westkant ervan, in de buurt van de vuurtoren Point Loma Light Station, is tevens een populair gebied met veel getijdenpoelen. Vooral hier is een wandeling over de deels spiegelgladde rotsen aan te bevelen. Zeker in de koelere maanden, als er zo veel water in de tide pools staat dat de ingesloten zeedieren een grote overlevingskans hebben. In de hete zomers verdampt het water in de poelen soms zo snel, dat de diertjes zich om niet uit te drogen verstoppen in modder of zeewier. Op de website www.san-diego-beaches-and-adventures.com/san-diego-tide-pools.html vindt u veel informatie over de getijdenpoelen.

Tide-pooletiquette

Wanneer het tij zijn caleidoscopische presentatie geeft van het mariene leven, geldt voor toeschouwers een strikte gedragscode. Mosselen verzamelen in tide pools is niet alleen *frowned upon*, maar net zo verboden als het aanraken van zeedieren. Ook moet u absoluut niet in de plassen porren. Er lopen regelmatig park rangers bij de getijdenpoelen, die erop toezien dat het zeeleven met rust wordt gelaten. Alleen toeschouwers die zich rustig houden en geduld hebben zullen op de bodem van de poelen visjes, krabben en andere zeedieren zien bewegen.

Experts wijzen erop dat in de tide pools door de jaren heen zo veel is vernield door vandalen, dat steeds minder dieren überhaupt oud genoeg worden om zich voort te kunnen planten, wat het delicate ecologisch evenwicht in de poelen weer verder beschadigd. In een poging de natuur te beschermen zijn diverse plekken aan de Californische Stille Oceaankust waar getijdenpoelen worden gevormd, volledig afgesloten voor het publiek. Ook in het Tourmaline Surfing Park ten noorden van de Crystal Pier zijn overigens tide pools te vinden (600 Tourmaline St., zie ook blz. 251). Hier is weliswaar een breed zandstrand, maar in rotsen erachter liggen talloze poeltjes.

hoofdgerechten $ 17-30. Geniet van betaalbare vis- en seafoodgerechten, oesters, soepen en salade's, maar vooral van het geweldige uitzicht over de San Diego Bay.

Groetjes uit Mexico – **La Fiesta** 4 : 628 5th Ave., tel. 1-619-232-4242, www.lafiestasd.com, dag. 11-23 uur, hoofdgerechten $ 15-26. Restaurant in het hart van de historische Gaslamp Quarter waar in een gezellige sfeer Mexicaanse specialiteiten en seafoodgerechten worden geserveerd.

Vers uit de zee – **Anthony's Fish Grotto** 5 : 1360 N. Harbor Dr., tel. 1-619-232-5103, www.anthonysfishgrotto.com, dag. 11-22 uur, gerechten $ 10-26. Sinds 1946 bestaand restaurant waar dagverse vis en zeevruchten op tafel komen.

Winkelen

Winkelparadijs – **Fashion Valley Shopping Center** 1 : 7007 Friars Rd., www.simon.com/mall/fashion-valley, ma.-za. 10-21, zo. 11-19 uur. Groot winkelcentrum in Mission Valley met zes warenhuizen en meer dan tweehonderd speciaalzaken, boetieks, restaurants en koffieshops.

Souvenirs en nog meer souvenirs – **Bazaar del Mundo** 2 : markt bij Old Town State Historic Park (zie blz. 244), deels in de open lucht, met een enorm aanbod Mexicaans kunsthandwerk, kitsch en snuisterijen.

Voor ieder wat wils – **Seaport Village** 3 : 849 West Harbor Dr., www.seaportvillage.com, dag. 10-22 uur. In dit 'dorp' zijn boetieks en winkels voor elke smaak.

Tegels uit Mexico – **Tile Shop** 4 : 849 W. Harbor Dr., Seaport Village, tel. 1-619-233-3829, www.seaporttileshop.com, dag. 10-21 uur. Handbeschilderde tegels met huisnummers, letters en de-

coratieve motieven – leuke Mexicaanse souvenirs.

Ambachtelijk – **Spanish Village Art Center, Balboa Park** 5 : (zie blz. 242). Ambachtelijke kunst van verschillende materialen, door kunstenaars ter plekke gemaakt en verkocht.

Indiaanse kunst – **Four Winds Trading Co.** 6 : 2448 San Diego Ave., tel. 1-619-692-0466, dag. 10-21 uur. In Old Town gelegen winkel voor kunst en kunstnijverheid, voornamelijk uit indianenpueblos in New Mexico.

Actief

Boottochten – **Hornblower Cruises** 1 : 970 N. Harbor Dr., tel. 1-619-686-8715, www.hornblower.com, afvaarten vanaf de Broadway Pier. Boottochten, ook met diner, rondvaarten door de haven, brunchcruises en *whale watching*-excursies.

Futuristische tweewielers – **Gaslamp Segway Tours** 2 : 739 4th Ave., tel. 1-619-342-7244, www.san-diego.segwaytoursbywheelfun.com. Tours met inmiddels niet meer zo hippe Segways door het Gaslamp Quarter, in Coronado en in La Jolla.

Met de bus het water in – **SEAL Amphibious Tour** 3 : 470 Kettner Blvd., tel. 1-619-298-8687 of 1-866-955-1677, www.sealtours.com, 's zomers dag. 10-17 uur, anders minder ruime tijden. Land- en waterexcursie van zo'n anderhalf uur in een bijzonder amfibievoertuig. Vertrek bij het USS Midway Aircraft Carrier Museum.

Fietsen zonder moe te worden – **San Diego Bike Shop** 4 : 619 C St., tel. 1-619-237-1245, www.sdbikeshop.com, fietshuur vanaf $ 10 per uur, $ 25 per dag. Behalve voor de huur van alle soorten fietsen (inclusief e-bikes, voor als u niet wilt zweten) kunt u in deze zaak terecht voor allerlei accessoires.

Uitgaan

Indrinken – Dick's Last Resort **1**: 345 Fourth Ave., tel. 1-619-231-9100, www. dickslastresort.com, dag. 11-2 uur. Restaurant met levendig bargedeelte en elke avond live-entertainment.

Kelderclub – Onyx Room 2: 852 Fifth Ave., tel. 1-619-235-6699, www.onyx room.com, di. en vr., za. 21-2 uur. Op dit adres bevinden zich twee clubs, waarvan die in de kelder, Onyx, wat betreft muziek en dans de betere keuze is. Het erboven gelegen Thin is groter en onpersoonlijker.

Blues bij het eten – House of Blues 3: 1055 Fifth Ave., tel. 1-619-299-2583, www.houseofblues.com, ma.-vr. 11.30-22, za., zo. 16-22 uur. Combinatie van muziekrestaurant, nachtclub, dansclub en concertzaal met regelmatig livemuziek.

Coole club – Omnia 4: 454 6th Ave., tel. 1-619-544-9500, www.omnianight club.com, vr., za. 21-2 uur. Op een dakterras gelegen club met een geweldig licht- en geluidssysteem. Een van de beste plekken om in San Diego je zorgen weg te dansen.

Info en evenementen

San Diego op internet

www.sandiegoreader.com: onlineversie van de gratis krant met dezelfde naam. Veel praktische tips.

www.sandiegouniontribune.com: informatie over restaurants, concerten, sportevenementen en recreatiemogelijkheden.

www.socalpulse.com: alles over culturele evenementen. Via deze site zijn ook hotels te boeken.

Evenementen

Cinco de Mayo: 5 mei. Mexicaans volksfeest in Old Town, waarbij als sol-

daten verklede vrijwilligers de overwinning op de Franse troepen in 1862 re-ensceneren (www.cincodemayoold town.com).

Rock & Roll Marathon: juni. Traditionele langeafstandswedstrijd waarbij dwars door de stad wordt gerend. De deelnemers worden onderweg door duizenden toeschouwers en tientallen bandjes aangemoedigd (www.runrockn roll.com/san-diego).

San Diego Symphony Summer Pops: juli-begin sept. Het plaatselijke symfonisch orkest geeft concerten op verschillende plekken in de stad. Licht klassiek voert de boventoon.

Tip

Dagtocht naar Tijuana

Drugsoorlogen hebben het imago van de circa 1,8 miljoen inwoners tellende, ten zuiden van San Diego gelegen Mexicaanse grensstad Tijuana geen goed gedaan. Toch is de stad bij toeristen uit de Verenigde Staten altijd een populaire bestemming gebleven, zeker voor dagtochtjes. Typisch Mexicaans is de sfeer in de stad niet te noemen; Tijuana heeft zich al heel lang geleden volledig gericht op massatoerisme. De hoeveelheid kroegen waar bier en margarita's met pitchers tegelijk over de bar vliegen, is overweldigend. Niet voor niets oefent de stad een magische aantrekkingskracht uit op jonge Amerikanen, die hier al vanaf hun achttiende verjaardag mogen drinken – ten noorden van de grens mogen ze dat pas drie jaar later. De **Avenida de la Revolución** met zijn vele clubs, pubs en restaurants is na zonsondergang dan ook een levendige uitgaansstraat – al is 'chaotische kermis' ook een goede omschrijving.

De kust van San Diego ▶ G 9

Mission Bay Park 19

Tussen Mission Beach en de I-5 en de I-8 en Grand Ave., www.sandiego. gov/park-and-recreation/parks
In de jaren 50 liet het stadsbestuur dit park bouwen, dat het grootste door mensenhanden aangelegd recreatiegebied van de Verenigde Staten is. Het be- staat voor de helft uit water en is met zijn schiereilandjes, stranden, pick- nickplekken, sportvelden en jachtha- vens een populair toevluchtsoord voor outdoorliefhebbers. Veel locals gaan er, vooral in het weekend, zwemmen, va- ren, tennissen en joggen. Het park heeft een uitstekende infrastructuur en laat aan niets te wensen over. Hotels en mo- tels in alle prijsklassen zorgen ervoor dat u er langer dan één dag kunt blijven.

San Diego Bay, gezien vanuit Downtown

SeaWorld 20

500 Sea World Dr., tel. 1-619-226-3901, www.seaworld.com, wisselende openingstijden (zie site), meestal 9-21 uur, $ 90, kinderen 3-9 jaar $ 80, parkeren $ 15

Prijzige combinatie van aquarium, pretpark en zwemparadijs met attracties als *Journey to Atlantis* en *Shipwreck Rapids*, waarbij je gegarandeerd nat wordt. Bezienswaardigheden zijn de shows met dolfijnen; de orcashows zijn begin 2017 definitief afgeschaft. Tip: wilt u droog blijven, zoek dan een plaatsje boven rij 17. Een unieke ervaring biedt het Dolphin Interaction Program, waarbij u met dolfijnen kunt zwemmen.

Pacific Beach 21

www.pacificbeach.org

Kilometerslange stranden maken van deze ten zuiden van La Jolla gelegen wijk een aantrekkelijke *beach community*. De straten zijn vernoemd naar edelstenen, wat veel zegt over de status van de inwoners. Op en rond Pacific Beach zijn voldoende mogelijkheden om te kajakken, fietsen, volleyballen, hardlopen en picknicken. Daarnaast stikt het er ook van de cafés en leuke boetiekjes. Het epicentrum van alle activiteiten is de **Crystal Pier**.

Mission Beach 22

www.sandiego.gov/lifeguards/ beaches/mb

Dit kustplaatsje heeft een strand van zo'n 3 km, dat een van de populairste van San Diego is. Net zo geliefd is de langs de Stille Oceaankust voerende Ocean Front Walk, een boulevard voor flaneurs en fietsers. Op Ventura Place vindt u naast een Life Guard Station meerdere restaurants, winkels en verhuurders van fietsen en watersportapparatuur. Ook zijn er toiletten en douches voor badgasten. Afgescheiden stukken zee zorgen ervoor dat zwemmers en surfers niet in elkaars vaarwater komen.

Belmont Park 23

3146 Mission Blvd., tel. 1-858-228-9283, www.belmontpark.com, wisselende openingstijden, meestal 11-22 uur, dagkaart $ 49, kinderen $ 38

Het in de jaren 20 gebouwde pretpark direct aan het strand heeft attracties als de bijna 800 m lange achtbaan Giant Dipper (www.giantdipper.com). The

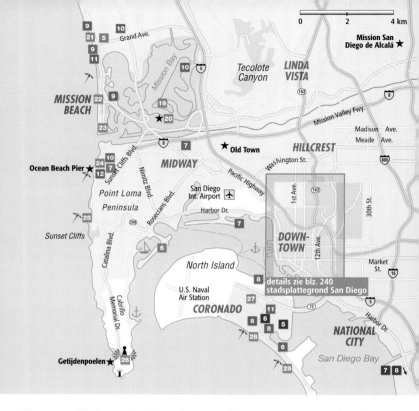

Plunge was bij zijn opening in 1925 het grootste binnenzwembad van zuidelijk Californië.

Ocean Beach 24

www.oceanbeach.com

Tijdens warme weekends is in het anders zo slaperig plaatsje nauwelijks een parkeerplek te vinden. Het strand en de daarachter gelegen straten rond de Ocean Beach Pier worden dan bevolkt door dagjesmensen.

Nog chaotischer gaat het eraan toe op de nationale feestdag. Ocean Beach is op de *fourth of july* namelijk het toneel van een van de grootste vuurwerkshows van Californië. Op de centraal gelegen Newport Avenue vindt elke woensdag

vanaf 16 uur een Farmers Market plaats. Ondanks zijn naam vormen fruit- en groenteboeren vaak een minderheid – straatartiesten en bandjes zorgen voor vermaak, terwijl bij eettentjes alles te koop is van kip met bloedhete Mexicaanse kruiden tot en met Afrikaanse snacks.

Point Loma Peninsula

Ten zuiden van Ocean Beach wordt de heuvelachtige Point Loma Peninsula, die zich als een kromme vinger rond de San Diego Bay buigt, steeds smaller, om te eindigen bij Point Loma, waar een kustwachtcentrum is.

De rit naar het einde van het schiereiland duurt lang, maar is zeker de

De kust van San Diego

moeite waard vanwege het prachtige uitzicht – in elk geval bij goed, helder weer. In oostelijke richting kijkt u voorbij de vlakke Coronado Peninsula op de stad en de bergen erachter. In het westen ligt de eindeloze Stille Oceaan. In de eerste maanden van het jaar zwemmen grijze walvissen door het blauwgroene water.

Sunset Cliffs `25`

Ten zuiden van Ocean Beach

Voor een indrukwekkende zonsondergang moet u beslist naar de westelijke kust van het Point Loma Peninsula met zijn ruige kliffen. Dit deel van de Stille Oceaankust bestaat uit volledig onontwikkeld terrein dat alleen te voet verkend kan worden.

Cabrillo National Monument `26`

1800 Cabrillo Memorial Dr., tel. 1-619-557-5450, www.nps.gov/cabr, dag. 9-17 uur, $ 10 per auto

Het gedenkteken en monument is gewijd aan de Portugese ontdekkingsreiziger Juan Rodríguez Cabrillo, die in september 1542 als eerste Europeaan Californische grond betrad in het huidige San Diego en het gebied opeiste voor de Spaanse kroon.

In het bezoekerscentrum zijn niet alleen tentoonstellingen te zien over het leven van de zeevaarder, maar wordt ook een film over hem vertoond. Gekostumeerde rangers bieden daarnaast diverse rondleidingen aan.

Op een steenworp afstand staat 130 m boven zeeniveau de witgekalkte, in 1854 gebouwde vuurtoren Point Loma Lighthouse, die tot 1891 schepen door de verraderlijke wateren leidde en tegenwoordig als museum fungeert. Te zien zijn allerlei voorwerpen die te maken hebben met de geschiedenis van de kustwacht door de eeuwen heen. Het spectaculaire uitzicht reikt tot heel San Diego en omgeving.

Coronado Peninsula

Coronado 27

www.coronado.ca.us

Tijdens een wandeling of een korte rondrit door de omgeving ten westen van de 3407 m lange Coronado Bridge valt al snel op dat dit een regelrechte villawijk is. Lommerrijke lanen, nauwkeurige onderhouden tuinen, kapitale woningen van generaals en kapiteins buiten dienst, goede restaurants, winkeltjes en terrasjes maken van Coronado een pittoreske wijk. De noordpunt van het schiereiland is verboden militair terrein; hier bevindt zich de op een na grootste marinebasis van de Verenigde Staten.

Coronado Central Beach 28

Ocean Blvd., in deze straat kunt u gratis parkeren

's Zomers trekken de inwoners van San Diego in de weekends massaal naar dit strand. Uitgerust met parasols, strandstoelen en koelboxen zie je ze meestal al aan het eind van de ochtend of net na de lunch van hun auto richting zee sjouwen.

Dat uitgerekend dit strand zo in trek is bij locals, heeft ook te maken met de aantrekkingskracht van het beroemdste hotel van de stad, dat al meer dan 120 jaar het strand domineert. Met rode, victoriaanse torentjes en een spierwitte gevel ziet het **Hotel del Coronado** (zie rechts) eruit als een sprookjeskasteel. In het luxueus ingerichte hotel logeren de groten der aarde, van al dan niet koninklijke staatshoofden tot CEO's en wetenschappers, hightechbazen en vermogende schrijvers.

Het paleis was ook decor in tal van films, waaronder Billy Wilders legendarische komedie *Some Like it Hot* met Marilyn Monroe, Jack Lemmon en Tony Curtis.

Silver Strand 29

In het zuiden van Coronado volgt de Silver Strand Boulevard (Hwy 75) de Silver Strand op een lange, smalle zandbank, die bij Imperial Beach eindigt op het vasteland. Delen van de zandstrook zijn militair gebied, andere behoren tot de aantrekkelijkste stranden in de omgeving van San Diego. Een goed strand om te zwemmen is Silver Strand State Beach (5000 Hwy 75, tel. 1-619-435-5184, www.parks.ca.gov/?page_id=654, parkeren $ 10), zowel bij het aan de open Stille Oceaan gelegen deel als in het oosten bij de San Diego Bay.

De stranden van Mission Beach trekken veel surfers aan

Overnachten

Legendarisch – **Hotel del Coronado** 8: 1500 Orange Ave., Coronado, tel. 1-619-435-6611, www.hoteldel.com, 2 pk vanaf $ 300. Legendarisch tophotel in victoriaanse stijl met een historische sfeer, maar moderne kamers en suites. Vanuit het zwembadgedeelte met bar (zie Favoriet blz. 259) kijk je prachtig uit op Coronado Central Beach. Bij het hotel hoort een aantal restaurants en winkels.

Romantisch overnachten – **Crystal Pier Hotel & Cottages** 9: 4500 Ocean Blvd., Crystal Pier in Pacific Beach, tel. 1-858-483-6983, www.crystalpier. com, vanaf $ 175. Mooie houten jarendertigcottages, direct op de pier. Terras, barbecue en parkeerplek voor de deur. 's Zomers minimumverblijf van drie nachten, in de winter twee nachten.

Spartaanse uitrusting – **Red Roof Inn** 10: 4545 Mission Bay Dr., Mission Bay, tel. 1-858-483-4222, www.innat pacificbeach.com, 2 pk vanaf $ 75, inclusief klein ontbijt. In elke kamer in dit hotel staan een koelkast, een magnetron, een koffiezetapparaat en een televisie. Gratis wifi.

Voor jonge reizigers – **Beach Bunga-low** 11: 707 Reed Ave., Pacific Beach, tel. 1-858-273-3060, www.beachbungalow hostel.com, 's zomers $ 39 per bed, 2 pk $ 100. Comfortabele, stijlvolle jeugd-herberg met bedden op een slaapzaal en privékamers. Gratis wifi, klein ontbijt.

Prijsbewust – **Ocean Beach Internati-onal Hostel** 12: 4961 Newport Ave., tel. 1-619-223-7873, www.usahostels.com. bedden in slaapzaal $ 22-25, privéka-mers vanaf $ 50 inclusief ontbijt. Gratis transport van en naar het treinstation en vliegveld. Tweemaal per week gra-tis barbecue.

Eten en drinken

Een overzicht van de restaurants en bars in de regio is te vinden op www. sandiegorestaurants.com.

Victoriaans – **Bluewater Grill** 6: 1701 Strand Way, Coronado, tel. 1-619-435-0155, www.bluewatergrill.com/ locations/coronado, zo.-do. 17-22, vr., za. tot 23 uur, $ 30-50. Restaurant di-rect aan het water, niet ver van Hotel del Coronado. Het gebouw uit 1887 heeft dezelfde stijl als de historische accommodatie. Zo.-do. wordt tussen 17 en 18 uur een driegangenmenu geser-veerd voor $ 30.

Stijlvol, met uitzicht – **Island Prime** 7: Harbour Island Dr., tel. 1-619-298-6802, www.cohnrestaurants. com/islandprime, dag. vanaf 11.30 uur, $ 15-40. Op de punt van Harbour Is-land gelegen restaurant met kleine *ca-bana's* direct aan het water en uitzicht op voorbij drijvende cruiseschepen in de haven. Tot de specialiteiten van het huis horen coquilles in hazelnootkorst en Colorado-lamszadel met mascarpo-neaardappelen.

Alles uit zee – **Brigantine Restau-rant** 8: 1333 Orange Ave., tel. 1-619-435-4166, www.brigantine.com, dag.

11-23 uur, hoofdgerechten vanaf $ 25. Vis- en seafoodrestaurant met gerech-ten van een hoog niveau. Het restau-rant is een beetje verouderd, maar erg gezellig.

Subtropische sferen – **Cafe Bahia** 9: 998 W. Mission Bay Dr., Mission Beach, tel. 1-858-539-7635, www.bahiahotel. com, dag. 6.30-14, 17.30-21 (vr., za. en 's zomers elke dag tot 22.30) uur, vanaf $ 12. Bij het Bahia Resort Hotel horend café met mediterrane stijl met plek bui-ten en binnen. Soepen, salades, steaks en seafood. Soms zijn de porties wel erg klein.

Allemansvriend – **SD Tap Room** 10: 1269 Garnet Ave., tel. 1-858-274-1010, www.sdtaproom.com, ma.-za. 10.30-1, zo. 10-24 uur, happy hour ma.-vr. 15-18 uur. In deze tent vindt (bijna) iedereen wat hij wils. Ook liefhebbers van bijzon-dere bieren komen hier ruimschoots aan hun trekken.

Winkelen

Openluchtmarkt – **Kobey's Swap Meet** 7: 3500 Sports Arena Blvd., www. kobeyswap.com, vr.-zo. 7-15 uur. Grote markt voor nieuwe en gebruikte spul-len onder de blote hemel. Wat hier niet te koop is, heeft een normaal mens blijkbaar niet nodig.

To shop with a view – **Ferry Landing Marketplace** 8: 1201 1st St., www. coronadoferrylandingshops.com. Waar de veerboten aanmeren op de Broadway Pier bevinden zich kleine winkels en restaurants. Op dinsdag 14.30-18 uur is er een Farmers Market. Daarnaast is het uitzicht op het stadscentrum geweldig.

Surfwalhalla – **Pacific Beach Surf Shop** 9: 4150 Mission Blvd., tel. 1-858-373-1138, www.pbsurfshop.com, dag. 9-19 uur. In de winkel van de surfschool is alles te koop wat ook maar een beetje met surfen te maken heeft.

Antiek – **Ocean Beach Antique District** 10: Newport Ave., www.antiques insandiego.com, openingstijden verschillen per winkel. Antiekwijk op slechts een paar straten van het strand met meer dan honderd handelaren, verzamelaars en designers.

Chic aan het strand – **Blue Jeans and Bikinis** 11: 917 Orange Ave., tel. 1-619-319-5858, www.bluejeansandbikinis. com, ma.-za. 10-19, zo. 8-18 uur. Boetiek met trendy strandmode, bikini's, designerjeans, sandalen en chique accessoires – alles alleen voor dames.

Actief

Twee wielen, geen inspanning – **Segway of Coronado** 5: 1050 B Avenue, tel. 1-619-694-7702, www.segwayof coronado.com, vanaf 14 jaar. Een tour per segway door Coronado betekent veel plezier en weinig zweet. Er zijn diverse routes mogelijk, een rit van twee uur kost $ 69 per persoon of $ 118 per stel.

Legendarische gangen – **Hotel del Coronado Historic Walking Tour** 6: 1100 Orange Ave., tel. 1-619-437-8788, www.coronadohistory.org/historic-coronado/walking-tours, ma., wo., vr. 10.30, za., zo. 14 uur, $ 20. Rondleiding door het historische hotel. Reserveren verplicht.

Openluchtbioscoop – **South Bay Drive In** 7: 2170 Coronado Ave., tel. 1-619-423-2727, www.southbaydrivein. com, wo.-zo. vanaf 20 uur, $ 7. Een van de laatste drive-inbioscopen in Zuid-Californië. Het geluid komt binnen via de autoradio, bij de snackbar is popcorn en meer te koop.

Eilandgasten – **Sea Spa** 8: 4000 Coronado Bay Rd., tel. 1-619-628-8770, www.loewshotels.com/en/Coronado-Bay-Resort/spa. Massages, zee-algenpakkingen en zeezoutbehandelingen zouden ontgiften en stress verminderen. De spa is onderdeel van het op een eiland gelegen, zeer luxueuze Loews Coronado Bay Resort.

Uitgaan

Uitgaansstraat – **Garnet Avenue** 5: tussen Ingraham St. en Mission Blvd. in Pacific Beach rijgen de clubs en restaurants zich aaneen en is het na zonsondergang altijd druk.

Concert onder de sterrenhemel – **Humphreys Concerts by the Bay** 6: Shelter Island Dr., tel. 1-800-745-3000, www.humphreysconcerts.com, mei-okt. Openluchttheater met 1400 plekken, waar sinds de opening in 1982 al sterren als Joe Cocker, The Spencer Davis Group, Joan Baez en The Moody Blues optraden.

Meezingen – **The Harp** 7: 4935 Newport Ave., tel. 1-619-222-0168, do.-za. zijn de beste avonden. Of de muziek nu live wordt gespeeld door een bandje of uit de jukebox schalt, de sfeer is in deze Ierse pub altijd top.

Info en evenementen

Mission Bay Visitors Information Center: 2688 E. Mission Bay Dr., tel. 1-619-276-8200, www.infosandiego.com **Coronado Visitor Center:** 1100 Orange Ave., tel. 1-619-437-8788, www. coronadovisitorcenter.com

Evenementen

Chili Cook-Off: juni. Groot feest met muziek en een chili-kookwedstrijd in Ocean Beach.
Beachfest: oktober. Het strand van Pacific Beach verandert tijdens dit feest in een enorme openluchtdiscotheek met kunstvoorwerpen op Garnet Avenue (www.pacificbeach.org).

Favoriet

Poolbar met uitzicht

Een luxehotel waarin Marilyn Monroe, Jack Lemmon en Tony Curtis voor de camera stonden, is per definitie een topplek voor een cocktail bij zonsondergang. In de late middag kun je bij de Sun Deck Bar aan de rand van het zwembad van het beroemde **Hotel del Coronado**  (zie blz. 255) in San Diego niet alleen genieten van een drankje, maar ook van de prachtige ligging en de fijne strandsfeer – het brede Coronado Central Beach en de Stille Oceaankust zijn slechts een paar stappen van de bar verwijderd.

De woestijnen van Zuid-Californië

Hoogtepunten ☀

Joshua Tree National Park: het nationale park bestaat uit twee zeer verschillende woestijntypen: de Mojavewoestijn in het noorden wordt gekenmerkt door een koeler klimaat, prachtige Joshua trees en afgeronde granietrotsen die uitdagend zijn voor bergbeklimmers. De hetere en dieper gelegen Sonorawoestijn in het zuiden biedt minder variatie. Zie blz. 279

Death Valley National Park: Death Valley is een van de heetste gebieden op aarde, maar heeft toch talrijke natuurlijke bezienswaardigheden te bieden – wat je niet zou je verwachten in het dal van de dood. Zie blz. 282

Op ontdekkingsreis

Mysterieus – de Intaglios ten noorden van Blythe: vijf jaar nadat Charles Lindbergh in 1927 als eerste met een vliegtuig de Atlantische Oceaan overstak, was een andere piloot onderweg boven Zuidoost-Californië. Hij deed een unieke ontdekking: enorme mens- en dierfiguren, die de dorre woestijnbodem sieren. Zie blz. 264

Geasfalteerde legende – Route 66: Door hitte trillende lucht boven de Mojavewoestijn. Spookstadjes die uit het niets verschijnen. Verlaten benzinestations die aan de horizon opduiken als fata morgana's. Het zijn allemaal indrukken op Route 66. Zie blz. 270

Bezienswaardigheden

Palm Springs Art Museum: liefhebbers van moderne en hedendaagse kunst vinden in de oase midden in de woestijn werk van beroemde schilders en beeldhouwers. Zie blz. 269

Scotty's Castle: het Andalusisch aandoende slot in het noorden van Death Valley is beroemd geworden vanwege de verhalen over Walter Scott, een vriend van de voormalige eigenaar. Zie blz. 283

Actief onderweg

Algodones Dunes: ook als je zelf niet beschikt over een duinbuggy, is het leuk in Glamis door het rijderskamp te struinen en je te verbazen over de bizarre voertuigen. Zie blz. 268

Wandelen op de Palm Canyon Trail: ten zuiden van Palm Springs kunt u wandelen in vier idyllische canyons. De mooiste trail is die door de Palm Canyon. Zie blz. 273

Sfeervol genieten

Appeltaartmekka: de symbolen van het prachtige stadje Julian zijn niet meer, zoals vroeger, de mijnen, maar de ovenverse producten uit de plaatselijke bakkerijen. Zie blz. 263

Zabriskie Point: wie een zonsopgang of -ondergang heeft meegemaakt op dit beroemde uitkijkpunt in Death Valley, vergeet dit natuurwonder nooit. Zie blz. 283 en 287

Uitgaan

Op goed geluk in de Coachella Valley: de woestijnoase Palm Springs en het ernaast gelegen Indio staan niet bekend om hun spannende nachtleven. Voor vertier moet je naar een van de in indianenreservaten gelegen casino's met eenarmige bandieten, speeltafels, bars, restaurants en shows . Zie blz. 278

Woestijnavontuur in de Mojave en Sonoran Desert

Stekelige grootmoedersstoelen, schattige, maar gemeen prikkende *teddy bear chollas*, palmbomen, dadelplanten, duinen, kleine dorpjes met grootstedelijke winkelcentra en tussen akkers verstopte boerderijen maken van de woestijnen in het zuidoosten van Californië exotische avonturenspeelplaatsen met bezienswaardigheden die in Europa niet te vinden zijn. Dat is waarschijnlijk ook de reden dat deze hete regio zo'n populair reisdoel is van buitenlandse toeristen.

Alpine ▶ H 9

Viejas Casino, 5000 Willows Rd., tel. 1-619-445-5400, www.viejas.com, 24/7 geopend, info over het reservaat van de Kumeyaay-indianen via www. viejasbandofkumeyaay.org

In de Viejas Reservation wonen nog geen vierhonderd indianen. Maar door het hotel met casino wordt het reservaat drukbezocht door mensen die hun geluk willen beproeven. In de diverse gokhallen staan meer dan tweeduizend speelautomaten en tientallen roulette- en blackjacktafels te wachten op een inzet. In de vele restaurants, snackbars en buffetten kunnen verliezers hun verdriet verdrinken en winnaars hun geluk vieren.

Tegenover het casino bevindt zich een outletcenter met zestig winkels, restaurants en fastfoodtentjes. Het complex is de moeite waard omdat de architect zich bij het ontwerpen ervan liet inspireren door voorbeelden uit de indianenhistorie. Op een podium in de stijl van een tipi worden regelmatig concerten gegeven (www.shopviejas. com, ma.-za. 10-20, zo. 11-19 uur).

INFO

Informatie

Barstow Area Chamber of Commerce: 229 E. Main St., Barstow, CA 92311, tel. 1-760-256-8617, www.barstowchamber. com. Onder het kopje Tourism Info vindt u op de website informatie over bezienswaardigheden in de regio. **Mojave National Preserve:** 90942 Kelso Cima Rd., Kelso, CA 92309, tel. 1-760-252-6100, www.nps.gov/moja. **Kelso Depot Visitor's Center:** Kelso, CA 92309, tel. 1-760-252-6108. **Death Valley National Park:** Hwy 190, Visitors Center, P. O. Box 579, Death Valley, CA 92328, tel. 1-760-786-3200, www.nps.gov/deva.

Vervoer

San Diego is een goed uitgangspunt voor woestijntochten met een huurauto. Ten oosten van het koelere kustgebergte komt u via de I-8 in het Anza Borrego Desert State Park en kunt u verder rijden naar de Imperial Valley en de Mojave- en Sonorawoestijnen. Vanuit Los Angeles zijn via de I-15 noordelijker gelegen gebieden als de beroemde Death Valley te bereiken. De Sunset Limited-trein rijdt naar North Palm Springs en Yuma (Arizona). Tussen de grotere steden in het zuiden rijden tevens Greyhoundbussen, voornamelijk over de Interstates.

Julian ▶ H 9

Dit schattige dorpje op een hoogte van meer dan 1000 m in de Laguna Mountains heeft zich sinds zijn ontstaan als mijnwerkerskamp in 1869 ontwikkeld tot een toeristische bestemming als 'Appelhoofdstad van Zuid-Californië'. Uit de vele bakkerijen zweeft de heerlijke geur van versgebakken appeltaart de straat op en overal wordt versgeperst appelsap verkocht.

Julian Pioneer Museum

2811 Washington St., tel. 1-760-765-02 27, www.julianpioneermuseum.org, do.-zo. 10-16 uur, entree naar eigen goeddunken

Het kleine, in een voormalige brouwerij ingerichte museum houdt zich bezig met de historie van de gemeenschap. Te zien zijn mijnbouwuitrusting, historische foto's, kleding en indiaanse artefacten.

California Wolf Center

K Q Ranch Rd. ca. 4 mijl ten zuiden van Julian langs Hwy 78, tel. 1-760-765-0030, www.californiawolfcenter. org, $ 30, kinderen $ 20, alleen na telefonische of online reservering

Het non-profitcentrum organiseert rondleidingen en speciale programma's om bezoekers kennis te laten maken met de geschiedenis en het gedrag van de grijze wolf. Alle opbrengsten gaan naar programma's die strijden voor het voortbestaan van deze vroeger in heel Noord-Amerika levende diersoort.

Overnachten

Charmante B&B – **Eaglenest:** 2609 D St, tel. 1-760-765-1252, www.eaglenest bnb.com, $ 165-185. Centraal gelegen, goede service. Vier moderne suites met televisie en wifi, heerlijk ontbijt. De gasten worden begroet door een aantal goed opgevoede labradors.

Bad op pootjes – **Julian Gold Rush Hotel:** 2032 Main St., tel. 1-760-765-0201, www.julianhotel.com, 2 pk vanaf $ 135. Midden in het dorp gelegen victoriaanse B&B met gezellig ingerichte kamers, waarvan sommige een bad op leeuwenpootjes en gietijzeren kachels hebben.

Als in een sprookje – **Shadow Mountain Ranch B&B:** 2771 Frisius Rd., tel. 1-760-765-0323, www.shadowmoun tainranch.net, vanaf $ 105. Rustieke cottages voor een romantische overnachting op zo'n 3 mijl van Julian. Behalve kamers zijn ook een boomhut en het sprookjesachtige *Gnome Home* te huur.

Camping – **William Heise County Park:** 4945 Heise Park Rd., tel. 1-760-765-0650, www.sdcounty.ca.gov/parks/camping/heise.html. Ten zuiden van Julian gelegen plek voor tenten en campers. Er zijn ook cabins. Wandelpaden in de omgeving voeren door eiken-, pijnboom- en cederbossen.

Eten en drinken

De appeltaarthemel – **Mom's Pie House:** 2119 Main St., tel. 1-760-765-2472, www.momspiesjulian.com, dag. 7-17, vanaf ca. $ 7. Voor 'souvenirs' uit Julian moet u in deze bakkerij zijn. U kunt de ovenverse taarten met appel, peer, kersen of rabarber meenemen of ter plekke opeten in het gezellige café.

Info en evenementen

Informatie

Julian Chamber of Commerce: 2129 Main St., Julian, CA 92036, tel. 1-760-765-1857, www.visitjulian.com.

▷ blz. 266

Mysterieus – de Intaglios ten noorden van Blythe

Vijf jaar nadat Charles Lindbergh in 1927 als eerste met een vliegtuig de Atlantische Oceaan overstak, was een andere piloot onderweg boven Zuid-oost-Californië. Hij deed een unieke ontdekking: enorme mens- en dier-figuren, die in de buurt van de oe-ver van de Coloradorivier de dorre woestijnbodem sieren. De Blythe In-taglios gedoopte tekeningen zijn een onopgelost mysterie van de Sonora-woestijn.

Planning: er is een parkeerplaats op zo'n 500 m van Hwy 95. Gratis entree.

Kaart: ▶ L 8

Info: in Blythe en in Parker (Arizona) zijn hotels, benzinestations, restau-rants en winkels.

'Na vijftien mijl op highway 95 zie je een bord aan de linkerkant van de weg. Sla daar af naar de stoffige, onverharde weg. Na een paar honderd yards wachten de Blythe Giants op je', legt de monteur uit in de laatste garage in Blythe. De route-beschrijving is correct, de afslag is mak-kelijk te herkennen. Een verstikkende hitte waart over de weg, er valt op een paar bandensporen na in geen velden of wegen iets van beschaving te ontdekken. Achter een klein hek is op een paar meter lopen van de parkeerplaats de omlijning van een 'aardtekening' te ontwaren, een van de zogenaamde Blythe Giants – een mensgedaante met een bijna vierkant lijf, dunne, lange armen en benen en een ovale kop. Sommige tekeningen zijn vanuit kikkerperspectief nauwelijks te herkennen. Een helikopter zou wel handig zijn, maar helivluchten worden in Blythe noch in Parker, aan de andere kant van de grens met Arizona, aangeboden. Onbewust dwalen je gedachten bij het bekijken van de tekeningen af naar de Zwitser Erich von Däniken. Deze controversiële auteur dacht dat kilometerslange, kaarsrechte markeringen in de bodem bij Nazca in Peru prehistorische start- en landingsbanen waren van buitenaardse bezoekers.

Raadselachtige geogliefen

Wetenschappers noemen fenomenen als de Blythe Intaglios geogliefen. Ze zijn ontstaan door voor de 'tekening' tonnen van de bovenste, donkerder aardlaag weg te halen en zo in de daaronder gelegen lichtere bodem figuren en vormen te laten ontstaan. Bij Blythe identificeerden wetenschappers zes figuren in drie kleine gebieden, die in een straal van zo'n 300 m rond de parkeerplaats liggen.

In elk van de drie sectoren duikt een mensfiguur op. De betekenis ervan was voor archeologen lange tijd een raadsel. Tot de onderzoekers de hulp inriepen van tegenwoordig nog steeds in de Colorado-regio woonachtige Mohave- en Quechan-indianen. Het vermoeden bestond namelijk dat hun voorvaderen verantwoordelijk waren geweest voor de Intaglios. De *Native Americans* concludeerden op grond van hun eigen mythologie dat de mensgedaan-tes Mastamho waren, de schepper van de aarde. De dieren waren volgens hen Hatakulya, een mens-dierwezen dat de schepper bij de genesis behulpzaam was. De grootste menselijke figuur is ongeveer 50 m.

Vage interpretatie

De Blythe Intaglios waren niet de enige geogliefen aan de Colorado River. Veel ervan zijn echter verwoest door weer en wind of vielen ten prooi aan offroadfanaten. Veel weten we eigenlijk nog steeds niet over de mysterieuze kunstwerken. Zo zouden ze tienduizend jaar oud kunnen zijn, maar ook slechts tweehonderd. En ook over de betekenis ervan bestaat onduidelijkheid. Vermoedelijk wilden de Amerikaanse oerbewoners via de tekeningen in contact komen met hun goden of voorvaderen.

Eén ding is in elk geval zeker: nergens anders in het zuidwesten van de Verenigde Staten zijn zulke goed bewaarde en makkelijk bereikbare geogliefen te vinden.

Evenementen

Apple Days: sept./okt. Groot herfst-feest ter ere van de jaarlijkse appeloogst (www.julian-california.com/to-see-do/special-events/apple-days).

Anza Borrego Desert State Park ▶ H/J 8/9

Visitor Center, 200 Palm Canyon Dr., Borrego Springs, tel. 1-760-767-4205, www.parks.ca.gov/?page_id=638, $ 5
Sennaplanten, vijgcactussen met rode en gele bloesem en stekelige 'Mickey Mouse-oren', agave, wild gras en in het voorjaar een zee van wilde bloemen – in dit beschermde gebied is veel natuurschoon te bewonderen. De eerste vier, vijf maanden van het jaar is het hier hoogseizoen. Deels vanwege de bloeitijd van de flora, maar ook omdat dan de temperaturen, net als in de herfst en de winter, niet zo extreem zijn als in hartje zomer.

Dit enorme park, met een oppervlakte van 2500 km², is anders dan de meeste nationale parken niet begrensd.

Borrego Springs ▶ H/J 8

Zo landelijk als het park is ook dit gehucht, dat overigens geen deel uitmaakt van het park. Een groot deel van de 2600 inwoners woont hier alleen in de koele maanden – in de zomer, wanneer het kwik regelmatig richting de veertig gaat, ontvluchten ze het dorp. Drie miljoen jaar geleden was deze omgeving de habitat van een voor ons vreemde dierenwereld. Langs Borrego Springs Road staan door de Californische kunstenaar Ricardo Breceda uit plaatstaal gemaakte dierfiguren op ware grootte, zoals sabeltandtijgers, reuzenschildpadden en oerolifanten. Met zijn hotels, motels, restaurants en winkels vormt Borrego Springs de voornaamste uitvalsbasis voor de bezoekers van het park.

Overnachten

Goede prijs-kwaliteitverhouding – **Borrego Springs Resort:** 1112 Tilting T Dr., tel. 1-760-767-5700, www.borregospringsresort.com, 2 pk vanaf $ 110, in het hoogseizoen duurder. Comfortabel resort met golfbaan, zwembad en spa. In het bijbehorende Arches Restaurant, in het Clubhouse en in de Fireside

Lounge kunt u rekenen op uitstekende verzorging.

Voordelig – **Stanlunds Resort:** 2771 Borrego Springs Rd., tel. 1-760-767-5501, www.stanlunds.com, 2 pk juni-sept. vanaf $ 55, rest van het jaar vanaf $ 75. Het door palmbomen omzoomde motel met zwembad beschikt over eenvoudige kamers met airco, wifi, tv en kitchenette. U mag gebruikmaken van de wasmachine.

Met tent of camper – **Camping:** tel. 1-800-444-7275, www.reserveamerica.com. De kampeerterreinen Palm Canyon en Tamarisk Grove hebben toiletten, douches en barbeceus. Met een bij het Visitor Center van Borrego Springs te verkrijgen vergunning is wildkamperen toegestaan.

Eten en drinken

Solide keuken – **Red Ocotillo:** 721 Ave. Sureste, Borrego Springs, tel. 1-760-767-7400, dag. 7-20.30 uur, hoofdgerechten vanaf ca. $ 15. Gezellig restaurant dat Californische gerechten serveert in een ongedwongen ambiance. U kunt ook eten op de patio.

Geen verkeerde plek voor een picknick: Font's Point in Anza Borrego Desert State Park

Actief

**Leren van de woestijn – Rangerpro-
gramma's:** parkrangers bieden in het
Visitor Center (zie blz. 266) naast wild-
bloemexcursies allerlei activiteiten aan
op het gebied van astronomie, paleontologie, geologie, flora en fauna en geschiedenis.

Desert greens – Wandelen: wie in
de woestijn groen mist, kan over diverse golfbanen flaneren, waaronder
die in het Borrego Springs Resort (zie
blz. 266), de Roadrunner Golf & Country Club (www.roadrunnerclub.com)
en Club Circle Resort (www.clubcircle
resort.com).

Fietsen – Bike Borrego: 583 Palm Canyon Dr., tel. 1-760-767-4255, www.bike-
borrego.com. Verhuur van alle soorten
fietsen voor elk terrein. Halve dag $ 20,
hele dag $ 35.

Info

**Borrego Springs Chamber of Com-
merce:** 786 Palm Canyon Dr., tel. 1-760-
767-5555, www.borregospringschamber.
com.

Imperial Valley ▶ J/K 8/9

Salton Sea

Californiës grootste, 70 m onder zeeniveau gelegen meer heeft bijzondere
eigenschappen. Het ligt in een kurk-
droog gebied en is pas honderd jaar
oud. In 1905 overstroomde de Colorado River in een deel van de Imperial
Valley. Het water uit de rivier vulde een
Salton Sink genoemd bekken en zo ontstond het 970 km² grote meer. Door de
lozing van bestrijdingsmiddelen uit de
omliggende landbouwgebieden werd
het water vanaf de jaren 50 steeds gifti-
ger. Door verdamping (het meer wordt

door geen enkele rivier gevoed) werd
het daarnaast steeds zouter. Deze omstandigheden zorgen ervoor dat de in
het gebied levende vogelkolonies het
steeds moeilijker hebben.

Algodones Dunes

In de Sonorawoestijn in het uiterste
zuidoosten van Californië buitelen in
de weekends van de koelere maanden
tot wel honderdvijftigduizend offroa-
ders (soms letterlijk) over elkaar heen
in de goudkleurige duinen. De Algodones Dunes zijn ontzettend in trek bij
terreinwagenliefhebbers, die hier van
de vrijheid genieten om lekker te kunnen raggen – iets dat door milieuwetge-
ving zelfs in het autogekke Amerika op
steeds minder plekken mogelijk is.

Het noordelijke deel van het imposante landschap, de North Algodones
Dunes Wilderness, staat onder streng
toezicht van natuurbeheer en blijft zodoende verschoond van terreinbeulen.
Het centrum van dit natuurgebied is
Glamis aan highway 78, waar behalve
een benzinestation en de Glamis Store
alleen maar wat provisorische kampen
van buggyrijders zijn. Ten westen van
Glamis is de 'kleine Sahara' het schil-
derachtigst.

Coachella Valley ▶ H/J 7/8

Tussen de San Jacinto en Santa Rosa
Mountains in het westen en de Little
San Bernardino Mountains in het oosten ligt de bijna 80 km lange Coachella
Valley, die zich uitstrekt tussen Palm
Springs in het noorden en de Salton Sea
in het zuiden. Waar het dal duizend jaar
geleden nog werd bedekt door het inmiddels uitgedroogde Coachella Lake,
gedijen tegenwoordig dadelpalmen,
meloen- en grapefruitplanten en wijnranken. In het gebied zijn ook negen

steden die zich in de loop der tijd hebben ontwikkeld tot de meest begeerde woonlocaties in Zuid-Californië. De min of meer met elkaar vergroeide steden zijn dé vrijetijdsbestemmingen van kunstenaars, beroemdheden uit de film- en televisiewereld en showbusiness en CEO's. Hier kunnen ze onder elkaar wonen en 'spelen'.

Palm Springs ▶ H 8

Vroeger was het 45.000 inwoners tellende plaatsje een populair toevluchtsoord van Hollywoodsterren, maar het zelfs in de wintermaanden aangename centrum van de Coachella Valley heeft de laatste decennia een merkwaardige transformatie ondergaan. Nieuwe, chique en populaire lgbt-hotels, een indrukwekkende hoeveelheid restaurants, een levendige kunst- en cultuurscene (voornamelijk moderne architectuur en design), gezellige homokroegen en uitstekende recreatiemogelijkheden, ook buiten de stad, hebben de woestijnoase geholpen zichzelf opnieuw uit te vinden.

Moorten Botanical Garden

1701 S. Palm Canyon Dr., tel. 1-760-327-6555, www.moortenbotanical garden.com, dag. do.-di. 9-13 uur, $ 5, kinderen 5-15 jaar $ 2

Schoonheden met blaadjes en/of stekels, niet alleen uit het Amerikaanse zuidwesten, maar ook uit Latijns-Amerika, zuidelijk Afrika en andere droge regio's. Daarnaast leven er ook dieren die zich wonderwel hebben aangepast aan de extreme klimatologische omstandigheden.

Palm Springs Art Museum

101 Museum Dr., tel. 1-760-322-4800, www.psmuseum.org, di.-wo., vr.-zo. 10-17, do. 12-21 uur, $ 12,50, senioren 62+ $ 10,50, kinderen tot 12 jaar en do. vanaf 16 uur toegang gratis

Het in 1938 gestichte museum stelt modern en hedendaags werk tentoon van beroemde kunstenaars, onder wie Henry Moore, Helen Frankenthaler, Duane Hanson, Edward Ruscha, Thomas Moran, Charles Russell en Frederic Remington. Naast een kleine dertig zalen en twee beeldentuinen zijn er een theater, een museumboetiek en een café.

Palm Springs Aerial Tramway

1 Tramway Rd., tel. 1-888-515-8726, www.pstramway.com, ma.-vr. 10-21.45, za., zo. vanaf 8 uur, $ 26, kinderen 3-12 jaar $ 17, senioren 62+ $ 24

Binnen vijftien minuten beklimt de kabelbaan met om hun as draaiende cabines het hoogteverschil tussen 1791 m en 3234 m. Bent u eenmaal aangekomen op de San Jacinto Mountains, dan zult u merken dat het hier fris is, zelfs in hartje zomer, wanneer in Palm Springs de hitte elke activiteit in de kiem smoort.

Voor wandelaars biedt de bergwereld aantrekkelijke routes, van een 1,6 km lang natuurpad door de Long Valley meteen achter het bergstation tot de 8,8 km lange trail op de 3302 m hoge top. Parkrangers geven rondleidingen. In de koude maanden kunnen wintersporters in het Adventure Center skies en sneeuwschoenen huren (verhuur tot 14.30 uur).

Palm Springs Air Museum

745 N. Gene Autry Trail, tel. 1-760-778-6262, www.palmspringsair museum.org, dag. 10-17 uur, $ 16,50, kinderen 3-17 jaar en senioren 65+ $ 14,50

Het museum heeft een van de grootste verzameling militaire vliegtuigen van de Verenigde Staten. Op gezette tijden (meestal in het weekend) bewijzen old-timers (zowel piloten ▷ blz. 273

Geasfalteerde legende – Route 66

De lucht trilt boven de Mojavewoestijn. Spookstadjes doemen uit het niets op in de eenzaamheid. Als je de auto uitzet, is de stilte oorverdovend – alsof je door de ruimte zweeft. Langzaam komt aan de horizon een verlaten benzinestation tevoorschijn, als een fata morgana. Route 66 is een droom voor liefhebbers van roadtrips op twee of vier wielen.

Kaart: ▶ G-L 6

Planning: als u moeite hebt met de hitte, kunt u deze tocht beter niet maken in hartje zomer.

Info: National Historic Route 66 Federation, P. O. Box 1848, Dept. WS, Lake Arrowhead, CA 92352-1848, tel. 1-909-336-6131, www.national66.com, www.historic66.com.

Symbool van vernieuwing, van hoop, van grenzeloosheid, decor voor de roadmovie *Easy Rider* – de beroemdste weg van de Verenigde Staten is net zo Amerikaans als de Harley-Davidsons die er in groten getale overheen rijden. Een echte weg is Route 66 trouwens niet te noemen. De transcontinentale verbinding tussen Chicago en Los Angeles is eerder een 3939 km lange cultheld. Jaar in jaar uit laten liefhebbers uit alle hoeken van de wereld de route onder hun wielen door glijden. Het ruim 500 km lange Californische deel is niet het populairste, omdat het midden door de woestijn loopt. Maar juist daar maakt 'The 66' een onvergetelijke indruk.

Tussen kunst en cult

Met zijn roman *The Grapes of Wrath* (*De vruchten der gramschap*) creëerde John Steinbeck in 1939 een literair monument voor de legendarische route. Aan de hand van één familie schildert hij de geschiedenis van arme arbeidsmigranten, die Oklahoma tijdens de economische crisis verlaten in de hoop op een betere toekomst in Californië. In 1946 schreef Bobby Troup het lied *Get Your Kicks on Route 66*, dat tientallen malen werd gecoverd – van Nat King Cole tot Chuck Berry en van Ray Charles tot de Rolling Stones, elke rocker heeft het wel eens op plaat gezet.

Op weg naar het westen

De eerste 'grote' plaats op de Californische Route 66 is **Needles** aan de Colorado River, waar u uitrusting kunt kopen voor uw trip door de woestijn. Benzine is hier wel duurder dan op de meeste andere plekken in de Golden State (of aan de andere kant van de rivier in Arizona).

Het eerste deel van de route voert over de drukke snelweg I-40. **Goffs** is typisch zo'n plaats waar de charme van lang vervlogen tijden bewaard is gebleven. Het spoorwegstadje wordt eigenlijk alleen nog maar in leven gehouden door Dennis G. Casebier. Hij heeft immers, te midden van spookstadrelikwieën het Santa Fe Railway Depot getransformeerd tot een bijzondere bibliotheek met de grootste verzameling historische documenten over de Mojavewoestijn. In een voormalige woestijnschool bevindt zich nu een museum.

De collectie omvat allerlei voorwerpen die te maken hebben met mijnbouw en spoorwegen. Deze zijn onder andere opgesteld tussen de cactussen in de 'woestijntuin'.

In **Fenner** gaat Route 66 onder de I-40 door om vervolgens af te buigen naar het zuiden. Als u op de interstate doorrijdt naar het westen, komt u bij de Mojave National Preserve (zie blz. 280). Woestijngehuchten als **Essex** en **Chambless** waren ooit levendige steden, maar toen in de jaren 70 werd beslist dat de snelweg aan de stadjes voorbij zou gaan, was hun lot bezegeld – ze zijn de klap nooit te boven gekomen.

Van Essex tot voorbij Ludlow heet Route 66 op oudere kaarten National Old Trails Highway (op Google Maps National Trails Highway). Dit deel was onderdeel van de 3940 km lange 'straat' die in 1912 als eerste autoweg werd gebouwd tussen de Amerikaanse oost- en westkust. De weg begon in Baltimore (Maryland) en liep via St. Louis (Missouri) en Santa Fe (New Mexico) dwars door het continent tot de Californische kust.

Route 66-iconen

Aan een lot als dat van Essex en Chambless ontsnapte het pittoreske **Amboy** ternauwernood dankzij Route 66-fans. Elke automobilist en motorrijder stopt tijdens de nostalgische rit bij het filmische tankstation met het in 1959 op-

gerichte reclamebord voor **Roy's Cafe**. Route 66 kent in Californië geen symbolischer plek. Sinds 2005 is het gehucht – eigenlijk is dat woord al te veel eer – waar ook een motel en postkantoor staan, eigendom van de baas van een regionale fastfoodketen. Het benzinestation is in bedrijf, het café, bekend van films en series, niet – voor snacks en koude drankjes kunt u terecht bij een automaat. Ook de voor opnames nog recentelijk hagelwit geverfde motelkamers zullen vooropig geen gasten kennen.

Wat roem betreft, staat Amboy nipt in de schaduw van **Newberry Springs**. Aan de oostkant van het plaatsje staat het Bagdad Cafe, dat met zijn roodbruine gevel niet te missen is. Op de plek waar nu plastic knijpflesjes met ketchup en mosterd op spartaanse formicatafels staan te wachten op klandizie, speelt de gelijknamige film uit 1987 zich af (46548 National Trails Hwy., tel. 1-760-257-3101, dag. 7-19 uur).

Museale Route 66

De vele motels, restaurants, fastfoodzaken, benzinestations en supermarkten maken van het 21.000 inwoners tellende **Barstow** een ideale pleisterplaats. Het stadje staat in Californië bekend om twee dingen: de minste neerslag per jaar en het laagste bruto binnenlands product (bbp) per hoofd van de bevolking. Het is tevens een belangrijk verkeersknooppunt: bij Barstow kruisen de interstates 15 en 40, Route 66 en highway 58 elkaar.

Hier en daar zijn herinneringen te vinden aan het historische traject, in de vorm van muurschilderingen, verkeersborden of door roest aangetaste, vroeger over Route 66 cruisende oldtimers. Een goed voorbeeld van dat laatste vindt u in bij het stoffige Route 66 Motel (195 W. Main St.).

In veel betere staat zijn de auto's, motorfietsen, benzinezuilen en memorabilia die te zien zijn in het in 1911 uit baksteen gebouwde station Casa del Desierto in het **Route 66 Mother Road Museum** (685 N. First Ave., tel. 1-760-255-1890, www.route66museum.org, vr.-zo. 10-16 uur, gratis).

Een ander interessant museum staat in de oude, volledig uitgestorven stadskern van **Victorville** aan de I-15. Het gebouw diende vroeger als pleisterplaats en werd in 1980 gebruikt als decor voor de film *The Jazz Singer* met Neil Diamond in de hoofdrol. De collectie is te vergelijken met die van het Route 66 Mother Road Museum in Barstow (16825 D St., tel. 1-760-951-0436, www.califrt66museum.org, ma. do.-za. 10-16, zo. 11-15 uur).

Het einde van een tijdperk

Ten zuidwesten van Victorville doorkruist de 66 de San Bernardino Mountains, waarachter het dichtbevolkte Greater Los Angeles de in de hitte smeulende spookstadjes en godverlaten woestijnwegen doet vergeten. Waar Route 66 officieel eindigt, is voer voor verhitte discussies. Voor de een is de pier in Santa Monica het onbetwiste eindpunt van de legendarische weg, voor de ander lijdt het geen twijfel dat de *Mother Road* uiteindelijk leidt naar **Barney's Beanery** in West Hollywood. De uitbater van die rustieke kroeg begon al vlak na de opening ervan in 1920 Route 66-memorabilia te verzamelen; de barkeeper bood reizigers aan hun kenteken te ruilen voor een koud biertje, en daar hadden de meeste wel oren naar. Later stonden beroemdheden als Charles Bukowski, Janis Joplin, Jimi Hendrix en Jim Morrison hier aan de bar, die met meer dan 130 soorten bier ook tegenwoordig nog erg uitnodigend is (8447 Santa Monica Blvd., tel. 1-323-654-2287, www.barneysbeanery.com). Een kopie van het café staat in het Stedelijk Museum in Amsterdam.

als kisten) hun kunde met demonstratievluchten.

Wandelen op de Palm Canyon Trail

Hele traject: 15 km, duur: afhankelijk van lengte etappe, www.indian-canyons.com, okt.-juni dag. vanaf 8 uur, anders alleen vr.-zo., $ 9, senioren 62+ $ 7, kinderen 6-12 jaar $ 5
In het zuiden van Palm Springs liggen in de in 1896 gestichte Agua Caliente Indian Reservation de drie zogenaamde Indian Canyons, waarvan Palm Canyon de mooiste en meestbezochte is. De toegang bevindt zich bij een indiaanse **Trading Post,** waar u ook terecht kunt voor informatie, koude drankjes en indiaanse souvenirs en sieraden.

Een korte, geasfalteerde weg voert steil omlaag naar een schaduwrijk bosje. De Californische **waaierpalm** die hier in groten getale te zien is, is de enige inheemse palmsoort van Noor-Amerika. Aan veel van de ruim zesduizend exemplaren in de canyon hangen afgestorven bladeren als een groene rok rond de stam, waardoor ze ook wel petticoatpalmen worden genoemd.

In de bosjes met tot 20 m hoge en 1 m dikke exemplaren begint het eigenlijke **wandelpad.** Door palmen omzoomd voert het, altijd in de buurt van de oever, zo'n 800 m stroomopwaarts naar een plek waar u via stenen het slechts een paar meter brede watertje kunt oversteken.

De eerste kilometer van de wandeling is redelijk vlak en voert u langs oase-achtig natuurschoon. Dit is dan ook het mooiste deel van de trail. Tussen schaduw werpende palmen, groene weiden en populieren, struiken en wilde bloemen, die een prachtig contrast vormen met de typische woestijnomgeving, liggen deels machtige

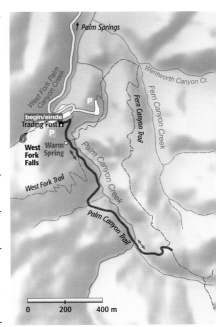

Wandeling op de Palm Canyon Trail

granietblokken verspreid – stille getuigen van de geologische breuklijn tussen de San Jacinto Mountains en de Santa Rosas.

Zodra u in het achterste deel van de canyon weer omhoog loopt, verandert de vegetatie duidelijk. Hier bevindt u zich weer in een typisch woestijnlandschap met cactussen, die op nog grotere hoogte weer wijken voor bossen met voornamelijk dennenbomen en jeneverbesstruiken. De terugweg volgt dezelfde route.

Voorzichtigheid is geboden bij slechte weersomstandigheden. Uiteraard tijdens onweer, maar ook bij heftige neerslag in de regio; het water in de beek kan gevaarlijk snel stijgen.

Palm Springs doet zijn naam eer aan

Overnachten

Marokkaanse flair – **Korakia Pensione:** 257 S. Patencio Rd., tel. 1-760-864-6411, www.korakia.com, 2 pk vanaf $ 200, geen kinderen onder 13 jaar. Deze in oriëntaalse stijl gebouwde accommodatie bestaat uit twee villa's met speels gedecoreerde kamers. De suites hebben een open haard en volledig ingerichte keuken. Een televisie zult u hier vergeefs zoeken, maar er is wel wifi.

Smetteloos – **Desert Riviera:** 610 E. Palm Canyon Dr., tel. 1-760-327-5314, www.desertrivierahotel.com, vanaf $ 200. Zeer aangenaam hotel in jarenvijftigstijl. Kamers met kitchenette, mooi zwembad en gratis wifi, lokale telefoongesprekken en fietsen. Daarbij krijgt u ook nog eens uitstekende service.

Relaxed sfeertje – **Colony Palms Hotel:** 572 N. Indian Canyon Dr., tel. 1-760-969-1800, www.colonypalmshotel.com, 2 pk vanaf $ 160. Mooi complex met 56 kamers en suites, die alle smaakvol zijn ingericht. Bar met terras aan het zwembad en restaurant. In het wellnesscenter in Marokkaanse stijl kunt u terecht voor diverse therapieën.

Prima onderkomen – **Knight's Inn:** 1450 S. Palm Canyon Dr., tel. 1-760-320-7767, www.palmspringsknights inn.com, 2 pk ca. $ 100. Een voordelig alternatief in het dure Palm Springs. De gezellig ingerichte kamers hebben alle een flatscreentelevisie en koffiezetfaciliteiten. Daarnaast is er een groot buitenzwembad en is de wifi gratis.

Eten en drinken

Voor carnivoren – **LG's Prime Steakhouse:** 255 S. Palm Canyon Dr., tel. 1-760-416-1779, www.lgsprimesteak house.com, dag. vanaf 17.30 uur, $ 25-47. Restaurant dat wijd en zijd bekendstaat om zijn uitstekende steaks, waarvoor alleen het beste vlees wordt gebruikt. De wijnkaart is minstens zo indrukwekkend.

Wereldkeuken – The Tropicale: 330 E. Amado Rd., tel. 1-760-866-1952, www. thetropicale.com, zo.-do. 17-22, vr., za. tot 23 uur, happy hour dag. vanaf 16 uur, $ 10-30. De globalisering is in de keuken van dit etablissement alomtegenwoordig: van Chinese *shrimp dumplings* en Thaise gegrilde kip tot Vietnamese loempia's en Amerikaanse steak.

Voordelige Mexicaan – La Perlita: 901 Crossley Rd., tel. 1-760-778-8014, ma.-za. 10-20, $ 7-15. Informeel, voordelig en lokaal gerund Mexicaanse restaurant in de buurt van het Walmart Center. Onder de populaire specialiteiten zijn gerechten als *Chile Relleno*. Ook de enchilladas doen het altijd goed.

Koffie en snacks – Palm Springs Koffi: 515 N. Palm Canyon Dr., tel. 1-760-416-2244, www.kofficoffee.com, dag. 6-18 uur, vanaf $ 6. Het populaire café serveert niet alleen warme dranken in vele variaties, maar ook gebak dat nog heet is van de oven en prima salades.

Winkelen

Chic de friemel – Ooo La La: 275 S. Palm Canyon Dr., tel. 1-760-318-7744. Extraverte damesmode en uitzonderlijke accessoires.

Designerkoopjes– Resale Therapy: 67800 E. Palm Canyon Dr., Cathedral City, tel. 1-760-321-6556, www.shopresaletherapy.com. Tweedehands voor hem en haar met beroemde labels als Gucci en Prada.

Actief

Door de natuur – Indian Canyons: indiaanse rangers geven rondleidingen door de Palm Canyon en de Andreas Canyon (zie boven). U komt tijdens zo'n wandeling veel te weten over de drieduizendjarige geschiedenis van dit ge-koloniseerde gebied, alleen vr.-zo., $ 9, kinderen $ 5.

Wandeling op hoogte – Mt. San Jacinto State Wilderness: voor liefhebbers van bergwandelingen begint een mooie route bij het bergstation van de kabelbaan. U hebt hiervoor wel een (gratis) vergunning nodig, die u kunt aanvragen bij het Long Valley Ranger Station (tel. 1-760-327-0222) op de top.

Mooi uitzicht – Museum Trail: bij het Desert Museum begint een 2,5 km lang pad dat circa 270 m omhoog slingert en eindigt bij picknicktafels met een prachtig uitzicht op de stad. Andere wandelmogelijkheden zijn te vinden op www.hiking-in-ps.com.

Niet erg milieuvriendelijk – Adventure Hummer Tours: 105 Twin Palms, Palm Springs, tel. 1-760-285-0876, www.adventurehummer.com. Avontuurlijke woestijntours met dikke Hummers in de omgeving van Palm Springs, inclusief een bezoekje aan Joshua Tree National Park.

Fietsen maar – Big Wheel Bike Tours: tel. 1-760-779-1837, www.bwbtours.com, $ 95. Niet erg inspannende fietstocht van 32 km door de woestijn. U wordt opgehaald bij uw hotel; fiets, helm en water zijn inbegrepen. ▷ blz. 278

Tip

Flaneer- en winkelstraat

Winkels, warenhuizen en boetiekjes zijn natuurlijk te vinden in alle steden in de Coachella Valley. De beste plek om te shoppen is echter Palm Desert, waar met El Paseo een gerenommeerde winkelstraat dwars door het stadje voert. In circa driehonderd zaken vindt u hier alle mogelijke koopwaar, maar in de eerste plaats mode, accessoires, sieraden en kunst in al zijn verschijningsvormen (www.palm-desert.com/elpaseo).

Joshua tree in de avondzon

Pan-Aziatische wellness – **Riviera Resort:** 1600 N. Indian Canyon Dr., tel. 1-760-327-8311, www.rivierapalm springs.com/azure-spa, ma.-vr. vanaf 10, za., zo. vanaf 9 uur. Gasten kunnen hier alleen of als koppel kiezen uit talloze Balinese, Thaise en Indonesische behandelingen. Het zwembad, het fitnesscenter en de boetiek maken het wellnessgevoel compleet.

Uitgaan

Gokparadijs – **Spa Resort Casino:** 401 E. Amado Rd., tel. 1-760-883-1000, www.sparesortcasino.com. In deze de klok rond geopende goktempel kunt u uw kansen wagen bij duizend automaten en veertig speeltafels. Uitgespeeld? Voor de inwendige mens zorgen vier restaurants en een aantal buffetten.
Muziek en dans – **Village Pub:** 266 S. Palm Canyon Dr., tel. 1-760-323-3265, www.palmspringsvillagepub.com, dag. tot 1.30 uur. Dansvloeren, livemuziek, terras met open haard, kleine pubgerechten en tientallen soorten bier van het vat – deze kroeg is de ideale plek voor een relaxte avond.

The Living Desert in Palm Desert ▶ H 8

47900 Portola Ave., tel. 1-760-346-5694, www.livingdesert.org, okt.-mei dag. 9-17, juni-sept. dag. 8-13.30 uur, $ 20, senioren 62+ $ 18, kinderen 3-12 jaar $ 10, shuttle door het park $ 6 per persoon
Deze natuuroase toont op zeer aanschouwelijke manier hoe verschillende flora en fauna leven in alle uithoeken van de wereld. Naast tuinen met typische woestijnvegetatie ziet u hier onder andere Mexicaanse wolven, dikhoornschapen, gazellen, zebra's, giraffen, roofvogels, jachtluipaarden en poema's. Bovendien is er een mooie vlindertuin.

Indio ▶ J 8

Een groot deel van de in de Verenigde Staten geconsumeerde dadels komt uit de plantages rond het ruim 50.000 inwoners tellende Indio. Tijdens het jaarlijks in februari gehouden National Date Festival gaat het uiteraard in eerste instantie om de zoete vruchten, maar een en ander wordt opgeluisterd met leuke evenementen als een kameelen een struisvogelwedstrijd en een Arabian Nights-optocht. Zodoende hebben de festiviteiten op de Riverside County Fairgrounds een unieke oosterse sfeer (www.datefest.org).

Uitgaan

Wie waagt, wint misschien – **Fantasy Springs Casino:** 84-245 Indio Springs Pkwy, tel. 1-760-342-5000, www.fantasy springsresort.com, 24/7 geopend. Het indiaanse casino heeft allerlei manieren om uw reisbudget op te slokken: van speeltafels en eenarmige bandieten tot restaurants en bars, een bowlingcentrum en een hotel met tweehonderdvijftig kamers.

Winkelen

Voor lekkerbekken – **Shield's Date Garden:** 80-225 Hwy 111, tel. 1-760-347-0996, www.shieldsdategarden.com. Enorme groothandel voor agrarische producten zoals sinaasappels, citroenen, gedroogde vruchten en natuurlijk vooral dadels.

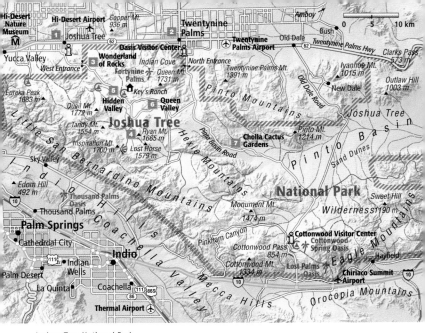

Joshua Tree National Park

Joshua Tree National Park ☀ ▶ H-K 7/8

Het interessantste deel van dit 2250 km² grote beschermde natuurgebied is het uiterste noorden ervan, grofweg het gebied tussen de plaatsen **Joshua Tree** 1 en **Twentynine Palms** 2. Deze regio behoort tot de meer dan 900 m hoog gelegen Mojavewoestijn, waarin de temperaturen minder extreem zijn. In deze omstandigheden kunnen de Joshua trees beter gedijen. Deze tot 10 m hoge yuccasoort (*Yucca brevifolia*) ziet er met zijn grote bossen puntige bladeren zeer decoratief uit, in het bijzonder tijdens het bloeiseizoen in april en mei, wanneer de stammen zijn omgeven door grote bedden wilde bloemen. Behalve door de fotogenieke Joshua trees wordt het noordelijke deel van het nationale park gekarakteriseerd door unieke afgeronde, over elkaar heen 'geschoven' granietblokken, die als reusachtige knikkers zijn opgestapeld in de bergen. Deze rotsen vormen al sinds jaar en dag een wereldwijd bekend klimparadijs.

Ten noordwesten van de **Jumbo Rocks**-campings bevindt zich nog een uitstekend klimgebied, de zogenaamde **Wonderland of Rocks** 3. Hier zijn diverse korte routes (deels hoge moeilijkheidsgraad!). Verder naar het westen kunt u de 1665 m hoge **Ryan Mountain** 4 beklimmen via een 2,5 km lang, niet bijzonder inspannende route. Van boven kijkt u mooi uit over de aangrenzende dalen, waaronder het idyllische **Hidden Valley** 5 in het noorden en de **Queen Valley** 6 in het noordoosten. Doorkruist u het park in noord-zuidrichting, dan is het de moeite waard even te stoppen bij de **Cholla**

Cactus Gardens `7`. Hier zijn op een relatief klein oppervlak veel mooie exemplaren te vinden van deze harige cactus.

Blijft u de weg volgen in zuidelijke richting, dan komt u bij Cottonwood Spring bij de zuidelijke uitgang in de buurt van de snelweg I-10.

Overnachten

Op negen met toiletten, vuurplaatsen en picknicktafels uitgeruste campings na zijn er binnen de grenzen van het nationale park geen overnachtingsmogelijkheden. Motels, restaurants en winkels zijn te vinden in kleine plaatsjes langs highway 62.

Info

Joshua Tree National Park: 74485 National Park Dr., Twentynine Palms, tel. 1-760- 367-5500, www.nps.gov/jotr, $ 20 per auto.

Mojave National Preserve ▶ J/K 5/6

De kern van de Mojavewoestijn ligt in Zuid-Californië tussen de stad Barstow en de Colorado River. De westelijke uitlopers reiken tot in de zuidelijke Central Valley. Het woord Mojave is naar alle waarschijnlijk afgeleid van het indiaanse begrip dat 'mensen die aan het water leven' betekent en heeft betrekking op de aan de Colorado River levende stammen.

De National Preserve kent enorme hoogteverschillen: het laagste punt ligt op 250 m, het hoogste op zo'n 2300 m. Hierdoor heeft het ten oosten van Barstow tussen de interstates 15 en 40 gelegen, 140 km² grote beschermde natuurgebied een buitengewone diversiteit aan planten – circa zevenhonderd soorten. Op de laagst gelegen delen schijnt de zon meedogenloos op schrale zoutvlaktes, terwijl hoger gelegen berghellingen zijn bedekt met lichte dennenbossen en jeneverbesstruiken. Alleen met heel veel geluk komt u in de Preserve nog de inmiddels zeldzame woestijnschildpad (*Gopherus agassizii*) tegen.

Niet alle wegen zijn met 'normale' auto's te berijden. Een goede route loopt via de geasfalteerde Kelbaker Road, die het plaatsje **Baker** verbindt met de I-15 en I-40. 16 mijl ten zuidoosten van Baker stuit u op 32 askegels, die eraan herinneren dat u door een zeven miljoen jaar oud vulkanisch gebied rijdt. In het voormalige treinstation van Kelso is het Kelso Depot Visitor Center ingericht, waar u alle informatie over het reservaat kunt krijgen en een klein museum kunt bezoeken. Ten zuiden van het gehucht liggen de **Kelso Dunes**, een aantrekkelijk duingebied aan de rand van de Granite Mountains.

Op de Cima-Kelso Road ligt ter hoogte van de **Cima Dome** het grootste en dichtste Joshua tree-woud ter wereld. Via de bewegwijzerde, heen en terug 6,4 km lange Teutonia Peak Trail (ca. 2 uur) kunt u de granietheuvel beklimmen en krijgt u een goede indruk van de weelderige vegetatie met Joshua trees, palmlelies, creosootstruiken en cactussen.

Bezienswaardig is ook het gebied dat zo mooi **Hole-in-the-Wall** is genoemd, aan het noordelijke eind van de geasfalteerde Black Canyon Road. In de rotsen van kwartsporfier zijn telkens weer bizarre rotsen te ontdekken. Deze ontstonden in het tijdperk dat de vulkanen nog actief waren door uit het hete magma opstijgende gasbellen.

Hier borrelde ooit magma: Hole-in-the-Wall in de Mojave National Preserve

Overnachten

In de omgeving zijn Barstow, Nipton, Needles, Baker en Primm (Nevada) de enige plaatsen met motels. In de Preserve bent u aangewezen op een aantal campings.

Info

Mojave National Preserve: 222 E. Main St., Barstow, CA 92311, tel. 1-760-252-6100, www.nps.gov/moja. De beste reismaanden zijn maart en april en oktober en november. Binnen de Preserve zijn geen benzinestations. De eerste mogelijkheid om uw tank vol te gooien be-vinden zich in Ludlow en Fenner aan de I-40, in Baker, aan Halloran Summit en in Primm (Nevada) aan de I-15 en in Searchlight (Nevada).

Death Valley National Park ✳ ▶ F-G 3-5

Als u vanuit het westen over highway 190 dit nationale park binnenrijdt, dan komt u na een lange rit omlaag bij **Stovepipe Wells Village** 1, waar eet- en overnachtingsmogelijkheden zijn. Niet ver hiervandaan ligt een mooi, ongeveer 40 km² groot duinlandschap, de **Stovepipe Wells Dunes** 2. Op de kruising van de highways 190 en 267

Death Valley is op z'n mooist wanneer de zon ondergaat

zijn twee routes naar het noorden en het noordoosten te nemen.

Scotty's Castle 3

Grapevine Canyon, www.nps.gov/ deva/historyculture/house-tour.htm, in verband met schade ten gevolge van overstromingen is Scotty's Castle tot minimaal 2019 gesloten voor het publiek

In de eenzaamheid van de noordelijke Death Valley ligt een Andalusisch aandoend slot. De eigenaar was dan een schatrijke verzekeringenmagnaat uit Chicago, maar Scotty's Castle werd vernoemd naar Walter Scott, een huisvriend die naam voor zichzelf maakte met bizarre acties en ongelooflijke verhalen. Tijdens een vijftig minuten durende rondleiding komt u alles te weten over het rustieke interieur van het complex en natuurlijk over de 'Baron von Münchhausen van de woestijn'. Na Scotts dood in 1954 werd hij op een heuvel op het terrein begraven.

Ubehebe Crater 4

Ten westen van Scotty's Castle ligt de Ubehebe Crater, een 800 m breed en 140 m diep gat in het aardoppervlak. De krater is ontstaan toen duizenden jaren geleden heet magma in een daar gelegen meer stroomde en het water in één grote explosie verdampte. In de onmiddellijke omgeving liggen diverse kleinere kraters, asheuvels en gestolde lavastromen; nog meer aanwijzingen voor de geologische activiteit die hier vroeger heeft plaatsgevonden.

Furnace Creek 6

Het informatie- en verzorgingscentrum van Death Valley is de door dadelpalmen omgeven Furnace Creek. Bij de ingang naar de Furnace Creek Ranch getuigt mijnbouwgereedschap van de industriële geschedenis van het gebied. Hetzelfde kan worden gezegd

over het voormalige fabriekscomplex van de Harmony Borax Works, waar in de jaren 80 van de 19e eeuw uit kristallijne afzettingen borax werd gemaakt. Deze stof werd gebruikt bij de productie van aardewerkglazuur, ontsmettings- en reinigingsmiddelen en als hulpstof bij het solderen en lassen. Bij de fabrieksruïne begint met de Mustard Canyon een korte onverharde weg die 's ochtends en in de late namiddag is gehuld in mosterdgeel licht. In het bezoekerscentrum van de National Park Service kunt u terecht voor informatie over het nationale park en kunt u zich inschrijven voor de diverse rangerprogramma's. Op de Furnace Creek Ranch (zie blz. 285) kunt u overnachten. In de omgeving ligt een aantal, alleen met de hoogst noodzakelijke zaken toegeruste campings.

Zabriskie Point 7

Een adembenemende ervaring is een zonsondergang of zonsopkomst bij Zabriskie Point. Het eerste of laatste licht van de dag zorgt ervoor dat de ruige rotsen en kale, in 'vouwen' geplooide leemafzettingen in de oude rivierbedding oplichten en met de minuut van kleur veranderen. Het levert taferelen op met een bijna surrealistische schoonheid – een onvergetelijk natuurwonder. Belangrijk is wel dat u op het juiste ogenblik komt. Staat de zon te hoog, dan verliest de 'show' veel van zijn charme. De in de buurt liggende Twenty Mule Team Canyon kunt u op eigen houtje berijden via een eenrichtingsweg. Deze slingert tussen rotspartijen en sedimenten waarin het hele kleurenspectrum van geel, oker en bruin tot turquoise en terracotta voorkomt.

De weg naar Badwater

Aan de voet van de Amargosa Range voert de verharde highway 178 naar het zuiden. Ten westen van de weg ziet u

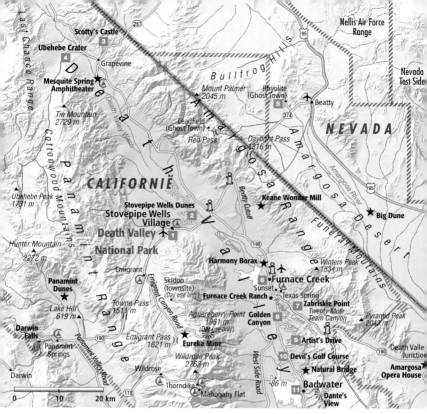

Death Valley National Park

het diepste punt van Death Valley, met uitgedroogde zoutvlakten, waarachter de donkere Panamint Range met de 3368 m hoge Telescope Peak de lucht in steekt.

Golden Canyon 8

Van de oude weg door de smalle kloof zijn alleen nog maar een paar brugdelen over. Een ongeveer 2 km lange wandeling voert door gekloofde, geelkleurige rotsformaties naar een natuurlijk amfitheater met de naam Red Cathedral. Vooral aan het eind van de middag is het een mooie plaats om te vertoeven, als de zon langzaam wegzakt in de kloof.

Artist's Drive 9

De bijna 15 km lange eenrichtingsweg Artist's Drive buigt in oostelijke richting van de doorgaande weg af. Hij slingert zich aan de voet van de Amargosa Range door een ruig, gekloofd berglandschap met verschillende uitzichtpunten langs het smalle en deels steile traject.

Halverwege de door weer en wind blootgelegde bergflank Artist's Palette, die met zijn door metaaloxiden ontstane gesteenteverkleuringen inderdaad gelijkenis vertoont met een schilderspalet.

Devil's Golf Course 10

De naam 'golfbaan van de duivel' is niet slecht gekozen; de opgehoopte zoutlagen met richels met scherpe randjes zien er woest uit. U kunt er met goede schoenen overheen wandelen. Zo'n 50 m van de parkeerplaats gaapt een gat in de dikke korst; hier is duidelijk te zien dat eronder een zoutmeer schuilgaat.

Badwater 11

Geen plek op het westelijk halfrond ligt dieper dan deze 86 m onder zeeniveau gelegen 'plaats'. Er is niets spectaculairs te zien, maar het topografische feitje alleen is voor bezoekers vaak genoeg om hele fotoalbums vol te schieten. Vanaf een houten loopplank kunt u wandelen boven en uitkijken op de eindeloze zoutvlakte. Op een rotswand boven de parkeerplaats markeert een klein bord het zeeniveau. Verder naar het zuiden eindigt Death Valley kort na de 390 m hoge Jubilee Pass.

Overnachten, eten

Comfort in de dodenvallei – **Furnace Creek Inn:** kruising van highways 190 en 178, tel. 1-760-786-2345, www. furnacecreekresort.com, half mei-half okt. gesloten, 2 pk circa $ 390-490. Comfortabelste onderkomen in het nationale park in een gebouw in Spaanse missiestijl. Het restaurant is geopend voor ontbijt, lunch en diner, zondags ook brunch. Alles wat op de kaart staat, is ook in uw kamer te bestellen via roomservice.
Rustiek – **Furnace Creek Ranch:** Hwy 190, tel. 1-760-786-2345, www.furnace creekresort.com, jan.-sept., 2 pk vanaf

Tip

Even terug in de tijd

Een paar kilometer buiten het nationale park ligt aan highway 374 na Beatty in Nevada de voormalige mijnstad **Rhyolite** 5. Hier woonden rond 1910 meer dan tienduizend mensen, wat het tot de op twee na grootste stad van Californië maakte. In 1916 was de *boom* voorbij en zonk Rhyolite in de anonimiteit. Tegenwoordig zijn alleen nog ruïnes, het bouwvallige treinstation van de Las Vegas & Tonopah Railroad en het zogenaamde Bottle House te zien, waarvan de muren bestaan uit dertigduizend lege bierflesjes. Aan het begin van het dorp valt een groep witte, met acryl bedekte gipsfiguren van Albert Szukalski op, die onder andere *Het laatste avondmaal* van Leonardo da Vinci voorstellen.

$ 169. Voormalige ranch met 224 kamers, restaurants, een zwembad, een coffeeshop en tennis- en golfbanen. In de Corkscrew Saloon worden drankjes en kleine gerechten geserveerd. Daarnaast zijn hier een benzinestation (duur!), een supermarkt en pinautomaten.

Actief

Net als John Wayne – **Furnace Creek Stables:** bij de Furnace Creek Ranch, tel. 1-760-614-1018, www.furnacecreek stables.net. Een keertje op de rug van een paard door Death Valley rijden – van half oktober tot half mei kunnen ook eenvoudige stervelingen dit cowboygevoel meemaken. Een uur kost ongeveer $ 45, twee uur $ 70. Minder inspannend is een ritje per koets ($ 30, kinderen 6-12 jaar $ 15).

Favoriet

Dramatisch natuurtheater

Geen geluid verstoort de 'productie'. Wanneer de eerste lichtstralen van de opkomende zon over de scherpe kam van de Amergosa Range valt, begint het gele slib in de oeroude rivierbedding bij **Zabriskie Point** 7 te gloeien alsof het wordt verlicht vanuit het onderaardse. Licht, schaduw en ongelooflijke kleuren transformeren de woestenij binnen een paar minuten in een dramatisch decor van een spetterend natuurlijk schouwspel. Wie 's morgens te laat komt, kan de voorstelling van Moeder Natuur gewoon bij zonsondergang aanschouwen.

Toeristische woordenlijst

Algemeen

goedemorgen	good morning
goedemiddag	good afternoon
goedenavond	good evening
tot ziens	good bye
pardon	excuse me/sorry
hallo	hello
alstu-/jeblieft	please
geen dank	you're welcome
bedankt	thank you
ja/nee	yes/no
wanneer	when
hoe	how

Onderweg

halte	stop
bus	bus
auto	car
taxi	cab
afrit	exit
benzinestation	gas station
benzine	gas
rechts	right
links	left
rechtdoor	straight ahead/ straight on
informatie	information
telefoon	telephone
mobiele telefoon	mobile/cellular
postkantoor	post office
treinstation	railway station
vliegveld	airport
stadsplattegrond	city map/plan
eenrichtingsweg	one-way street
verkeerslicht	traffic light
kruising	crossing/junction
ingang	entrance
geopend	open
gesloten	closed
kerk	church
museum	museum
strand	beach
brug	bridge
plein	place/square/circle
autoweg	freeway
snelweg	interstate

Tijd

3 uur ('s ochtends)	3 a. m.
12 uur 's middags	noon
15 uur ('s middags)	3 p. m.
uur	hour
dag/week	day/week
maand	month
jaar	year
vandaag	today
gisteren	yesterday
morgen	tomorrow
's morgens	in the morning
's middags	in the afternoon
's avonds	in the evening
vroeg	early
laat	late
maandag	Monday
dinsdag	Tuesday
woensdag	Wednesday
donderdag	Thursday
vrijdag	Friday
zaterdag	Saturday
zondag	Sunday
feestdag	public holiday
winter	winter
lente	spring
zomer	summer
herfst	autumn

Noodgevallen

help!	help!
politie	police
dokter	doctor
tandarts	dentist
apotheek	pharmacy
ziekenhuis	hospital
ongeval	accident
pijn	pain
autopech	breakdown
ambulance	ambulance
noodgeval	emergency

Overnachten

hotel	hotel
pension	guesthouse
eenpersoonskamer	single room

tweepersoonskamer	double room	duur	expensive
met twee bedden	with twin beds	goedkoop	cheap
met/zonder	with/without	maat	size
badkamer	bathroom	betalen	to pay
met toilet	ensuite		
toilet	toilet		

Tellen

douche	shower	1	one	17	seventeen
met ontbijt	with breakfast	2	two	18	eighteen
halfpension	half board	3	three	19	nineteen
bagage	luggage	4	four	20	twenty
rekening	check	5	five	21	twenty-one
		6	six	30	thirty

Winkelen

winkel	shop/store	7	seven	40	fourty
markt	market	8	eight	50	fifty
creditcard	credit card	9	nine	60	sixty
geld	money	10	ten	70	seventy
geldautomaat	ATM	11	eleven	80	eighty
bakkerij	bakery	12	twelve	90	ninety
slagerij	butcher	13	thirteen	100	one hundred
levensmiddelen	groceries	14	fourteen	150	one hundred
drogist	drugstore	15	fifteen		and fifty
		16	sixteen	1000	a thousand

Belangrijke zinnen

Algemeen

Ik begrijp het niet.	I don't understand.
Ik spreek geen Engels.	I don't speak English.
Ik heet ...	My name is ...
Hoe heet jij/u	What's your name?
Hoe gaat het?	How are you?
Goed, dankje/-u.	Thanks, fine.
Hoe laat is het?	What's the time?
Tot straks (later).	See you soon (later).

Onderweg

Hoe kom ik in ...	How do I get to ...?
Waar is ...?	Where is ...?
Zou u/je me ... kunnen tonen?	Could you please show me ...?
Hoe laat gaat de trein naar ...?	What time does the train to ... leave?
Kunt u een taxi voor me bellen	Could you please get me a cab?

Noodgevallen

Kunt u me alstublieft helpen?	Could you please help me?
Ik heb een dokter nodig.	I need a doctor.
Hier doet het pijn.	It hurts here.

Overnachten

Heeft u een kamer beschikbaar?	Do you have any vacancies?
Hoeveel kost de kamer per nacht?	How much is a room per night?
Ik heb een kamer gerserveerd.	I have booked a room.

Winkelen

Hoeveel kost ...?	How much is ...?
Ik heb ... nodig	I need ...
Hoe laat opent/ sluit...?	When does ... open/ ... close?

Culinaire woordenlijst

Bereidingswijze

baked	in de oven gebakken
broiled/grilled	gegrild
deep fried	gefrituurd
fried	in vet gebakken, vaak gepaneerd
hot	scherp
rare/medium rare	rood/medium
steamed	gestoomd
stuffed	gevuld
well done	doorbakken

Ontbijt

bacon	ontbijtspek
boiled egg	gekookt ei
cereals	graanvlokken
cooked breakfast	Engels ontbijt
eggs (sunny side up/over easy)	spiegeleieren (enkel/dubbel gebakken)
jam	jam
marmalade	sinaasappeljam
scrambled eggs	roerei

Vlees en gevogelte

beef	rund
chicken	kip
drumstick	kippenbout
duck	eend
ground beef	rundergehakt
ham	ham
meatloaf	gebraden gehakt in broodvorm
porc chop	varkenskotelet
prime rib	entrecôte
roast goose	gebraden gans
sausage	worstje
spare ribs	spareribs
turkey	kalkoen
veal	kalf
venison	hert of ree
wild boar	wild zwijn

Vis en zeebanket

bass	baars
clam chowder	mosselsoep
cod	kabeljauw
crab	krab
flounder	bot
haddock	schelvis
halibut	heilbot
gamba	garnaal
lobster	zeekreeft
mussel	mossel
oyster	oester
prawn	grote garnaal
salmon	zalm
scallop	jakobsschelp
shellfish	schaaldieren
shrimp	garnaal
sole	tong
swordfish	zwaardvis
trout	forel
tuna	tonijn

Groenten en bijgerechten

bean	boon
cabbage	kool
carrot	wortel
cauliflower	bloemkool
cucumber	komkommer
eggplant	aubergine
french fries	dunne patat
garlic	knoflook
lentil	linzen
lettuce	kropsla
mushroom	champignon/paddenstoel
pepper	paprika
peas	erwten
potato	aardappel
hash browns	gebakken aardappels
squash/pumpkin	pompoen
sweet corn	mais
onion	ui
pickle	augurk

Fruit

apple	appel
apricot	abrikoos
blackberry	braam
cherry	kers

fig	vijg	sundae	ijsdessert in glas
grape	wijndruif	waffle	wafel
lemon	citroen	whipped cream	slagroom
melon	honingmeloen		
orange	sinaasappel		
peach	perzik	## Dranken	
pear	peer	beer (on tap/	bier (van het vat)
pineapple	ananas	draught)	
plum	pruim	brandy	cognac
raspberry	framboos	coffee	koffie
strawberry	aardbei	(decaffeinated/	(caffeïnevrij)
		decaf)	
## Kazen		tea (vaak met 'hot'	thee
cheddar	pittige kaas	ervoor)	
cottage cheese	magere verse kaas	lemonade	limonade
goat's cheese	geitenkaas	icecube	ijsklontje
curd	kwark	iced tea	gekoelde thee
		juice	sap
## Nagerechten en gebak		light beer	alcoholarm bier
brownie	brownie	liquor	sterke drank
cinnamon roll	kaneelbroodje	milk	melk
french toast	wentelteefje	mineral water	mineraalwater
maple sirup	esdoornsiroop	red/white wine	rode/witte wijn
pancake	pannenkoek	root beer	donkere frisdrank
pie	gebak	soda water	water met koolzuur
pastries	gebak	sparkling wine	mousserende wijn

In het restaurant

Ik wil graag een tafel reserveren.	I would like to book a table.	hoofdgerecht	entree/main course
Wacht tot u een tafel wordt toege- wezen alstublieft.	Please wait to be seated.	nagerecht	dessert
		bijgerechten	side dishes
		dagschotel/-menu	dish/meal of the day
		mes	knife
Zoveel eten als u wilt voor één prijs	all you can eat	vork	fork
		lepel	spoon
De menukaart aub.	The menu, please.	glas	glass
wijnkaart	wine list	zout/peper	salt/pepper
De rekening aub.	The check, please.	suiker/zoetstof	sugar/sweetener (sweet and low)
ontbijt	breakfast		
lunch	lunch	ober/serveerster	waiter/waitress
avondeten	dinner	fooi	tip
voorgerecht	appetizer/starter	Waar is het toilet?	Where are the restrooms?
soep	soup		

Fotoverantwoording en colofon

Omslag: Hollywood Boulevard (shutterstock)

Anaheim Visit: blz. 5
California High-Speed Rail Authority, Sacramento: blz. 71
Dagmar Großheim, Hagnau: blz. 82/83
DuMont Bildarchiv, Ostfildern: blz. 16/17, 40/41, 46, 53, 79, 86/87, 88 r, 88 l, 89, 94/95, 102/103, 106, 140 r, 144/145, 166 r, 166 l, 167, 173, 178, 183, 187, 188/189, 191, 195, 216 r, 220/221, 236 li, 250/251, 260 r, 261, 266/267, 274, 281, 282 (Heeb)
Glow Images, München: blz. 11, 153 (Ambient images), 7 (Superstock)
Huber-Images, Garmisch-Partenkirchen: 158/159 (Bermhart), 118/119 (Carassale), 254/255 (Simeone)
laif, Köln: blz. 75 (Artz), 141, 77 (Blevins/Polaris), 164/165 (Bock), 134/135 (Falke), 8, 28, 222/223, 276/277 (Heeb), 217, 234/235 (hemis.fr), 21 (McNealCCOPhotostock), 25, 121 (Maisant/hemis.fr), 208 (Piepenburg), 123
Catch the Day/Manfred Braunger, Freiburg: blz. 6, 12 (4 x), 13 (4 x), 31, 51, 55, 56/57, 58, 65, 66, 68, 72, 91, 98, 115, 126/127, 128, 140 l, 154/155, 176, 180/181, 184, 196 r, 197, 202/203, 210/211, 214, 216 l, 222/223, 226, 228, 230/231, 236 r, 237, 243, 246, 258/259, 260 l, 264, 270, 286/287, 296
Mauritius Images, Mittenwald: blz. 10 (age), 63 (imagebroker/FB-Rose), 60 (imagebroker/West), 138 (Isu Images)
Monterey Jazz Festival: 85 (Cole Thompson)
picture-alliance, Frankfurt a. M.: blz. 148 (akg-images), 48 (Hahn/AbacaUsa.com)
Reise- und Naturfotografie Roland Gerth, Thal (CH): blz. 196 l, 204/205
San Diego Zoo: blz. 225

Hulp gevraagd!

De informatie in deze reisgids is aan verandering onderhevig. Het kan dus wel eens gebeuren dat u ter plaatse een andere situatie aantreft dan de auteur.
Is de tekst niet meer helemaal correct, laat ons dat dan even weten. Ons adres is:

Uitgeverij ANWB
Redactie KBG
Postbus 93200
2509 BA Den Haag
anwbmedia@anwb.nl

Productie: Uitgeverij ANWB
Coördinatie: Els Andriesse
Tekst: Manfred Braunger
Vertaling: Amir Andriesse, Diemen
Eindredactie: Quinten Lange, Amsterdam
Opmaak: Hubert Bredt, Amsterdam
Ontwerp binnenwerk: Jan Brand, Diemen
Ontwerp omslag: Yu Zhao Design, Den Haag
Concept: DuMont Reiseverlag, Ostfildern
Grafisch concept: Groschwitz/Blachnierek, Hamburg
Cartografie: DuMont Reisekartografie, Fürstenfeldbruck

© 2017 DuMont Reiseverlag, Ostfildern
© 2017 ANWB bv, Den Haag
Eerste druk
ISBN: 978-90-18-04098-7